KB141640

나를
넘어서

깨달음의 길라잡이

나를 넘어서

초판 1쇄 찍은날 2023년 6월 26일
초판 1쇄 펴낸날 2023년 6월 30일

지은이 김진용

펴낸이 최윤정
펴낸곳 도서출판 나무와숲 | 등록 2001-000095
주   소 서울특별시 송파구 올림픽로 336 910호(방이동, 대우유토피아빌딩)
전   화 02-3474-1114 | 팩스 02-3474-1113 | e-mail : namuwasup@namuwasup.com

ISBN   978-89-93632-92-7   03150

깨달음의 길라잡이

나를
넘어서

無天 김진용 지음

나무와숲

만 남

20대, 졸업 후 이력서를 아무리 많이 써도 취업이 되지 않았고, 스스로 할 수 있는 일이라고는 작은 공장에서 잡부로 일하는 것밖에 없었다. 인간답게 살고 싶다고 생각했으나 인간답게 사는 것이 무엇인지도 알 길이 없었다. 무능과 무기력에 빠져 보내던 어느 날, 정신이 나가 버렸다. 자아분열증이었을까? 아니면 빙의였을까? 내 안의 누군가가 말을 걸어왔다. 자신이 나의 조상이니 절을 하라고 했다. 그래서 밤새워 절을 했다. 그 존재의 말로는 네 살쯤에 들어왔다고 하는데, 눈을 뜨면 말을 걸었고, 온종일 쌍욕을 해댔다.

내 안의 다른 존재가 끊임없이 걸어오는 말에 나의 생각도, 감정도, 몸의 움직임도 믿을 수 없었다. 환청도 힘들었지만, 한 번씩 손이 올라가 내 뺨을 후려갈기는 일은 나 자신을 더 절망케 했다. 내가 '나'인지, 빙의령이 '나'인지, 무엇이 '나'인지 모르는 극한의 상태가 계속되었다. 집안에서는 난리가 났다. 정신병원에 보내야 하는 게 아닌지 이야기가 오갔다. 그러던 어느 날 문득 이런 생각이 들었다.

'그래, 내가 누구인지 상관없어. 그냥 지금의 나를 나라고 하자! 내가 미쳤음을 인정하고 그냥 살자.'

그리고 뺨을 때리기 위해 손이 올라갈 때 손의 움직임을 지켜보고 있다가 힘을 풀어 버렸다. 나 자신을 지켜보고 조금씩 스스로 통제해 나가는 연습을 시작한 것이다. 아무리 환청에 시달려도, 아무리 의식이 혼란스럽고 괴로워도, 결국 배고프면 밥 먹고 피곤하면 잠을 자는 것을 보고는 이 몸이 나임을 부정할 수 없었다. 뒤돌아보면 자신을 주시하고 관찰하는 훈련(觀)은 이때부터 시작되었던 것 같다.

당시 정신이 나가 있는 나를 돌봐줄 사람은 어머니밖에 없었다. 어머니는 아들을 정신병원에 보내고 싶지 않으셨고, 나 또한 병원에 가면 나오지 못할지도 모른다는 막연한 위기감이 있었다. 어머니와 함께 점집에도 가보고, 한의원에 가서 약도 먹었다. 그러다 한의원 원장님의 소개로 '선기원'이라는 곳에 가게 되었다.

한의원 원장님 말씀으로는 영적인 문제를 처리하는 데는 대한민국에서 세 손가락 안에 드는 분이라고 했다. 어머니는 형님과 함께 나를 데리고 그분을 찾아갔다. 그분은 "공부하면 괜찮아집니다"라고 말씀하셨다. 가족도 나도 다른 대안이 없었기에 공부를 해보기로 했다. 그것이 '기氣회로' 공부와의 인연이 되었다.

'선기원'에서 하는 공부는 이상하고 독특했다. 처음에는 자발공을 배웠고, 몇 개월 후에는 볼펜으로 그림을 그리는 '기회로'라는 것을 배웠다. 온종일 공부에 매달렸다. 그냥 그림(기회로)을 그리는 것만으로 점점 나아진다는 게 스스로 생각해도 신기했다. 뭔지는 몰라도 좋아진다는 것을 알았기에 그만둘 수 없었다. 나에겐 생존이 달린 문제였다.

1년이 지나자 환청이 없어지기 시작했다. 그리고 4년이 흐른 후 내 안의 다른 존재를 완전히 분리할 수 있게 되었다. 4년 만에 최소한의 정상인이 된 것이다.

돌아가신 선기원 원장님께는 너무나 큰 은혜를 입었다. 정상적인 삶과 함께 공부(수행)라는 새로운 눈을 뜨게 해주신 것이다. 원장님은 공부에 대한 이론적 설명은 거의 하지 않으셨다. 오로지 동작 하고 기회로만 하라고 하셨다. 공부에 대해 여쭤 보면 그냥 "어떻게 하지…. 하고 해"라고만 하셨다. 뭔가를 잘 알려주는 성향이 아니셨다.

그러나 나의 알고자 하는 열망은 점점 커져 결국 만 8년 만에 선기원을 떠나게 되었다.

공부하면 할수록 공부가 무엇인지, 공부하면 어떻게 변하는지 궁금해졌다. 이 궁금증을 해결할 수 있는 길은 같이 공부하는 분들의 변화를 관찰하는 방법밖에 없었다. 공부를 시작한 지 4년이 지났을 때, 공부에 일정한 흐름과 패턴이 있음을 발견하였다. 뜻하지 않게 사람의 필드field; 에너지장를 보는 눈이 생겼다.

사람에게는 인체를 중심으로 형성된 에너지장場이 있는데, 공부를 하면 이 필드가 변화하고 성장한다. 나 자신이 회복하게 된 것도 이 에너지장이 회복되고 의식이 정돈되어 나타난 결과였다.

당시 나의 연구에 관심을 가지고 있던 분은 같이 공부하던 선배한 분뿐이었다. 나는 그 선배의 도움으로 만나는 모든 사람의 에너지장을 체크하고 분석하면서 체계화해 나갔다. 나는 여기에 '영기장○氣場'이라는 이름을 붙였다. 영기장은 사람을 직접 보지 않고 사진을 통해서도 확인할 수 있기 때문에 일반인부터 성자라 불리는 사람들의 에너지 흐름을 살펴볼 수 있었다. 이 자료를 바탕으로 공부의 길을 살펴보았고, 이후 지도와 상담도 가능해졌다. 영기장을 통해 알고 싶었던 것은 옛날이나 지금이나 한 가지다. '공부란 무엇인가?'

선기원을 떠나 서울로 갔다. 서울은 공부의 신세계였다. NLP(신경
언어프로그래밍), 최면, 다양한 심리 치유 기법과 영성 프로그램을 만났고,
별의 파동까지 읽어낼 수 있는 사람, 마음의 본질로 한 번에 들어가는
사람과 교류하면서 공부의 또 다른 영역을 알아갔다.

서울에서 만난 인연은 내가 기氣라는 세계에서 벗어나 폭넓은 공부
를 맛볼 수 있게 해주었다. 나는 공부에 관해서는 우물 안 개구리였던
것이다. 세상은 넓고 배워야 할 공부는 많았다. 너무나 즐거운 시간이
었다. 나 자신의 공부가 얼마나 부족하고 미천한지도 알게 되었고, 영
기장을 완전히 새롭게 재창조할 수 있게 됨과 동시에 영기장에서 벗
어날 수 있게 되었다. 어떠한 공부라 해도 결국은 자신과 공부를 알아
가는 방편임을 명확히 알게 되었다.

삼십대 후반, 서울에서 대구로 내려와 지도와 상담 그리고 자신을
들여다보는 공부를 계속 이어갔다. 어느 해 초여름, 대구 신천강을 거
닐고 있었다. 많은 사람이 더위를 피해 나와 있었고, 강은 사람들의 움
직임과 상관없이 시원하게 흘러내렸다. 말없이 강과 함께 거닐다가 눈
앞에 보고 듣는 모든 것이 의문이 되어 내면 깊이 스며들었다.

바람은 부는 것일까? 강물은 흐르는 것일까? 나는 누구일까? 무엇
을 나라고 하는 것일까? 나는 무엇을 궁금해하는 것일까? 아니 궁금해
하는 나는 누구인가? 헛된 질문에 매이는 것은 아닐까? 의문이 의문을
더하고 있었다. 한참을 걷다가 발걸음이 자연히 멈추었다. 눈은 흘러
가는 강물을 물끄러미 바라보고 있었다. 생각도 멈추고 의문도 멈추었
다. 그냥 보고만 있었다. 아니, 보는 것도 멈추었을까.

순간 깊은 곳에서 너무나 당연한, 너무나 어처구니없는 사실이 허

탈한 웃음과 함께 피어올랐다. '아! 이 강물은 단 한 순간도 흐른 적이 없었구나!' 눈앞에 보이는 흐르는 강물이 단 한 순간도 흐른 적이 없다는 생각과 함께 말을 넘어선 무언가가 느낌 아닌 느낌으로 펼쳐졌다. '허허허! 이것을 흐르는 바 없는 흐름이라 하는구나!'

몇 년을 품어 왔던, 그토록 소망해 왔던 의문이 해결된 순간이었다. 강이 강으로 불리고, 흐름이 흐름으로 이름 붙여져 있을 뿐. 강도 없고, 흐름도 없고, 강의 흐름을 바라보는 나도 없는, 단지 이름으로서의 '나' 뿐임을 알게 된 순간이었다.

내가 '나'이고자 한 소망, 한 인간으로 존재하고자 했던 소망이 완전히 부서짐과 동시에 비로소 이루어진 순간이기도 했다. 울며 웃으며 몇 날 며칠을 보냈지만 나라는 존재는 여전히 이 몸을 가지고 숨쉬며 사람들과의 만남을 지속하고 있었다. 나는 없었으나 여전히 나로 살아가고 있음이 보였다. 웃음이 나왔다. 어디선가 보았던 말 '연비어약 鳶飛魚躍 (솔개는 날고 물고기는 뛴다)'처럼 단지 그러할 뿐이었다. 스스로 다시 묻고 물어 보았다. 나라고 할 것 없는 나를 가지고 어떻게 살 것인가?

인간으로 살아 보자.
인간이지만 인간이라는 이름을 품고 살아 보자.

인간의 삶을 산다면, 가장 중요한 그리고 반드시 풀어야 하는 인연은 누구인가? 한 존재로서의 고뇌는 현생을 거쳐 수없이 이어져 있던 과거 생을 들여다보게 하였다. 다른 우주, 다른 별에서의 전생은 어둡고 투쟁적인, 갈애와 욕망의 생이 대부분이었다. 투쟁과 욕망으로 거듭되는 세계를 벗어날 수 있도록 도와준 존재가 누구인지도 알게 되었다. 지구로 와서 생에 생을 거듭하며 맺은 가장 오래되고 깊은 인연은 생각보다 가까이 있었다. 그 사람도 내가 필요하고 나 또한 그 사람을 필요로 하는, 속인으로서의 삶을 선택한 순간이었다.

영혼의 동반자임을 알고 시작한 결혼 생활이었지만, 살아온 방식과 기질의 차이는 생각보다 큰 갈등의 벽으로 다가왔다. 나라고 할 것 없다고 해도 나의 성질과 성격이 없어진 것은 아니었다. 아무리 공空으로 비추고 돌린다 해도 한 번씩 올라오는 불만과 성질은 공부에 대한 부끄러움과 자괴감에 빠지게 했다. 현실에서의 공부가 쉽지 않음을 절감하고 있었다.

그러던 어느 날 어머니와 이런저런 이야기를 하던 중 아버지에 관한 이야기가 나왔다.

"야야, 나는 느그 아부지 속을 모르것다."
나는 놀라 되물었다.
"아부지하고 60년을 사셨는데, 몰라요?"
"내가 어찌 알어, 이놈아!"

이 말은 너무나 큰 충격으로 다가왔다. 또 한 번의 내가 부서진 순간이었다. 나는 오만에 빠져 있었다. 어머니는 아버지와 60년을 살아도 서로를 모른다고 하시는데, 나와 아내는? 나와 아이들은?

나는 도대체 무엇을 알고 무엇을 모르고 있었던 것일까? 몇 년이나 같이 살았다고 '맞다. 안 맞다', '옳다. 그르다'를 고민하고 있었던 것일까? 허탈한 웃음과 한심한 마음이 물밀듯이 밀려들었다. 이제껏 내가 알던 하심은 하심下心이 아니었다. 그리고 인간의 삶은 앎이 아닌 모름의 길임이 절실하고 분명하게 다가왔다.

삶이란 무엇일까?
인간의 길이란 무엇일까?

모르겠다. 정말 모르겠다. 그래서 너무나 기쁘다.

한 인간으로서 많은 분의 도움으로 이 길에 서 있음을 느낀다. 혼자 서는 이룰 수도 없고, 이루어지지도 않는 길. 이 길을 가다 보면 자신의 공부가 얼마나 부족한지 뼈저린 절망이 찾아온다.

하지만 절망은 절망에 머무르지 않고 공부를 더욱 바르게 해나갈 기회가 된다. 공부는 자신만의 소유로 남을 수가 없다. 공부한 만큼 세상에 되돌려 주어야 하는 것은 공부한 사람의 의무다.

이 책도 부족하지만 누군가에게 도움이 되면 좋겠다는 바람으로 썼다. 길을 잃고 헤매는 사람에게는 표지판이 간절하다. 작은 표지판이라도 없는 것보다는 있는 것이 낫다.

불교 유식학唯識學에서는 '마음, 心'을 8가지〔5감(眼耳鼻舌身), 6식(六識), 제7식의 말나식(末那識), 제8식의 아뢰야식(阿賴耶識)〕로 나누어서 설명하고 있다. 심리학과 유식학의 출발은 다르지만, 의식과 마음을 다룬다는 점에서는 비슷한 측면이 있다. 유식학에서 말하는 6식(의식)과 자기 이해의 발판으로 심리학이 큰 도움이 될 것으로 본다. 이 책에서도 심리학과 유식학의 일부를 차용하여 마음을 설명하고자 한다.

1부에서는 자기 이해와 탐구의 발판이 될 수 있는 몇 가지 심리학 개념과 심리 치유 기법을 다루고 있다. 2부에서는 유식학과 중론을 기반으로 설명한다. 유식학을 기반으로 의식에 세부적으로 접근하여 의식의 층차를 구분하고 자신의 실체를 보는 방법을 주로 설명하며, 중론의 사구부정四句否定을 차용하여 인간이 가진 개념의 실체와 한계를 논한다. '나는 누구인가'라는 질문에서 반드시 살펴봐야 할 점이 '개념'이며, 개념의 실체와 한계를 가장 잘 설명하고 있는 것이 중론中論이다. 마지막으로 보림保任이라 불리는, 깨달음 이후 수행 방향을 제시한다.

끝으로 한 인간으로서의 삶을 살 수 있도록 도와주신 어머니와 진정한 동반자가 되어 같은 길을 걷는 아내 수월님께 감사를 드린다. 그리고 이 글이 나올 수 있도록 수고를 아끼지 않은 무산霧散 박소영님 께 감사의 마음을 전한다.

2023년 5월 8일

無天 김진용

차 례

2부 견성과 깨달음 이후

1부

나는
누구인가

'나는 누구인가?'

자신을 알고자 할 때 던지는 가장 오래된 질문이다. 이 질문이 수행의 출발점이다. 나는 몸과 마음으로 이루어져 있다. 몸도 중요하지만, 수행은 '마음心'이라는 영역을 다룬다. '마음'이란 단어는 생활 속에서 쉽게 사용하지만, 그 뜻을 생각하기에는 사전(국립국어원의 표준국어대사전에서는 '마음'을 '사람이 본래부터 지닌 성격이나 품성' 또는 '사람의 생각, 감정, 기억 따위가 생기거나 자리 잡는 공간이나 위치'라고 정의하고 있다.)을 참고하더라도 모호하다. 현대인들이 이해하고 다가가기에는 오히려 '의식'이라는 단어가 더 구체적일 수도 있다.

마음공부는 결국 '인간 의식'에 관한 공부다. 인간의 의식에 대한 이해가 있으면 이를 기반으로 교육, 문화, 사상, 철학, 도덕, 종교 등의 다양한 분야에 대한 이해로 확장해 갈 수 있다.

'나' 그리고 '인간'을 이해하려면 어디에서부터 시작해야 할까? 출발은 나이며, 나아가는 방향은 세상이다. 유교에서는 수신제가치국평천하修身齊家治國平天下를 기준으로 하고, 불교는 소승에서 대승으로 나아갈 것을 이야기한다. 나로부터 세상으로, 다시 세상에서 나로 돌아온다.

공부에 이유가 있다면 좋고
공부의 이유가 없다면 이유를 발견할 때까지
공부가 즐겁지 않으면 즐거울 때까지
즐겁다면 또 다른 즐거움을 발견할 때까지

1장

나 : 공부의 이해

知之者, 不如好之者. 好之者, 不如樂之者
지지자, 불여호지자. 호지자, 불여락지자

아는 사람은 좋아하는 사람만 못하고
좋아하는 사람은 즐기는 사람만 못하다

- 『논어(論語)』 「옹야편(雍也篇)」

1. 하고 싶은 공부와 해야 하는 공부

다양한 공부를 하면서 선배님들에게 물어 보았다.
"공부를 왜 하세요?"
대답은 비슷하다.
"그냥요."
"어찌하다 보니!"
공부를 그만두시는 분에게도 물어 보았다.
"왜 공부를 그만두려고 하셔요?"
"그냥요!"
"그냥! 저하고 맞지 않아서요!"

대부분 '그냥' 시작하고, 그만둘 때도 '그냥'이다.

'그냥'이 많은 의미를 내포하고 있겠지만, 한마디로 '이유 없음'이다. 공부를 하는 데 있어 이유가 없다는 것이다. 이유 없이 하는 공부, 그래서 '그냥' 그만둔다.

많은 분들이 공부에 목표나 방향을 가지고 시작하기보다는 막연한 호기심이나 주변의 권유, 일상의 무료함, 권태 등을 해소하고자 '이것이라도 해보자'는 심정으로 공부를 시작한다. 또 다르게는 공부에 환상을 가지고 수행을 특별한 사람이 하는 무엇으로 생각하거나, 깨달으면 자신의 모든 문제가 해결될 것으로 생각하고 다가서는 분들도 있다. 아이러니하게도 이렇게 처음부터 공부에 대한 어떤 것을 가지고 있는 사람은 '자기가 원하는 공부, 자기가 원하는 깨달음, 자기가 원하는 성취' 등이 있어서 정작 공부를 이어가기 어렵다. 진짜 공부를 생각했다기보다는 '공부에 대한 환상'을 품고 있었다고 할 수 있다.

공부가 현실적으로 필요해서 접근하기도 한다. 심리상담 분야에서 사람의 심리 내적 작용과 관련하여 명상이나 영성, 수행과 같은 내용을 알아야 할 필요가 있을 때 '공부, 수행'을 시작한다. 자기 성장이나 자기 계발처럼 직업적 탐구의 확장이라고 할 수 있다.

이처럼 대부분의 사람은 '공부'가 무엇인가에 대한 뚜렷한 개념과 인지, 공부의 목적과 목표 없이 막연한 생각을 가지고 '공부'를 시작하게 된다.

옛날에는 지리산에 많은 도인이 살았다. 계곡마다 자신만의 수행법으로 수행하고 있었는데, 어느 날부터 도인들이 하나둘 산을 떠났다고 한다. 마을 사람들이 왜 하산하느냐고 물어 보면 동영상 때문이라고 했다. 무슨 소리냐고 물어 보니 "수행법이 유튜브에 다 나와 있어 더는 산에 있을 필요가 없어졌다"고 말했다는 것이다.

현대 사회에서는 다양한 스승과 수행법들이 인터넷을 통해 알려지고 있다. 국내의 수행법은 물론이고 서양의 신비주의(카발라) 또는 밀교 수행법, 동남아시아의 다양한 수행법들이 너무나 풍성하게 쏟아진다. 정보가 많아진 만큼 다양한 수행법과 수많은 스승을 직·간접적으로 만날 수 있어 옛날처럼 하나의 수행 단체 또는 하나의 수행법을 지속하는 사람은 많지 않다. 다양한 수행 정보 속에서 자신이 나아가야 할 수행을 선택하기란 쉽지 않다.

그냥 시작하는 공부, 너무나 많은 수행 정보. 무엇이 공부인지 알기도 어렵고, 공부를 한다고 해도 무엇을 얻을 수 있을지는 더욱 알기 어렵다. 그래서 '그냥' 시작하고, '그냥' 계속해서 찾아다닌다.

공부란 무엇일까?

두 가지를 생각해 볼 수 있다. '하고 싶은 공부'와 '해야 할 공부'다. 먼저 권하고 싶은 공부는 '하고 싶은 공부'다. 수행에 대한 기본적인 지식은 인터넷을 통해 얻을 수 있지만, 실질적인 경험은 몸으로 부딪쳐 봐야 한다. 해볼 만하다고 생각되는 것을 먼저 하는 것이다. 어려운 수행법이 아닌 쉬운 수행법이면 좋다. 공부를 하기 전, 자기를 이해하는 방법으로 사주나 점성학을 이용하는 것도 한 방법이다. 유명한 곳을 네다섯 군데 선별해서 가보거나, 거리에서 흔히 볼 수 있는 타로 카페를 몇 군데 찾아가 봐도 된다. 요가에 관심이 있다면 요가센터에서 아사나를 배운 뒤 요가의 종주국인 인도에서 한두 달 체험해 봐도 좋다. 위빠사나 계열의 명상센터를 체험해 봐도 되고, 가볍게는 절에서 하는 템플스테이부터 경험해 보는 것도 좋다. '하고 싶은 공부'를 해보는 것, 이것이 공부의 출발점이다.

'하고 싶은 공부'란 자신의 개성에 맞는 공부를 찾는 것이다. '하고 싶다'는 욕구에 해당한다. 하고 싶은 것을 해봐야 자신의 욕구가 무엇인지 알 수 있고, 또한 최소한의 욕구 충족이 가능하다. 말 그대로의 '그냥'이 필요하다.

'그냥' 하다 보면 계속해서 '그냥'에 머물기도 하지만, 공부에 나름의 목적과 방향이 만들어지기도 한다. 이때부터 '해야 할 공부'가 시작된다. '하고 싶은 공부'에서 '해야 할 공부'로 넘어가는 것은 쉬운 일이 아니다. '하고 싶은 공부'는 공부를 자신에게 맞추는 것을 말하고, '해야 할 공부'는 자신을 공부에 맞게 변화시키는 것을 말한다.

'해야 할 공부'는 욕구의 충족을 넘어 변화와 성취를 목표로 한다. 자신을 원하는 목적과 목표에 맞게 변화시키려면 큰 노력이 요구된다. 산책은 가볍게 할 수 있지만, 높은 산을 오를 때는 나름의 준비가 필요하다. 준비 없이 오를 수 있는 산도 있지만, 해발 3,000m 이상의 산을 오르려면 고산병을 각오해야 하고 준비해야 할 것도 많다.

'하고 싶은 공부'로 시작해서 '해야 할 공부'를 생각해야 할 때가 왔다면 '내가 원하는 공부를 함에서 오는 한계'에 봉착했다는 뜻이기도 하다. 즉 개인의 '기호'에 걸린다. 이때 '자신이 가진 틀, 개념, 한계를 뛰어넘는 쪽으로 가는 것'이 바로 '해야 할 공부'로 가는 방향이다. 자신의 한계를 만나는 순간이 왔을 때, 비로소 '해야 할 공부의 영역'

으로 들어가는 것이다.

그러나 이러한 한계 상황에 도달하면 대부분의 사람은 '자신이 원하는 공부'가 아니기 때문에 더 나아가지 않으려고 하거나 '자신이 규정한' 공부를 만들어 가려고 한다. '공부'란 '내가 규정지은 것, 내 방식대로 규정하려는 것'이 아니고 '내가 가야 할 방향'을 객관화하는 것이며, 이렇게 할 때 주관(내가 하고 싶은 공부)과 객관(내가 해야 할 공부)의 통합이 이뤄진다.

공부와 수행의 한계점은 한 번만 오고 끝나는 것이 아니기 때문에 공부를 시작하려 할 때 이와 같은 흐름을 이해하는 것이 필요하다. 그러한 이해와 수용이 있으면 수행의 한계, 공부의 한계를 만났을 때, 어떻게 할 것인지를 생각할 수 있다. '내가 해야 할 공부는 무엇인가?'를 사유하게 되고, 혹여 그것이 '하기 싫은' 공부일지라도 받아들일 수 있게 되며, 나아가야 할 방향으로 나아가게 된다.

현시대를 자본주의 시대라고 한다. 자본주의는 빠른 속도와 효율성이라는 가치를 가지고 이윤을 극대화해 나간다. 수행도 자본주의의 영향으로 상품화되어 가고 있다. 빠르고 편리하며 다양한 영성 상품이 개발되면서, 소비자는 쉽고 편리하게 이 상품을 접할 수 있게 되었다. 선택의 폭이 넓어진 것이다. 참으로 좋은 시대다.

'하고 싶은 공부'는 이 영성 상품을 소비해 보는 것과 같다. 다양한 상품을 접해 보면 어떤 상품의 품질이 좋고 나쁜지를 알 수 있다. 하나의 상품만을 고집해도 좋다. 다만 그 상품의 의미와 가치에 대한 충분한 이해를 하고 있어야 한다. 무조건 자신이 구입한 상품만 좋다고 우긴다면 그것은 고집이자 집착일 뿐이다.

'해야 할 공부'는 영성 상품을 소비하는 태도하고는 다르다. 소비자의 입장을 넘어서 하나의 결과물을 만드는 기술자가 되는 것이다. 그러면 무엇을 만드는 기술자인가? 자신을 자신답게 만드는 기술자다. 스스로를 명품 중의 명품으로 만들어야 한다. 자신이 명품이 되면 남의 것을 부러워하거나 탐내지 않는다. '그냥' 공부한다면 누군가가 만들어 놓은 영성 상품을 가볍게 소비하는 것과 같다. 아직은 소비자 입장이다. 수행은 소비자 입장에서 벗어나 자신을 진정한 명품으로 탈바꿈시켜 가는 '해야 할 공부'를 하는 것이다.

과거에는 어릴 때부터 집안의 교육을 받거나 특별한 스승에게 교육을 받는 도제식 수행이 많았다. 하고 싶은 것보다 해야 할 일이 우선이었다. 자기 의사와 상관없이 정해진 방식을 배우고 익혔다. 그래서 옛 장인들에게 하시는 일을 좋아하느냐고 물어 보면 "좋아서 하는 사람이 어디 있어! 그냥 하지"라곤 하신다. '그냥'이 '그냥'이 아니다. 좋고 싫음을 넘어선 '그냥'이다.

이 시대에는 '해야 할 공부'를 먼저 시작하는 사람은 드물다. 다양한 영성 상품과 널린 정보 속에서 어찌하다 보니 '그냥' 시작하게 된다. '하고 싶은 공부'와 '해야 할 공부'도 본질적으로는 경계가 없다. 단지 '그냥'이다. 시작이 어떠하든 경계 없는 '그냥'으로 갈 수 있다면 '문 없는 문', '길 없는 길'을 빙긋 웃으면서 갈 수 있지 않을까?

수행에서 가장 필요한 기술은 자기 자신을 들여다보는 기술이다. 자신을 명품으로 만들기 위해서는 자기에 대한 이해가 있어야 하기 때문이다. 이 책 또한 자기 이해를 돕기 위한 기술적 접근으로 만들어졌다.

한편, 평범한 사람이 본격적인 수행을 하기에는 진입장벽이 너무 높아 보인다. 이루어야 할 경지로는 부처, 예수, 마호메트 같은 위대한 인물이 기준이 된다. 그들이 아니라도 뛰어난 역대 스승이나 한 시대를 풍미한 사람 정도는 되어야 할 것 같다. 평범한 사람으로서는 너무나 먼 경지의 이야기다. 나름의 성취를 이뤘다고 알려진 사람들도 특별한 깨달음의 세계나 그 세계에서의 대자유를 이야기하지, 그 길에 대한 설명은 많지 않다. 아니 어쩌면 설명이 너무나 많아서 어렵기도 하다. 자신이 해보지 않고는 결코 알 수 없다고 한다. 물가에는 같이 갈 수 있으나 물은 자신이 마셔야 한다고 말한다. 사실이다. 그래서 수행이 어렵다. 누구나 시작할 수 있지만 도달하는 사람은 많지 않은 세계다. 왜 이룬 사람은 쉽고, 모르는 사람은 어려울까?

수행·공부에 관심이 있어서 자기를 들여다보고 지식을 쌓으면서 공부의 기반을 만들어 왔다면, 또는 그렇게 하고자 한다면 그다음에는 자발성이 필요하다. 이를 다른 표현으로 자기주도 학습이라고 한다. 수행이나 마음공부라는 것이 모호하게 느껴지겠지만, 모호함에 머무는 것이 아니고 자신이 나아가려는 방향이 마음공부, 수행이라는 특정한 분야, 영역이라는 정확한 인식을 가지고 시작해야 한다. 초심자는 전문가를 목표로 정진해 나가고, 전문가는 초심자의 마음(초발심; 初發心)을 유지해야 한다.

'공부한다, 수행한다'라는 기본적 인지만 있어도 출발은 할 수 있다. 마음공부에 나서면 자신이 생각한 어느 지점에 도달하려고 하지만 자기가 어디에 있고, 어디에서 어디로 가는가에 대한 인식이 없으므로 헤매게 된다. 대개는 이러한 인지조차도 없이 수행한다고들 하기 일쑤다. 미세한 인지만으로도 출발은 할 수 있을 것이나 수행·공부의 영역은 마치 폭풍 치는 바다 위에 떠 있거나 깜깜한 그믐밤에 시골길을 걷는 것과 같아서, 이 책에서는 '마음' 또는 '의식'이라는 기준에서 수행의 나침반을 제시하려고 한다. 이 '나침반'을 달리 말하자면 '나는 누구인가'를 알아가는 '깨달음의 메커니즘'이라고도 할 수 있을 것이다.

2. 공부를 시작하는 태도

수행은 궁극적으로 "내가 내 삶의 주인이며, 내 영혼의 선장"[1]임을 알아가는 과정이기 때문에 우선 자신의 심리적 어려움, 갈등이나 상처를 다룰 필요가 있다. 개인마다 지닌 심리적 어려움은 다양하겠지만, 공부할 때 먼저 돌아보았으면 하는 부분들은 다음과 같다.

첫째, 자기를 들여다본다는 것에 대한 이해가 필요하다.

수행은 '자기를 들여다본다'는 것이 전제되어 있는데, 이러한 태도를 가진 사람은 드물다. '나를 들여다본다'는 것은 곧 '의식을 안으로' 돌리는 것을 말한다.

어떤 분이 공부를 시작한 지 6개월가량이 지나도록 '나를 들여다본다'라는 개념이 확실히 서지 않았다. 그러던 어느 날 주방에서 설거지를 하던 중에 자신이 매우 긴장한 가운데 설거지를 하고 있음을 발견했고, 이전에도 늘 그래왔음을 알아차렸다. 이러한 순간이 바로 의식

---

1   William Ernest Henley, *Invictus,* 1875.

1부 __ 나는 누구인가

이 안으로 들어온 순간이며, 공부의 기본 전제가 하나 마련된 것이다.

사회는 성공·성취 지향적이어서 많은 사람이 성공과 성취를 얻기 위해 바깥에 의식을 두고 살아간다. 그러나 설령 사회적 성취나 성공을 얻었다 하더라도 자신이 어떤 생각과 감정을 느끼는지, 자신이 진정 무엇을 좋아하고 무엇을 하고 싶어 하는지는 잘 인지하지 못한다. 대부분은 사회에서 타인의 욕망을 욕망하여, 그 욕망을 내 것으로 알고 달려간다. 즉 외적 감각에 대해서는 집중하면서도 자신의 내면은 외면한 채 살아가기 일쑤다. 공부·수행을 하는 사람들에게 자신의 심리 점검을 강조하는 이유는 심리학이 내면을 다루는 방편을 대중적인 형태로 잘 정리하여 제시하기 때문이다.

둘째, 본인이 잘해 왔음을 인지해야 한다.

우리나라 사람들은 보편적으로 자신을 저평가하고 있다. 이는 겸손을 강조하는 유교 전통, 그리고 타인과의 비교를 부추기는 경쟁사회 분위기가 미친 영향으로 추측된다. 많은 사람이 각자의 삶에서 잘해 온 것이 있는데도 잘하지 못했다고 자책하거나, 자신을 깎아내리는 타인의 평가를 믿으면서 심리적으로 위축돼 있다. 그렇다면 무엇을 잘해 왔을까?

우선 당신은 살아 있다. 삶에서 살아남아 현재에 와 있다는 것은 그만큼 노력해 왔다는 증거다. '나는 단지 버텨온 것이다'라고 표현할지라도 상관없다. 살아 있다는 것 자체로 충분하다. 위협에 노출되었을 때 뇌의 변연계는 정지Freeze, 회피도망; Flight, 투쟁Fight 반응을 일으킨다.

이를 삶에 대입해 보면 정지는 '버티는 것'이다. 일단 버텨야 회피든 투쟁이든 한다. 사회는 삶에서 '투쟁'하여 이겨내야 한다고 말하지만, 그것은 극단적인 사고방식이다. 오히려 '정지', 즉 멈춰서 버티고 있어야 살필 수 있고, 그다음을 도모할 수 있다. 앞에서 말했듯이 사회는 투쟁을 선호할지라도 수행에서는 정지, 버티는 것(맷집)을 중시한다. 수행을 해나가려면 삶에서 버티고 살아남았다는 것을 스스로 인지하는 것이 중요하며, 그것이 수행의 시작점이 될 수 있다. 살아남은 자만이 공부든 수행이든 할 수 있는 것이다.

그것을 인지했다면 그다음에는 심리적인 작업에 들어가야 한다. 사회는 남들보다 성공하고, 잘해야 한다는 압력을 준다. '남들보다 잘해야 한다'는 기준을 갖고 있어서 항상 남들과 비교하고 잘하지 못하는 자신을 끝없이 비난하며 채찍질한다. 하지만 우리가 모두 남들보다 모든 면에서 성공하거나 성취할 수는 없다. 무턱대고 스스로를 비판·비난부터 하는 것은 공부에 도움되는 방향이 아니다. '미움받을 용기'[2]가 필요하다는 것에 많은 이들이 공감하지만, 굳이 말하자면 '미움받을 용기'도 필요 없다고 생각한다. 그저 '내가 살아온 것, 버틴 것'이 바로 용기이며, 이미 그 용기를 갖고 있다는 것을 받아들이고 인정하면 된다.

그다음으로, 국가로부터 주민등록번호를 부여받고 20대 후반의 나이에 이르렀다면 스스로 생각을 할 수 있는 성인이 된 것이다. 살아남았고, 스스로 생각할 힘을 가지고 있다면 과거가 어떠했든 그것과

---

2   기시미 이치로, 고가 후미타케 저, 전경아 역, 『미움받을 용기(嫌われる勇氣)』, 서울 : 인플루엔셜, 2014 (원전은 2013년에 출판).

상관없이 '지금 여기'에서 출발할 수 있다. 수행 과정 중에 '과거 정리'와 '미래 제도'를 해나가는데, 이는 어느 지점에서든 시작할 수 있다. '과거 정리'란 과거의 생각과 감정의 먼지를 터는 것이며, '미래 제도'는 미래를 새롭게 만들어 나가는 것이라고 간단히 표현할 수 있다. 과거를 정리하는 방법으로 심리 치유를 활용하며, 미래 제도는 자기계발, 성공학을 도입해서 사용할 수 있다.

자신이 살아남았음을 인정하는 것, 그리고 자기 스스로 생각하는 것, 이 두 가지 무기로 출발하면 된다. 출발 이후 남은 것은 '알아가는 것, 배워 가는 것'뿐이다. 타인과 사회가 설정한 목표가 아니라, 자신만의 방향을 설정해서 가는 것이 공부와 수행의 길이다. 그 길을 가기 위해서는 반드시 '자기 이해'가 필요하다.

셋째, '타인의 욕망을 욕망함'을 경계한다.

자크 라캉은 "인간은 타인의 욕망을 욕망한다"고 하였다. 즉 자신이 진정 무엇을 바라는지, 자신의 스타일·성향이 무엇인지를 모른다. 대부분의 사람은 사회에서 만들어 놓은 관점과 기준을 자신의 것이라고 착각하고 살아가는데(심지어 착각하고 있는지를 알아차리기 어렵다), 공부와 수행에서는 '나의 관점, 기준, 방향'을 세워 가는 것이 중요하다.

그러므로 누구나 이해할 수 있는 방식으로 잘 정립해 둔 심리학을 내면을 들여다보는 방편으로 활용하면 좋다. 요즘 시대에는 심리상담이 보편화되어 있고, '나'라는 개체를 이해하기 위해 내가 살아가는 이 사회가 제공하는 도움을 충분히 받을 필요도 있다.

상담의 도움을 어디까지 받을 것인가? 자신에게 진심으로 '괜찮다'

고 할 수 있으면 된다. 괜찮다는 마음이 올라오지 않는다면 괜찮을 때까지 하고, 그것도 어렵다면 괜찮다고 해줄 수 있는 사람을 찾아가서 '당신 괜찮아요'라고 말해 달라고 한다.

공부와 수행을 해나갈 때, 적어도 앞에서 언급한 세 가지 측면에서 자신의 심리 내면을 탐색하고 이해하는 것이 필요하다. 여기서 다시 한 번 강조하는 것은, 공부와 수행에서는 사회나 타인이 만들어 놓은 욕망을 따르는 게 아니라는 것이다. 자신의 진정한 욕구를 발견해서 그것이 세상에 맞는지 아닌지, 새롭게 창조해야 하는지 아닌지를 고려하며 나아가야 한다.

그렇다면 내가 나의 욕구와 관점, 기준으로 살아왔는지, 아니면 타인의 욕망을 욕망하며 살고 있는지를 어떻게 확인할 수 있을까? 자신의 현주소를 확인하는 방법으로는 여행을 추천하며, 공부와 수행의 길에 들어선 경우라면 의식 탐구를 권한다.

우선 여행에 대해 말하자면, 여행 경험이 없거나 적으면 안전과 편의상의 이유로 패키지여행을 추천하며, 어느 정도 여행 경험이 쌓이고 나면 자유여행을 해보길 추천한다. 물론 상황에 따라 처음부터 자유여행을 할 수도 있을 것이다. 자유여행을 한다면 적어도 16일 이상의 여행이 되어야 한다. 최소한 보름 이상의 여행을 했을 때, 뜻하지 않게 우연히 일어나는 사건들을 헤쳐 나가는 자신을 보면서, 어떤 일을 해결할 수 있는 자신의 힘을 확인할 수 있게 된다.

일반적으로 습관 하나를 바꾸는 데에도 3주의 시간이 필요하다. 계획에 없던 일을 체험하면서 자신이 가진 현재의 사고(사유)나 행동의 패턴, 능력을 드러내 확인해 보려면 유흥을 목적으로 하는 단기 여행이 아니라 최소한 보름 이상(3주 이상이면 더 좋다) 장기간의 여행이 필요하다.

안전성과 그 밖의 여건이 확보된다면 킬리만자로, 카일라스, 인도 성지순례, 산티아고 순례길 같은 여행지를 추천한다. 관광이나 단순한 여흥을 위한 여행이 아니라 자신의 현주소를 발견하고 '스스로 생각할 수 있음', '잘해 왔음'을 확인하는 여행이 되어야 하기 때문이다. 국내 여행이라면 전국 일주, 자전거 여행, 모든 국립공원 등반, 백두대간 주파 등 하나의 '주제를 가지고 단락을 지어 보기'를 추천한다.

이를 통해 지난 삶에서 잘해 온 자신을 발견할 뿐 아니라 성취감이라는 열매도 얻게 된다. 이것들은 앞으로의 삶, 공부와 수행에 연료로 작용할 것이다. 즉 버티는 힘, 스스로 생각하는 힘, 앞으로 나아가 본 경험에 여행하며 얻은 비결이 더해지면 어려움을 겪는다고 해도 사회에서 살아갈 수 있는 정신적 기반을 갖출 수 있다.

여행을 통해 자신을 이해하는 것을 넘어 더 깊은 수준으로 자신에게 접근하고자 한다면 인간 그 자체에 대한 이해, 인간 의식 탐구가 필요하다. 왜냐하면 우리는 모두 인간이기 때문이다. 이후에는 자신의 생각, 감정, 욕구에 대해 구체적으로 탐구해 나가야 한다.

넷째, 자기주도 공부가 필요하다.

나는 어디에 있으며 어디로 가는가? 공부나 수행을 할 때 가장 중요한 것은 무엇일까? 수많은 해답이 있겠지만 개인적으로 가장 중요하게 보는 것은 '자기주도학습Self-Directed Learning'이다. 공부나 수행의 목적과 목표를 자신의 의사에 따라 선택하고 결정하고 행한다는 의미다. 단순하게는 자신의 뜻으로 주체적인 공부를 해나간다는 의미로 볼 수 있다. 자신의 현재 위치를 알고 자신이 나아가야 할 방향이 어디인지 알고 있다면, 그 사람은 자신의 삶과 공부(수행)에 흔들림 없이 나아갈 수 있다.

어떻게 보면 수행이란 '나는 어디에 있으며 어디로 가는가?'에 대한 해답을 구하는 것이라고 볼 수 있다. 자기주도학습을 할 수 있는 성인이라면, 수행을 하느냐 안 하느냐에 상관없이 수행의 길에 깊이 들어가 있다 할 것이다.

가족·타인·사회 등과의 관계 속에서 '나는 현재 어디에 있으며 어디로 가는가?'를 알고 이해하는 것이 기본적인 공부의 목적이자 목표가 된다. 이것을 좀 더 함축적으로 표현하면 '나는 누구인가?'라는 질문이 될 것이다. 심리적 측면이든 철학적 측면이든 수행적 측면이든

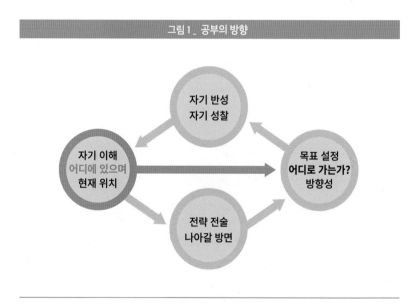

그림 1 _ 공부의 방향

실상 모든 것은 '나는 누구인가?'라는 질문에서 시작되며, 이 '나'라는 것을 이해하고 발견하며 살아가는 삶, 그 자체가 공부이자 수행이라 할 수 있다.

자신을 살펴봄으로써 자신의 현재 상태와 과거의 상처나 집착에서 오는 고통을 온전히 직시하게 되면 스스로에 대한 이해와 존중과 인정이 이루어져 간다. 이는 치유의 기본이 되며, 이 치유는 더 큰 변화와 안정을 가져다주고 성장하고 성숙하는 길로 이끈다. 성장하고 성숙하면 의지와 용기는 더욱 분명해진다. 의지와 용기는 자신을 성찰의 길로 이끌고, 이를 더욱 깊은 수행으로 다지게 되면 이해를 넘어 지혜로, 존중은 사랑으로, 인정은 포용으로 변성하고 통합되어 간다. 이렇듯 나를 끊임없이 살피고 직시하여 사랑과 자비의 길로 나아가야 한다.

3. 나를 알아주기

사람들이 호소하는 공통된 마음의 상처를 간단히 표현한다면 '아무도 나를 알아주지 않는다'이다. 누가 나를 알아줄 것인가? 공부를 한다는 것은 '내가 나를 알아주는 방향으로 가는 것'이다. 나를 알아주려면 '나'는 인간이기 때문에 '인간이 무엇인가'를 사유할 수밖에 없고, 자기를 이해하려면 타인이 거울이므로 타인에 대한 이해가 전제되어야 한다.

'나, 자기'를 알아주는 것이 공부라고 해서 그것만 이해한다면 주관에 빠지는 오류를 범하게 된다. 공부는 주관성과 객관성의 균형을 잡아 가는 것이다.

　여기에서 자기 이해를 위한 방법을 몇 가지 소개한다.

1) 나를 알아주는 방법

　앞서 이야기한 여행과도 관계가 있다.

　첫째, 기차역, 공원, 광장이나 사거리의 카페에 앉아서 행인들을 서너 시간 동안 하염없이 바라보라. 목적이나 판단 분별 없이 '그냥' 지켜보는 것이다. 이렇게 하다 보면 사람을 보는 습관이 생긴다. 인간이 인간을 보는 행위를 하면서, 지나가는 사람을 보고 느끼는 바를 그 순간에 한마디씩 툭툭 혼잣말로 던져 본다. 이를 '이름명상'이라고 한다. 행인을 보며 판단 분별 없이 떠오르는 말을 내뱉어 보면, 자신이 지나가는 사람을 어떻게 보는지 확인할 수 있다.

　기회가 있다면 해외여행을 할 때도 시도해 볼 수 있다. 해외에서는 언어·인종이 달라서 '볼 수'밖에 없다. '보는 것'이 만들어지고, 반복적으로 하다 보면 '안다'는 것이 만들어진다. 무엇이 떠오르지 않거나 몰라도 상관없다. '본다'는 것 자체가 의미가 있다.

　이 방법은 메타인지를 사용하는 것과 연관되어 있다. 특히 외국에서 혼자 있으면 자기를 느낄 수밖에 없다. 한국에서는 크게 효용이 없더라도 외국에서는 해볼 만하다. 외국인들이 많은 낯선 곳에서 혼자 있을 때, '내가 혼자 있어도 괜찮다'를 알게 된다. 뉴욕 타임스퀘어와 같이 수많은 인파가 움직이는 곳이면 더 좋겠다. 그곳에서 인종, 국적, 직업, 나이 불문의 다양한 행인들을 보고 있으면 그들 모두가 인간임을 알게 되고, 나 또한 한 인간임을 알게 된다. 즉 '무심히 알게 된다'

는 것을 발견하게 된다.

둘째, 그랜드캐년과 같은 웅장한 대자연으로 가거나, 몽골 초원에서 밤하늘의 별을 바라보라. 그리하면 대자연 속의 '나'를 보게 된다. 특별한 의미를 부여하는 것이 아니라, 그냥 그것을 '보고 있는 자'가 '나'임을 알게 된다. '나를 느낀다'는 개념 없이 '그냥 나를 아는' 것이다. 무심한 중에 한마디를 한다면 "내가 지금 여기 있군!"이라고 자신에게 말해 주면 된다.

나를 알아주는 또 하나의 방법으로는 '자전거나 완행버스로 전국일주하기' 등 한 사이클을 계획해서 실행하고, '하는 것'에서 오는 성취감을 느껴 보는 것이다. '내가' 하겠다고 '계획하고 실행'하면 얻어지는 성취감이 있고, 이것은 미래 제도의 하나가 된다. 자신이 계획하고 실행했기에 자신의 미래를 제도하는 것이다. 한 사이클을 정해서 실행하는 것이라고 해서 거창하게 할 필요는 없다. '부산~서울 왕복' 같은 작은 것도 상관없다. 그것이 무엇이든 '내가 할 수 있는 것'에서 시작해 마무리해 나가면 된다.

과거 정리, 미래 제도는 특별한 것이 아니다. 내가 할 수 있는 것에서 자연스러운 성취감을 느끼면 충분하다. 사회에서 사람들이, 남들이 말하는 성공·성취를 달성하지 못했더라도 무슨 상관인가? 사회적 성취를 이룬 사람들이 모두 '자기'로 살아가는 것은 아니다. 앞서 말했듯이 수행은 '내가 내 삶의 주인, 내 영혼의 선장임'을 아는 것이며, 자기와의 시간을 잘 보낼수록 '자기'가 된다. 이외에 나를 알아주기 위해 '의식'에 대한 탐구로 들어가는 것은 더 깊은 수행의 영역이다.

이렇게 심리 치유를 하든, 여행이나 대자연 속에서 자신을 발견하든

'나를 알게' 되었다면, 공부와 수행의 기본이 나름 준비되었다고 할 수 있다. 혹여 치유나 여행을 못해도 상관없다. 왜냐하면 삶에서 주어지는 고뇌와 고통이 수행의 길로 이끌기도 하기 때문이다. 고통에서 벗어나고자 하는 노력과 의지도 수행이다.

그러나 우연히든 의도적이든 어떤 기회를 통해 '나'를 알게 되었다고 해도, 사회 속에서 일상을 살다 보면 그 느낌이 퇴색하는 경우가 다반사다. 그럴 때는 뒷동산이라도 가라. 여행하며 보고 느낀 그 느낌은 결코 잊히지 않는다. 그렇게 '나'라는 느낌을 일상에서 자주 일깨우면서 타인의 욕망을 욕망하며 살아가는 사람이 아닌, 당신이 당신으로 살아가기를 바란다. 그것만 할 수 있어도 여유를 갖고 사는 것이므로 굳이 요가나 명상을 할 필요가 없다. 이런 마음의 여유가 없다면 요가나 명상을 아무리 해도 그것은 기술을 익히는 것일 뿐이다.

앞에서 말한 방편들은 본격적으로 수행을 시작하려는 사람들을 포함해서 수행을 굳이 하지 않고서도 삶에서 나를 알아가려 노력하는 사람들에게 유용하리라고 생각한다. 그러면 마음공부, 수행의 길로 접어들어 '자신'을 알아가고자 하는 사람에게는 어떤 것이 더 필요할까?

2) 자신에 대한 심리학적 접근과 이해

앞에서 말했듯이 마음공부, 수행을 하려면 '내면을 들여다본다'는 것에 대한 개념이 있어야 한다. 또한 내 삶과 나를 알아주기가 필요하다. 그러기 위해서는 무엇보다 자신의 생각, 감정, 욕구를 파악하는 것이 중요하다. 자신을 탐색하고 이해하는 데 사회적으로 잘 다듬어져 있고 접근이 용이한 도구가 바로 심리학이다. 그러므로 수행하려고 한다면 자신에 대한 심리학적 접근과 이해가 필수적이다.

① 내면아이 심리치유

자신의 과거를 돌아보고, 부모·형제 등 가족과의 관계를 재정립하는 데 도움이 된다. 과거의 나 그리고 부모에게 편지를 쓰면서 자신의 감정을 확인하며 현재의 새로운 관계, 자아상을 정립할 수 있기 때문이다. 자신을 돌보려면 우선 '따뜻한 마음'으로 과거를 바라보는 것이 필요한데, 그 '따뜻한 마음'을 확립하는 방법으로 내면아이 심리치유를 권한다. 더 강력한 방법으로는 인간중심 상담을 추천한다. 내면아이 심리치유에서 더 세부적으로 들어간 것이 핵심 감정 다루기다.

② 칼 로저스의 인간중심 상담

'나'는 바로 인간이므로 '인간중심 상담'의 가장 우선적이고 중요한 대상이 된다. 자신의 존재를 '인간중심'으로 바라보기를 권한다. 만약 타인을 그렇게 바라볼 수 있다면 보살의 경지라 할 것이다.

③ 비폭력 대화

'관계'를 통해서 내가 어떻게 상대하고 대응할 것인가, 관계를 이해하기 위한 기본이 되는 대화법으로 추천한다. 비폭력 대화를 완전히 숙지하여 일상에서 쓰지는 못한다 해도, 자기를 돌보고 바깥을 통해 인식을 재정립하는 데는 도움이 될 것이다.

우선 자신의 내면을 돌보고, 외부로 방향을 돌려 나, 관계, 세상에 대한 인식을 재정립해 나간다. 심리의 측면에서는 최소한 이 정도가 마련되어 있어야 뻗어 나갈 수 있다. 이마저도 없으면 자기돌봄을 하려고 해도 어디서 시작해 어떤 것을 해야 할지 알기가 어렵다.

위 세 가지 방향성을 가지고 자기 돌봄, 심리 돌봄을 하면 충분하며, 필요에 따라 그 외의 심리 치유 작업을 하면 된다. 또한 내면아이 심리 치유에서 더 깊이 접근한다면 '핵심감정' 다루기를 권한다. 위에서 말한 세 가지 주제의 책을 완독할 필요는 없다. 각 책의 제목들을 잊지 않는 것이 중요하다.

과학 잡지나 세계의 시사·문화를 다룬 잡지(예 : NEWTON, NATIONAL GEOGRAPHIC)를 1~3년 정도 구독하는 것도 좋다. 마음공부나 수행은 생각 이상으로 과학적이고 객관적인 접근이 필요하다. 다양한 분야에 대한 지식을 꾸준히 쌓으면 객관적 접근을 할 수 있는 사고의 기반을 다질 수 있다. 이를 위한 방편으로 과학 잡지나 세계의 시사·문화 등 다양한 주제를 다루는 종합잡지를 구독하기를 권한다. 온라인으로 세상을 다 들여다볼 수 있는 시대에 굳이 종이로 된 잡지를 권하는 이유는 '직접 계획하고 실행하는 여행'처럼 이 또한 '내가 무엇인가를 했다'는 성취감을 얻을 수 있는 방법의 하나이기 때문이다. 꾸준한 수행을 위해서는 스스로 해내는 데서 오는 성취감이 주요한 동력이 된다.

심리 이론으로
생각·감정·욕구 이해하기

1. 생각 다루기 - 인지치료

인지치료는 비이성적·비논리적인 생각을 할 때 심리적 어려움을 겪는다고 보기 때문에, 개인의 주관적 경험과 이성적 판단에 중점을 둔다. 특히, 생활 속에서 거의 자동으로 일어나는 '자동적 사고', 경험의 의미를 잘못 해석하는 '인지 오류(인지 왜곡)', 과거 경험으로 일반화해서 현재를 해석하는 '역기능적 신념'들을 집중적으로 다룬다. 다음은 흔히 경험하는 대표적인 인지 오류의 예들이다(권석만, 2012).

- **흑백논리** : 이분법적 사고·생활·사건의 의미를 이분법적 범주 중 하나로 해석하는 오류
  (예) 타인의 반응을 '칭찬' 아니면 '비난'으로만 해석한다.

- **과잉 일반화** : 특수한 경험으로부터 일반적인 결론을 내리고, 그와 무관한 상황에도 적용하는 오류   (예) 그 사람은 '항상' 그런 식이야.

- **정신적 여과** : 특정 사건의 일부 정보만 선택적으로 받아들여 그것이 마치 전체를 의미하는 것처럼 해석하는 오류
  (예) 발표 시간에 부정적 반응을 보인 소수를 보고는 '모두 나를 비난했다'고 인지하는 것

- **의미 확대/축소** : 어떤 사건의 의미, 중요성을 실제보다 지나치게 확대, 축소하는 오류
  (예) 칭찬을 들으면 예의상 한 말이라고 축소하고, 비판을 들으면 진심이라고 의미 있게 받아들이는 것

- **개인화** : 자신과 무관한 일임에도 자신과 관련된 것으로 받아들이는 오류   (예) 지나가는 사람들의 웃음소리를 듣고 자신을 비웃는다고 이해하는 경우

- **잘못된 명명** : 사람의 특성이나 행위를 과장하거나 부적절하게 표현하는 오류   (예) 하나의 실수를 과장해서 '나는 실패자'라고 하는 경우

- 독심술의 오류 : 충분한 근거 없이 타인의 의도를 마음대로 추측, 단정 짓는 것
- 예언자의 오류 : 미래의 일을 확신하여 추측, 단정짓는 것
- 감정적 추리 : 현실적인 근거가 아니라 막연한 느낌, 감정에 근거하여 결론을 내리는 것

2. 감정 다루기 – 내면아이 심리치유, 핵심감정

1) 내면아이 심리치유

'상처받은 내면아이 치료'는 성장 발달 단계에서 미충족된 욕구나 과제를 상처로 가진 채 치유되지 않은 '내면아이'와의 직접적인 접촉을 시도하는 치유기법이다. 특히 '어린 시절에 해결하지 못했던 슬픔' 등을 끝낼 수 있도록 도와주는 발달 단계적 치료를 통해 내면의 통합이 이루어지게 한다.

또한 '내면아이 심리치유'는 특히 상처받은 내면아이를 계속 품고 있어 생기는 심리적 어려움, 역기능적 관계 및 가족 체계에서 비롯된 학대, 폭력, 중독 문제(사람의존 중독, 알코올, 섹스, 일, 종교, 스포츠, 인터넷, 도박, 분노 중독) 등을 치료하는 데 있어서 매우 효과적이다(내면아이 치료연구소).

2) 핵심감정(정신 역동적 치료 : 도(道) 정신치료)

'핵심감정(nuclear feelings)'은 이동식 선생이 처음 사용한 단어로 한 사람의 행동과 사고와 정서를 지배하는 중심 감정을 말한다. 이는 개인이 어린 시절에 중요한 인물, 특히 부모에게 느꼈던 애증의 감정으로, 성인이 되어 타인에게 이 감정을 투사함으로써 심리적 갈등과 문제를 일으키는 원인이 된다.

이동식 선생은 '핵심감정'을 대혜선사가 말한 애응지물(碍膺之物)과 같은 것으로 보았고, 삶의 매 순간을 지배하는 '핵심감정'을 파악하고 극복하는 것이 정신치료에서 가장 중요하다고 하였다. 심리적 어려움의 원인은 부모, 특히 어머니에 대한 사랑과 미움에 뿌리를 두고 있다. 사랑이 채워

지지 않으면 미움으로 변하는데, 어려서 받은 마음의 상처가 풀리지 않고 커지고 단단해진 것을 '핵심감정'이라고 한다. 대개 자신이 품고 있는 것을 인지하지 못하고 또한 보지 않으려는 감정이며, 이 핵심감정은 평생 모든 관계, 일, 상황에서 반복된다. 핵심감정으로부터 자유로워지고 주체성을 회복하는 것이 정신건강이다(권석만, 2012).

정신역동치료에서는 나를 지금 여기에 있지 못하게 하는 핵심감정이 무엇인지, 어떤 상황과 조건들로 인하여 형성되었는지를 철저하게 파악한 후, 그로부터 자유로워져서 현재의 나에 충실하기 위해 '핵심감정 녹이기' 작업을 한다. '핵심감정을 녹인다'는 것은 어리고 나약하기 때문에 누군가에게 의지하여서 사랑과 인정을 받고 싶었던 욕구가 충족되지 못하고 좌절된, 어린 시절의 가여운 나를 달래 주고 보듬어 주는 과정이다(김경민, 2006).

3. 욕구 다루기 – 매슬로의 욕구단계설

1943년에 매슬로(Abraham Maslow)가 제안한 '욕구위계이론(Needs hierarchy theory)에 따르면 모든 인간은 생리적 욕구, 안전의 욕구, 소속감의 욕구, 존중의 욕구, 그리고 자기실현의 욕구라는 다섯 가지 기본적인 욕구를 가지고 있으며, 이러한 욕구는 우선순위가 있는 계층을 형성한다.

다섯 가지 욕구는 다시 기본적 욕구(생리적 욕구, 안전의 욕구, 소속감의 욕구, 존중의 욕구)와 성장 욕구(자기실현의 욕구)로 분류된다. 한편 가장 기초적인 생리적 욕구부터, 이전 단계의 욕구가 충족된 사람은 그다음 단계의 욕구의 충족을 추구한다. 다만 위 욕구의 위계는 명확하기보다는 애매하게 서로 중복되므로 어느 정도의 하위 욕구가 충족되면 상위 욕구의 충족 추구로 옮겨간다고 보아야 한다.

매슬로는 기본적인 욕구가 충족되지 않았거나 사회적인 압력이 있을 때 자기실현 잠재력이 발현되지 못한다고 하였다(김도희, 2019; 박정현, 2014).

2장

나와 우리 :
정명(正命)에 대하여

1. 정명과 수행

　자신과 공부를 이해하는 길에서 빠질 수 없는 것이 나를 아우르는 '우리'에 대한 인식이다. 한 개인에게 있어 '우리'를 벗어난 삶은 존재할 수 없다. 입고 있는 옷과 먹고 있는 음식, 관계를 맺고 소통하는 모든 것은 '우리'를 통해 이루어진다. 공부 또한 우리 속에서 펼쳐진 사회문화를 바탕으로 진행된다. '우리'를 통해 배우고, 배운 공부를 우리에게 되돌려 줌으로써 공부는 더욱 풍성해진다. 그러므로 나와 우리의 관계에서 이루어지는 '정명'에 대한 사유가 필요하다.

　'우리'로 펼쳐진 이 사회(세상)에서 어떻게 사는 것이 진정 나를 위한 길인가? 나의 온전한 성장과 발전을 위한 길은 무엇인가?

　'나의'라고 하지만 이것은 나만을 위한 길이 아닌, 공생공존을 위한 길이며, 이 길이 곧 나를 위한 길로 이어진다. 정명의 시작점은 단순하다. 헌법에 명시된 국민의 4대 의무(근로의 의무, 납세의 의무, 국방의 의무, 교육의 의무)를 다하면 국가가 개인을 보호해 준다. 인간은 국가와 사회를 기반으로 살아가는데, 이는 곧 '우리'를 기반으로 살아간다는 뜻이기도 하다. 그러므로 국가에 대한 국민의 의무를 다하면 국가는 국민을 보호하고 기본권을 보장해 주는 것이 일반적인 법칙이다. 더 들어가서 이야기하자면 학교에서 공부를 열심히 하면 장학금을 주듯이, 자신에게 주어진 역할을 열심히 하면 보상이 주어진다.

이러한 현실적인 법칙을 영적으로 설명하자면, 개인은 해야 할 목표를 갖고 이 생에 오는데, 이러한 목표, 몫을 충실히 해내면 내가 이 생에 태어난 목적을 이루게 되므로 그것 자체가 하나의 명命을 완수하는 것이다. 인지하지 못했다고 할지라도, 이 생에 태어날 때 그 역할(몫)을 하겠다는 것은 이미 나와 사회(세상, 세계)의 합의에 따라 자연스럽게 이뤄지는 것이며, 그 역할만 충실히 하면 내 삶은 안정성을 확보하게 된다. '영적인 세계'에서도 특별히 다른 것이 있는 게 아니다. 학생이라면 학생답게, 직업이 있다면 그 직업을 충실히, 주부라면 가정 내에서 양육과 집안일을 충실히 하는 것이면 충분하고, 이것이 정명의 자연스러운 시작이다.

영적인 차원에서 정밀하게 보면, 태양신경총(the solar plexus; 마니푸라 차크라; मणिपूर:; maṇipūra)에 일종의 코드가 심어져 있다. 불교에서는 아뢰야식의 관점을 갖기 때문에 영혼을 인정하지 않지만, 서양의 관점을 도입해 보자면 영혼의 입장에서는 지구를 '학교'로 본다.

영혼은 태어날 때 보통 삼생三生(현생, 다음 생, 그다음 생)을 계획하고 오는데, 이생에서 기본값으로 설계된 할 일(역할, 몫)을 하면 하나의 단락이 지어진다. 일반적으로 자신의 삶에서 정명을 완수했을 때 모든 삶의 정보가 심장으로 압축된다. 수행에서 얻으려는 경지와 비슷한 형태가 발생하는 것이다. 삶의 정보가 심장에 압축되면, 영혼의 '기본' 발현이 일어나고 중맥[3]이 돌아가기 시작한다(물론 그전에 영혼이 이미 발현된 사람도 있다). 이렇게 압축된 생의 정보는 영혼으로 흘러가서, 영혼의 자양분이 되어 영혼이 활성화되고 성장하는 발판이 되는 것이다. 그러므로 삶에서 주어진 역할을 다하는 것이 영혼의 성장을 위한 가장 빠른 지름길이며, 이렇듯 정명을 다하는 것이 결국 수행에 큰 도움이 된다.

그렇다면 주어진 사회적 역할을 다하지 못할 경우에는 어떻게 될까? 의식의 구조로 얘기하면, 내 마음이 가벼워지면 에너지가 가벼워지고, 내 마음이 무거워지면 에너지도 무거워진다. 하지만 마음이 무거워져도 할 바를 다하면 내적인 만족감이 온다. 정명을 다하는 것은 내적 만족감과 연결돼 있다. 드러나는 현상으로 보자면, 만족감이 있으면 말로는 힘들다고 해도 표정에 편안함이 드러나고, 외적으로 편안함을 누린다고 해도 그것이 본인의 역할(정명)이 아니라면 표정도 무겁고 허한 느낌이 있다. 이것을 보고 그 사람이 자신의 정명을 다하는지, 이 생을 충실히 사는지를 확인할 수 있다. 자신에게 맞지 않는 역할이 주어지면 힘들어하는 것은 당연하다. 단지 일이 힘들어서가 아니다.

내적으로 맞지 않는다는 것을 알아도 그 맞지 않는 일을 하는 이유는 사회적 시스템 때문이다. 이는 개인의 생각(교육으로 만들어진 현재 인식)과 내적 정명(이 생에서 자신이 해야 하는 소명과 사명; 영혼이 원하는 방향)에서 오는 차이, 틈이 있어서 인지하기가 어렵다. 예를 들어, 이순신 장군과 히틀러는

---

3 중맥 : 인체의 모든 맥은 아와두띠(Avadhūtī)라 부르는 중맥(中脈), 랄라나(Lalanā)라 부르는 좌맥(左脈)과 라싸나(Rasanā)라 부르는 우맥(右脈)의 근본 3맥에서 파생된다(『밀교의 성불 원리 - 삼신의 성취』 중암, 2009, 서울: 정우서적).

둘 다 역사적으로 사람을 많이 죽인 인물이다. 하지만 두 사람에 대한 평가는 다르다. 전쟁터에서 사람을 죽여야 하는 극한 상황에서도 군인으로서의 본분을 다한 사람과 욕망으로 전쟁에 함몰된 사람은 경우가 다르다. 또 경찰과 범죄자의 사주가 비슷한데, 사주가 유사해도 한쪽은 떳떳하고 한쪽은 떳떳하지 못한 차이가 분명히 있다. 정명을 스스로 인지하기가 쉽지 않기 때문에 흔히 보는 사주의 도움이 필요하기도 하고, 안내자(가이드)의 도움이 필요하기도 하다.

한편 공부의 관점에서는 수행자로서의 정명도 있다. 자신을 알고 내적 성장과 깊은 의식을 가지고 정명으로 가면 해야 할 바에 대한 이해가 있어 자신의 삶과 정명에 대한 수용이 커진다. 이러한 이해를 바탕으로 깊은 정보를 얻을 수 있다. 예를 들어, 평생 살면서 서로 인정 못 하는 부부와 단 1년을 살아도 서로 인정을 하는 부부가 있다 할 때, 후자가 훨씬 내적 성취가 높다. 이것도 정명에 포함된다.

관계에서의 정명은, 상대가 진정으로 필요로 하는 것을 주고, 내게 진정으로 필요한 것을 받는 것이다. 그렇게 하려면 결국 깨어 있고 살펴야 한다. 수행에서 깨달음을 얻고 자기가 누구인지 알았다고 해도, 자기만 알고 관계의 도리나 흐름을 모른다면 깨닫기만 한 사람일 뿐이다. 이는 자기 한계가 분명히 지어지는 것이며, 다른 관점에서는 깨달은 것이 아니라 깨달음에 머물러 있는 것으로 본다. 정명은 행복하고 올바르게 살아가기 위해서도 필요하지만, 수행자 입장에서는 자신이 해야 할 공부를 바르게 열어 가고 영혼의 성장을 위해서도 반드시 필요하다.

진정으로 정확하게 알면 정명을 온전히 할 수 있게 된다. 내가 가야 할 길과 해야 할 바를 이해하면, 안과 밖 즉 교육으로 만들어진 현재 의식과 이 생에서 자신이 해야 하는 정명(소명, 사명)이 통합된다. 공자가 말한 지천명知天命도 특별한 명을 안다는 게 아니라 관계에서 우리에게 도움이 되는 것, 우리가 좋아하는 것, 함께 나눌 수 있는 것을 살필 수 있게 된다는 의미로 볼 수 있다. 세상에는 나만 있는 것이 아니라 '나'와 '너'가 연결되어 '우리'가 있기 때문이다. 관계를 중시하더라도 '우리' 속에 내가 함몰되어서도 안 된다.

한편, 앞에서 설명한 일반적인 정명 외에 특정한 정명을 가지고 태어났으나 그 역할을 소홀히 하는 경우도 있다. 타고날 때 수행 기회가 적은 사람이 그 역할을 대신한다면 세상의 보상 시스템으로 인해 그에 대한 보상이 주어진다. 보상은 다름아닌 공부할 기회가 열리는 것이다. 이 생에 태어날 때 가지고 오는 어떤 사명使命; mission을 하나씩 수행하면, 마치 온라인 게임에서 퀘스트 클리어quest clear 후 보상을 받듯 다음 공부로 가는 열쇠를 준다. 영적 차원으로 말하면 새로운, 더 나은 길로 나아갈 수 있도록 '영혼의 가이드'가 상향 조정되는 것이다.

당신은 아마도 자신의 정명이 무엇인지 알고 싶어질 것이다. 결론적으로 말하면 알지 못해도 상관은 없다. 다만 하나의 원칙만 알면 된다. 공부하는 사람은 '나눔'이 중요하다. 즉 자신이 알고 있는 비결을 상대에게 전달할 수 있으면 된다. 자신이 쌓은 공부를 비전祕傳으로 감춰 두면 그 무게로 인해 공부가 나아가지 못한다. 강요해서도 안 되지만, 자신이 가진 비결을 필요로 하는 사람이 있다면 기꺼이 나눠줄 수 있어야 한다. 사회에는 지식재산권이 있지만, 수행에서는 그렇지 않다. 다만 무턱대고 전달하는 것이 아니라 '전달해야 할 사람에게 전달해야' 한다.

『금강경』15. 지경공덕분持經功德分에서도 만약 어떤 이가 『금강경』을 읽고 외워 여러 다른 이들에게 일러주면 여래가 이를 알아 그 사람은 큰 공덕을 이룰 것이라는 부처의 말씀을 전하고 있다. 내가 나로서만 머물러 있는 것은 정명이 아니기 때문이다. 정명이 무엇인지 모른다 해도 '정명이 아닌 것'은 알 수 있다. '정명이 아닌 것'은 '누가 봐도 아니다' 하는 것이다. 예를 들면 사회·경제적 관계에서 지위·권한을 남용하거나, 영향력을 행사하여 상대방에게 부당한 요구나 처우를 하는 이른바 '갑질' 등 자기 일신만을 위해서 하는 모든 행위가 포함된다.

若有人 能受持讀誦 廣爲人說 如來 悉知是人 悉見是人
약유인 능수지독송 광위인설 여래 실지시인 실견시인

皆得成就 不可量 不可稱 無有邊 不可思議功德
개득성취 불가량 불가칭 무유변 불가사의공덕

어떤 사람이 이 경을 받고 지니고 읽고 외워
널리 다른 사람을 위해 설해 준다면
여래는 이 사람들이 헤아릴 수 없고 말할 수 없으며
한없고 생각할 수 없는 공덕을 성취할 것임을 다 알고 본다.

- 『금강경』十五. 持經功德分 4

---

4 『조계종 표준 금강경 바로 읽기』, 지안, 2010, 서울: 조계종출판사.

2. 정명의 의미

앞에서는 개인의 역할(사명, 소명)로서의 정명을 다루었으나, 이제는 확장된 의미로서 '정명' 그 자체를 이해하고자 한다. 한 존재로서 자유로워지기 위해서는 정명(개념, 존재성)에 대한 이해가 필요하다.

천지 만물은 각기 이름과 형상을 가지고 있다. 이 이름과 형상의 또 다른 말이 '개념'이며, 동양철학에서는 '정명'이라 불린다. 이 두 단어는 단순해 보이지만 실상 그 의미와 뜻은 매우 복잡하며, 방대하게 사용된다.

존재 자체가 개념으로 이루어져 있기에 '나'라는 존재를 이해하는 것도, 세상을 이해하는 것도 이 개념(정명)이라는 도구를 통해 접근할 수밖에 없다. 그리고 이 '나'와 세상을 넘어서 존재의 실체와 실상을 알기 위해서도 정명(개념)에 대한 이해가 필요하다. "거짓으로 거짓을 굴려 참을 밝힌다"는 말처럼 개념으로 개념에 접근하여 개념을 벗어나고자 하는 것이다. 개념을 벗어나는 것을 '공성空性을 본다'고 표현하는데, '무경계 자각, 깨달음, 합일 의식' 등으로 불린다.

이제 정명에 대한 사전적 의미를 살펴보자. 주택, 아파트, 기와집, 너와집, 초가집 등 그 모양은 제각각 다르지만, 우리는 이 모든 것을 '집'이라고 부른다.

定命
1. 날 때부터 정해진 운명
2. 변경하지 못할 명령

正名

1. [철학] 명칭에 상응하는 실질의 존재.
2. [철학] 명분에 상응하여 실질을 바르게 함. 이를테면 군신, 부자에게는 그에 어울리는 윤리와 질서가 존재한다고 보는 것이다.

正命

1. 정당한 수명.
2. 하늘로부터 부여된 만물 본래의 성질.

'정명定命(날 때부터 정해진 운명)을 올바르게 다하면 정명正名(바른 이름)을 얻어 존재의 실체를 알게 되고(명칭에 상응하는 실질의 존재), 바른 이름을 얻게 되면 정명正命(하늘로부터 부여된 만물 본래의 성질)을 완수하게 된다.

역사적으로 동서양의 고전 사상이 정립된 시기를 철학자 야스퍼스는 '축의 시대'라고 하였다. 이 시기에 지리적 배경, 생활 방식, 언어의 특성 등이 가지는 차이에 따라 동서양에서는 서로 다른 사상 체계가 발전했는데, 서양에서는 형이상학, 존재론이, 중국으로 대표되는 동양에서는 노장철학, 유가의 정명론으로 발전하였다(김수중, 2009). 위의 사전적 의미를 살펴볼 때 같은 음音의 단어라 해도 쓰이는 한자에 따라 다양한 쓰임을 갖듯이, 주장했던 사상가에 따라 '정명'의 뜻은 조금씩 다르다. 동일하게 '정명'이라 칭하더라도 선현들이 바라본 '정명(개념)'의 뜻은 다양하고 복잡하다.

제나라 경공이 공자에게 물었다.
"정치란 무엇입니까?"

"임금은 임금답고 신하는 신하답고
아버지는 아버지답고 자식은 자식답게 되는 것입니다."

君君, 臣臣, 父父, 子子
군군, 신신, 부부, 자자

자로가 공자에게 물었다.
"위나라 임금이 선생님을 모시고 정치를 하면 무엇부터 하시겠습니
까?"
"반드시 이름을 바로잡는 일이다."

必也正名乎
필야정명호

- 『논어』 「자로(子路)편」

　　정명正名을 있는 그대로 풀이하자면 '이름을 바르게 한다'가 될 것
이다. 하지만 『논어』에 나타난 공자의 행적으로 미루어 볼 때, '정명'
은 "자신이 가진 이름, 즉 역할에 맞게 행동을 바르게 한다"는 뜻으로
보아야 할 것이다(손영식, 1989). 군자는 자기가 알지 못하는 것에 관해
서는 판단을 유보하는 법이다. 이름이 바르지 않으면 말에 순서가 없
게 되고, 말에 순서가 없게 되면 일이 이루어지지 않는다. 일이 이루
어지지 않으면 예악禮樂이 일어나지 못하며, 예악이 실행되지 못하면
형벌이 적절하게 시행되지 않는다. 형벌이 적절하게 시행되지 않으면
백성들이 어찌할 바를 모르게 된다. 그러므로 군자는 이름을 바로 하
면 말을 순서 있게 할 수 있고, 말을 순서 있게 하면 반드시 시행할 수

　　　　　　　　　　　　　　　　1부 __ 나는 누구인가

있을 것이다.

노자는 개념·언어로 표현되기 이전, 즉 이름 붙여지기 이전의 상태를 진상眞相으로 보았는데, 이를 무명無名 혹은 무無라고 표현했다(김수중, 2009). 개념 이전의 세계를 '아는' 것을 '깨달음'이라고 말하기도 한다. '개념을 넘어서 개념을 보는 것'은 '공성 자각, 순수 자각 또는 무경계 자각'이라 불린다.

3장

심리 이해하기

지금까지 수행에서의 참고사항들과 정명에 대해 알아보았다면, 이번 장에서는 가장 실질적인 측면인 인간의 의식에 대해 다루고자 한다. 인간의 의식을 규정하고 바라보는 관점은 다양하겠지만 인간의 생각, 감정, 욕구 그리고 그 이면에 있는 신념과 이에 따른 심리적 방어기제를 대략적으로 살펴보기로 한다.

1. 생각

'생각'이 무엇인지 모르는 사람은 없겠지만 '생각이란 무엇인가?'라고 진지하게 묻는다면 매우 복잡하고 철학적인 이야기가 되어 버린다. 그래서 복잡한 이야기는 배제하고 그냥 단순하게 접근하고자 한다. 국립국어원 표준국어대사전에 따르면 생각이란 "사물을 헤아리고 판단하는 작용"을 말한다. 신경과학[5]의 관점에서 본다면 뇌의 활동이

---

5 신경과학(神經科學, neuroscience 또는 뇌신경과학) : 뇌를 포함한 신경계의 구조와 기능, 발달을

그림 2 _ 뇌의 구조

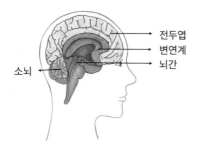

전두엽
변연계
뇌간
소뇌

곧 생각이다. 현대 뇌과학에서는 영장류만이 가지는 특성 중 하나로 뇌 표면(전두엽; prefrontal cortex)의 수많은 뉴런(신경세포)이 서로 정보를 전달하는 기능을 가지고 있다고 한다. 이 뇌의 기능으로 인해 인간은 논리적 사고가 가능해졌다. 즉 생각이란 뇌의 전두엽에서 형성되는 논리적 사고 활동이라는 것이다. 뇌 구조의 측면에서 본다면(3중 뇌) 생존과 번식에 관계된 생각, 정서에 관계된 생각, 논리를 바탕으로 판단 분별하는 생각들이 총체적으로 어우러진 모습이기도 하다.

불교에서는 생각을 오온五蘊인 색수상행식色受想行識으로 설명한다. 사람이 어떤 대상을 인지하게 되면, 그 대상은 색色이며, 대상을 받아들이는 것이 수受, 대상을 판단 분별하여 이름 붙이는 것이 상想, 대상을 보고 일어나는 욕구에 따른 행위를 행行, 이 모든 과정을 식識이라 하는데, 이 중에서 세 번째인 상想이 생각에 해당한다.

다루는 학문 분야. 지각 반응이나 행동을 통해 마음을 이해하는 심리학적 접근법과 달리 마음을 실현하는 물질적 기반을 규명하여 마음의 속성을 밝히고자 한다(박선진, 2004).

그림 3 _ 오온과 생각

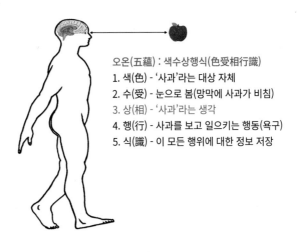

오온(五蘊) : 색수상행식(色受相行識)
1. 색(色) - '사과'라는 대상 자체
2. 수(受) - 눈으로 봄(망막에 사과가 비침)
3. 상(相) - '사과'라는 생각
4. 행(行) - 사과를 보고 일으키는 행동(욕구)
5. 식(識) - 이 모든 행위에 대한 정보 저장

언어의 측면에서 '생각'을 나타내는 다양한 말들을 살펴보는 것도 '생각'을 이해하는 한 방법이다.

생각 : 想(생각 상), 念(생각 염), 思(생각 사)

생각과 비슷한 말로 '사고(思 생각 사, 考 생각할 고)', '사유(思 생각 사, 惟 생각할 유)'가 있다. '생각'을 나타내는 한자를 보면 모두 '마음 심心'이 밑의 위치에 있다. 모두 '마음을 뿌리로 하여 나타난 무엇'이라는 의미를 담고 있을 것이다. 먼저 '상想'으로 생각을 표현한 한자를 보자(국립국어원 표준어대사전).

- **잔상殘像** : 외부 자극이 사라진 뒤에도 감각 경험이 지속하여 나타나는 상. 촛불을 한참 바라본 뒤 눈을 감아도 그 촛불의 상이 나타나는 현상 따위.
- **망상妄想** : 이치에 맞지 아니한 망령된 생각을 함. 또는 그 생각. 비슷한 말로 몽상夢想, 환상幻想, 공상空想, 망념妄念이 있다.
- **피상皮相** : 어떤 일이나 현상이 겉으로 나타나 보이는 모양. 또는 그런 현상
- **상상想像** : 실제로 경험하지 않은 현상이나 사물에 대하여 마음속으로 그려 봄.

'생각'을 염念(생각 염)이라고도 표현한다. 뜻은 같지만, 다른 어감을 가지고 있는데, '생각'이라는 단어는 가벼운 느낌을 주고 '염念'은 좀 무겁다. 염念이라는 단어는 순수한 생각보다는 '감정을 동반한(포함한) 생각'이라는 어감이 강하다.

- **염念(생각 염)** : 사전적 의미는 '무엇을 하려고 하는 생각이나 마음'을 말하지만, 에너지적 해석을 덧붙이자면 '마음이 생각과 감정의 형태로 더욱 구체화한 기운'이다.
- **사념** : ① 思念 : 근심하고 염려하는 따위의 여러 가지 생각
  ② 邪念 : 올바르지 못한 그릇된 생각
- **상염想念** : 사전적 의미로는 '마음속에 품고 있는 여러 가지 생각'을 말하고, 에너지적으로는 '생각의 정보로 이루어진 에너지장場'으로 '잔류상념'의 바탕이 된다.
- **잔류상념殘留想念** : 생각의 찌꺼기로 평소의 생각이나 기억이 장場에 저장되어 본연의 생각에 왜곡과 혼란을 미치는 상념 에너지. 대부분의 사람이 가지고 있지만, 특히 평소에 생각이 많은 사람에게 많이 나타나며, 강하면 다른 사람에게 영향을 미쳐 머리를 아프게 하거나 어지러운 느낌을 주고, 더욱 강해지면 하나의 염체念體가 되어 자아를 형성하기도 한다.

2. 감정

1) 감정과 현대의학

대뇌피질과 간뇌 사이의 경계(뇌의 중간층)에 위치한 변연계邊緣系, limbic system가 정서와 감정을 담당한다. 0~3세는 특히 변연계 발달의 결정적 시기(김용구·김희정, 2021)이며, 포유류에 잘 발달해 있어 '포유류의 뇌'라고도 불린다. 전두엽이 인간을 이성적으로 만드는 자기조절 능력과 연관되어 있다면, 변연계는 감정이 생기게 하는 중요한 역할을 담당한다. 변연계 안에 위치한 편도체Amygdala와 해마Hippocampus는 충동적이고 본능적인 감정과 연관되어 있다(최주혜, 2018).

2) 에너지 측면에서 본 감정과 오장육부의 관계

다음은 영기장 상담을 통해 심리(감정)와 오장육부의 연관성을 조사해 온 것인데, 동양의학에서 말하는 측면과 매우 유사하다. 동양의학에서는 사람의 감정을 기쁨喜, 성남怒, 생각思, 근심憂, 슬픔悲, 두려움恐, 놀람驚 등 일곱 가지(七情)로 구분하며, 이 감정들이 모두 오장육부와 연결되어 있다고 본다. 목화토금수木火土金水 오행으로 보면 목木의 간은 분노怒, 화火의 심장은 기쁨喜, 토土의 비장은 걱정思, 금金의 폐는 슬픔憂, 悲, 수水의 신장은 두려움恐을 나타낸다(임지룡, 2005). 실제로 오장육부의 건강과 심리적 문제는 매우 밀접한 관계가 있다(조기성, 2017).

일반적으로 보면 감정은 사람들과의 관계 속에서 만들어진다. 관계의 가장 기본적인 감정은 공감과 반감이다. 이는 긍정과 부정으로 연결되어 수많은 감정을 파생시킨다.

- **공감**共感 : 남의 감정, 의견, 주장 따위에 대하여 자기도 그렇다고 느낌. 또는 그렇게 느끼는 기분(국립국어원 표준국어대사전). 공감은 심리적인 동일성의 경험으로 가슴에 위치하며 대사(代謝 : 주고 받음)의 근본이 된다. 공감에 다양한 측면이 있겠지만 '共' 자는 '함께하다'는 의미가 있으므로, 수행의 측면에서는 긍정적인 감정인 사랑, 기쁨, 즐거움, 정감을 주고받을 때 '공감'이라고 표현한다.
- **반감**反感 : 반대하거나 반항하는 감정(국립국어원 표준국어대사전)을 말하는데, 근본적으로는 관계 속에서 채워지지 않는 욕망에서 비롯되어 부정적인 감정을 유발하는 원인이 된다.

'공감'은 전체의 장場에 녹아들고 흡수되어 어떠한 섭동(교란)도 일으키지 않지만, '반감'은 전체의 장에 녹아들지 못하고 섭동(교란)을 일으킨다.

① 두려움 - 공포

상단전(머리)에 위치하며 지식욕이 많은 사람에게 나타나는데, 이는 두려움을 인지적 이해로 극복하려는 경향 때문이 아닌가 생각된다. 두려움이 커지면 공포가 되는데, 이 공포는 중단전으로 내려와 심장을 압박하게 된다. 공포가 극에 다다르면 심장마비를 일으키는 것도 이러한 작용의 결과가 아닐까 생각한다.

② 외로움

중단전에 위치하며 보통 갈색으로 드러난다. 외로움을 많이 타는 유형은 감정에 상처 입기 쉽다. 외로움이 커지면 상실감으로, 상실감이 커지면 공허감으로 진행되는 것으로 보인다. 이 외로움이 극대화되었을 때 자살 충동으로 이어지는 경우도 보았다. 한 사람의 존재감을 박탈하는 감정인 공허함이 극에 달하면, 말 그대로 존재 가치를 잃어버리게 되므로 죽음에 이르게 된다.

③ 슬픔

흉부(가슴)에서 발현하는데, 인체의 장기인 폐肺와 연관이 있는 것으로 보인다. 양쪽 폐에서 발생하여 가슴 중앙에 모이는 슬픔이 외로움과 상실감으로 진행되는 것도 에너지 흐름에서 발생하는 자연스러운 과정으로 보인다.

④ 분노

하단전(배)에 위치하며 대부분 빨간색으로 표시된다. 장臟 유형[6] 사람들에게 많이 나타나며 삶의 동력이 되기도 한다. 분노의 에너지가 몸의 어느 부분에 작용하느냐에 따라 표현되는 방식이 다른데, 입으로 오면 '말(언어폭력)'로, 손으로 가면 '손버릇(물리적 폭력)'으로 나타난다. 분노의 원인은 다양하겠지만, 수용의 관점에서도 볼 수 있다. 나의 의도나 바라는 바를 상대가 수용해 주지 않을 때 상대를 굴복시키고자 하는 욕구가 분노로 표출된다.

---

[6] 인체를 중심으로 주로 쓰는 에너지 유형을 머리형, 가슴형, 배(장, 臟)형으로 나눈다. 장(臟)은 배를 말하며, 소장과 대장(여성은 자궁 포함)을 기본으로 한다. 장(臟) 유형은 소유와 영역을 중시한다.

⑤ 공허감

백색의 성질을 가지고 있어 극도의 상실감을 가져온다. 에너지 흐름을 보면 생명력과 수분이 모두 빠진, 이른바 탈색되어 백색을 띠는 상태다. 백색의 성질은 가을秋의 에너지인 금金의 속성을 가지고 있어 가을에 외로움을 느끼는 이유이기도 하다.

⑥ 화

붉은색을 띠며, 심장에서 발생하고 주체 의식을 막아 버린다. 심장은 중심을 상징하는데, 그 중심이 막힘으로써 자아에 대한 통제를 상실하고 충동성이 극대화된다.

⑦ 회피

의식이 안에 머물지 못하고 밖으로 나가고자 하는 기운으로, 손과 발을 묶고 자기만의 세계(도피의 세계)로 들어가려 한다. 척추에 에너지 흔적의 형태로 많이 쌓여 있다.

⑧ 소외감

이는 조금 특이하다. 단순한 감정적 소외감이 아니라 세상에서의 소외를 불러일으킬 수 있기 때문이다. 기운으로 보면 스스로 만들어진 것이 아닌 외부 세상에서 만들어져 심어지는 형태로 드러난다. 인체의 장(에너지 필드) 옆에 하나의 구조화된 자리가 형성되어 이기운이 머리 정중앙(백회)을 거쳐 가슴에까지 연결된다. 소외감이 상실감이나 공허감으로 연결되어 자살로 이끄는 가장 큰 요인이 아닌가 한다.

⑨ 죄책감

죄라는 단어에는 '조이다'라는 뜻이 있다. 기운을 보면 역시 이와 같다. 인체의 특정한 부분에 집중적으로 나타나는데, 톱니 형태를 띠며 스스로를 옥죄는 형태로 드러난다. 자신이 스스로를 벌주는 형태이기에 그 부분이 잘 다치거나 병증으로 나타난다.

⑩ 무시

사물의 존재 가치를 알아주지 아니함, 또는 사람을 깔보거나 업신 여김. 누군가로부터 무시당했다는 느낌의 출발은 위장에서 일어난 다. 위胃는 수용과 소화의 기관으로, 주변 상황이나 느낌 또는 이야 기(듣는 말)가 수용되지 않을 때 위胃에서 감정의 기운이 소장으로 내 려가 분노를 야기한다. 사람들은 타인의 시선을 받아들임으로써 자 아 정체감을 느끼며 존재의 가치를 인식하게 된다. 그런데 무시를 당하게 되면 이러한 자신의 존재 가치에 대한 거절이기에 분노와 허탈 또는 상실감을 느끼는 것이다.

⑪ 고독

세상에 홀로 떨어져 있는 듯이 매우 외롭고 쓸쓸한 상태를 나타내 는 말이다. 고독은 다른 여러 가지 감정의 이면에 내포된 감정이다. 이 감정은 장場의 속성을 가지고 있다. 배 전체에 마치 그물처럼 깔 려 있으며, 사람과 사람 또는 다른 무엇(누구)과 관계를 이루려는 가 장 기본적이고 근본적인 감정이다. 그렇기에 고독은 풀어내야 할 무 엇이 아니라 인정하고 이해하며 따뜻하게 감싸 안아야 할 감정이다.

1부 __ 나는 누구인가

⑫ 열등감

자기를 남보다 못하거나 무가치한 인간으로 낮추어 평가하는 감정이다. 열등감은 끊임없는 사회적 비교에서 나오며, 하단전(배)의 힘을 스스로 빼버리는 형태로 나타난다. 그래서 힘없이 고개를 숙이게 된다. 한마디로 자신의 존재 가치를 낮추게 만드는 감정이다. 열등감이 강할 경우, 신체 단련을 통해 복근(배의 힘)을 기르면 도움이 된다. 또는 어려운 지역을 여행하면서 '비교를 통해 비교를 극복'해 나가거나, 봉사활동을 함으로써 누군가를 도울 힘을 자기 내면에서 찾을 수 있다. 또 하나, 자기계발을 통해 성취의 동력으로 쓸 수도 있다.

⑬ 수치심

인간을 파멸시키는 큰 감정 중 하나로, 존재의 박탈을 느끼는 감정이다. 자신이 존재할 가치 자체를 잃어버리는 상태가 된다. 수치심은 스스로 느끼는 것이 아니라, 상대(가족, 사회)를 통해 느끼는 것이므로 상대가 나를 수치스럽게 한다 해도 나 자신과 아무런 상관이 없다. 그러므로 수치심을 느낄 상황이 되면 차라리 도망을 가야 한다. 그렇지 못하는 경우라면 한 귀로 흘리고 버틴다.

⑭ 상실감

기대했다가 실망하는 데서 오는 감정이며, 그 뿌리는 '존재감'으로 보인다. 공부의 측면에서 본다면 '상실' 그 자체는 문제될 것이 없다. 다만 우리는 누구나 끊임없이 상실하며 살아가지만 인정하고 싶지 않을 뿐이다. 사회는 소유를 전제로 하는데, 상실감은 소유에 대한 인식으로 인해 일어나는 감정이기 때문에 결국 사회가 상실감을 느끼도록 종용하는 것이다.

한편 감정을 투사한 대상을 잃어버렸을 때 느끼는 상실감도 있다. 즉 투사에서 오는 상실감이다. 자신의 감정을 투사한 대상이 사라지면 마치 자기 존재가 사라지는 느낌을 받기 때문에 힘들어한다.

3. 욕구

모든 인간의 행동 이면에는 무언가를 바라는 마음인 욕구가 있다. 가장 기본적인 욕구인 식욕, 성욕, 수면욕에서부터 존재의 완성을 지향하는 수행적 욕구까지 인간의 욕구는 다양하고 방대하다. 이 욕구에 대해서 다양한 이론이 있지만, 미국의 심리학자 매슬로의 이론이 가장 대표적이다.

가장 기본적인 생리적 욕구(생존과 번식)가 충족되면 그다음 단계인 안전의 욕구로, 안전의 욕구가 충족되면 사회적 욕구로, 사회적 욕구가 충족되면 존중의 욕구로, 존중의 욕구가 충족되면 자아실현의 욕구로 넘어간다는 이론으로 매우 간단명료하다.

한편 인간은 무의식적으로 자신만의 의미와 가치를 기준으로 다양한 욕구를 충족하려고 하는데, 이 내면의 기준이 삶에서 어떤 지향점, 또는 태도로 드러난다.

그림 4 _ 매슬로의 욕구발달 5단계

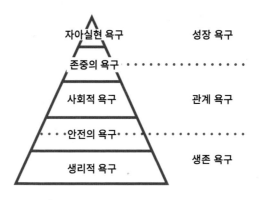

- **생리적 욕구** : 수면, 배고픔 등을 해결하여 생명을 유지하려는 욕구로, 가장 기본적인 의식주에 대한 욕구부터 성욕까지를 포함한다.
- **안전의 욕구** : 생리적 욕구가 충족되면 나타나는 욕구로, 위험·위협·박탈로부터 자신을 보호하고 불안을 회피하려는 욕구다.
- **사회적 욕구** : 가족·친구·친척 등 사회적 관계에서 친밀감을 쌓고, 원하는 집단에 소속되고자 하는 욕구다.
- **존중의 욕구** : 사람들과 친하게 지내고 싶은 욕구로 인간 생활의 기초가 된다. 자아존중, 자신감, 성취, 존중, 존경 등에 관한 욕구 등이 있다.
- **자아실현 욕구** : 자신의 능력·잠재력을 최대한 발휘하며, 자기를 계속 발전시키고자 하는 욕구다. 다른 욕구와 달리 충족될수록 더욱 증대되는 경향을 보여 '성장 욕구'라고도 한다. 알고 이해하려는 인지 욕구나 심미 욕구 등이 포함된다.

4. 신경과 뼈에 스며든 감정의 찌꺼기

감정들은 활동하는 낮 시간에 오장육부에 쌓이다가 통제 처리하지 못할 만큼 쌓이거나, 오장육부가 받아들이지 못할 만큼 섬세한 감정들은 밤에 누워 자는 동안 척추로 이동하게 된다.

척추에 쌓여 있는 감정은 대부분 어린 시절 또는 무의식에 가까운 감정들이다. 일반적인 심리 치유 이후에도 감정이 남아 있다면 척추에 스며 있는 감정이 장부로 되돌아와 있는 경우가 많다. 척추에는 신경의 다발이 가장 많이 집결되어 뇌로 연결된다. 쉽게 스트레스를 받는 사람은 대부분 신경에 과부하가 걸려 있고, 척추 근육이 경직되어 있다.

척추를 대표하는 감정(흔적)으로는 통제(제어·감독)와 현실도피가 있다. 통제는 척추의 대표적인 특성이다. 척추는 인체 형태를 보아도 자신을 세우는 기준이 되고, 지금을 바로 세워서 보는 근본이 된다. 척추가 세워져 있다는 것 자체가 내가 나로서 개인적·가정적·사회적으로 바로 서는 심리의 바탕이 된다.

자신이 바로 서기 위해서는 우선 신체적·정신적 자기 제어가 되어야 한다. 자신이 온전하게 서 있어야 대상(부모, 형제, 타인)과 주고받음이 이루어지기 때문이다. 어린아이가 네 발로 기어다니다가 두 발로 서게 되는 무렵부터 대상(타인)과 소통하기 시작하고, 자신과 세상을 배워 나간다. 성장하면서 적절한 제어가 이루어지지 않으면 자기밖에 모르는 방종으로 흐르게 되고, 과도한 통제(제어)를 받게 되면 의식이 탄력성 없이 경직되어 간다. 그리고 그 흔적이 고스란히 척추에 나타난다.

1부 __ 나는 누구인가

학교나 군대에서 학생 또는 군인을 통제하는 가장 기본적인 자세가 '차렷' 또는 '열중쉬어'다. 이 자세는 허리를 곧게 펴서 몸을 똑바로 세우게 하여 기본적인 움직임도 멈추게 만든다. 우리가 흔히 말하는 '똑바로 해라'는 말에는 '자신을 세워라'는 의도가 포함되어 있으며, 이 의도는 척추를 바로 세우는 형태로 드러난다. 그렇기에 자신 또는 타인에 대한 통제가 강하면 강할수록 척추는 굳어지게 된다.

병증의 대표적인 예가 강직성 척추염이다. 강직성 척추염이 있는 사람들을 살펴보면, 내적 기질이 매우 강하며 올곧은 성향이 있다. 그런가 하면 어릴 때 지나치게 '착해야 한다'는 교육을 받은 사람도 척추가 많이 긴장되어 있다. 착한 모습을 보이기 위해 지나치게 자신을 통제하는 쪽으로 발달한 경우가 많다.

이러한 통제가 또 다른 모습으로 드러나는 것이 현실도피다. 자신에게 주어진 현실을 통제(제어)하지 못한다고 느끼면 그 현실에서 벗어나고자 한다. 가정이나 사회에서 많은 상처를 받으면 주어진 현실을 받아들이는 데 거부감을 느끼게 되고, 그때 지나치게 자신을 통제하거나 방임하는 쪽 또는 현실을 벗어나 자신만의 가상현실(망상, 공상, 게임, 소설, 만화 등)을 만들어 간다. 자신의 감정이나 욕구를 통제하지 않아도 되는 자신만의 가상세계를 만들어 가는 것이다.

척추의 가장 끝에는 천골과 미골(꼬리뼈)이 자리잡고 있다. 척추의 심리적 손상이 심하면 심할수록 천골의 여덟 구멍이 모두 막히고, 미골이 검고 딱딱해진다. 수행에서 쿤달리니 각성을 많이 이야기하는데, 이 천골과 미골에 심리적 손상이 있다면 쿤달리니 각성을 하기 쉽지 않다. 설사 각성이 일어난다 해도 신체적·심리적 고통이 수반되어 큰 충격으로 다가온다. 척추에 심리적 상처가 없다면 쿤달리니 각성도 쉽고 온화한 형태로 일어난다.

척추에 쌓이는 기운보다 더 섬세한 기운은 감정적 상처라기보다는 어떠한 정보의 집합이나 흐름으로 볼 수 있다. 인간적 경험 또는 인간으로서의 신념이라고 표현하는 것이 좀 더 정확할지 모른다. 이 섬세한 기운을 불교에서 말하는 '카르마'라고도 표현할 수 있는데, 신체 이면에 있는 정신체 또는 에너지체(영혼)에 있다. 요가에서는 차크라 또는 나디Nāḍī라고 말한다. 신체적으로는 심장 또는 척추의 중앙 통로에 쌓인 데미지로 확인할 수 있다. 그래서 요가에서는 차크라의 각성 또는 72,000나디의 정화를 목표로 하는 경우가 많다. 이것은 심리적 영역이라기보다는 수행의 영역이라 할 수 있다.

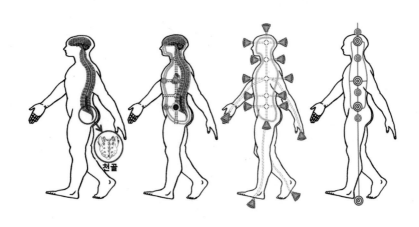

그림 5 _ 척추, 천골 에너지 통로

1부 _ 나는 누구인가

5. 페르소나, 그림자 그리고 방어기제

모든 것은 관계에서 비롯된다. 나와 나, 나와 너, 나와 우리 관계는 '다름(차이)'에서 만들어지며, '다름(차이)'은 좋음과 싫음, 있음과 없음, 크고 작음, 위와 아래, 강하고 약함, 유리와 불리와 같은 구분을 발생시킨다.

페르소나와 그림자

구분	과거 : 실망 (그림자) 내면아이			미래 : 기대 (페르소나) 체면(面)유지		
	실망	불만	방어기제	기대	만족	증거 확보(수집)
영성 (완성-신성)	두려움 슬픔 분노 불안 절망	반스승	• (집단무의식) • 승화 • 통제, 경쟁, 투쟁 • 현실도피 / 안주 • 부정, 퇴행, 투사 • 전치, 반동, 취소 • 억압, 동일시 • 합리화, 신체화	이해 존중 인정 편안 희망	존엄	• 상징성 • (목탁, 염주, 십자가) • 기준과 경계 • 법과 규율 • 서열과 권위 (지위) 확보 • 일관성-전문가 • 희소성-매스컴 • 손해보험 • 혈연, 지연, 학연 • 상호 관심(선물) • 건강보험
지구 (생명-평화)		불협			존재 가치	
사회 (소속-성장)		박탈 상실 부적응			부귀 영화	
가정 (관계-소통)		불화 단절			친밀 유대	
개인 (안전-건강)		불편 불행			안정 행복	

1) 페르소나(가면, persona)

라틴어로 '가면'이라는 뜻을 가진 '페르소나'는 간단하게 부모·자녀·친구·직장인 등 다양한 역할을 수행하는 방식을 말하며, 과거의 상황·조건에서 필요해서 만든 이미지다. 이는 개인이 상대에게 어떻게 보이고 싶은지, 또는 상대방이 자신에게 어떻게 대해 주기를 원하는지에 따라 달라진다(권석만, 2012).

사회적 존재로서 특정 상황에서 자신의 사고·감정·행동 등을 조절해서 유연하게 대처하기 위해 쓰는 것이 페르소나이므로, 이 자체가 문제가 되는 것은 아니다. 다만 자신이 쓴 가면을 너무 중시한 나머지 가면을 쓰고 있는 것조차 잊어버리게 되면, 오히려 진정한 자신과 동떨어져 피상적인 삶을 살게 된다. 수행하는 입장에서 페르소나는 강을 건너고 두고 가야 할 뗏목과 같다.

'자리(특정한 사회적 지위)'를 중시하거나 사회적 역할에 함몰된 경우, 자신의 스타일을 가공하여 페르소나를 많이 쓰기 때문에 행위 곳곳에서 어색함이 묻어나고 표정이 굳어 있다.

2) 그림자(shadow)

한 개인이 스스로 '나의 성격'이라고 인지하는 것과 반대되는 개인의 특성으로, "등잔 밑이 어둡다"는 속담에 잘 드러난다. 즉 그림자는 자아의 어두운, 의식화되지 않은 부분을 말하는데(권석만, 2012), 여기에는 스스로 받아들이기 어려운 충동들이나 해결되지 못한 의식적 또는 무의식적 욕구의 흔적들도 포함된다.

페르소나를 방치하는 것은 오래된 가면들을 지하창고에 묻어두는 것과 같다. 에너지상으로 볼 때 '묵은 기운', 즉 쓰고 폐기했으나 아직 사라지지 않은 의식체들이다. 다 썼다고 해도 나의 일부이므로 쉽게 버려지는 것이 아니라, 깊이 묻어두게 된다. 자신에게 필요해서 만든 의식체를 현실에서 쓰면 페르소나, 묻어뒀으면 그림자, 더 오랜 세월 묻어두었으면 '영靈자아'[7]라고 말한다.

3) 방어기제

자아가 느낀 외부의 현실 불안, 신경증적 불안, 도덕적 불안 등을 완화하거나(권석만, 2012), 감정적 상처로부터 자신을 보호하기 위한 심리 작용을 말한다.

① 억압(repression)

받아들이기 힘든 욕구나 불쾌한 경험이 생각나지 않도록 무의식 속에 눌러 두는 것. 스스로 드러내서는 안 된다고 느껴지는 생각이나 감정, 욕구를 억지로 의식 아래로 눌러 놓는다. 과도한 억압은 신경증적 반응을 일으킨다.

② 신체화(somatization)

심리적 갈등이 신체 증상으로 표출되는 것. 초등학생이 학교에 가기 싫어서 배가 아프거나, 부모의 관심을 끌기 위해 아픈 경우.

---

7   영(靈)자아 : 카르마 또는 업(業)과 유사한 개념으로, 전생의 부정적 기억을 말한다.

③ 행동화(acting out)

대표적인 미성숙한 방어기제로서, 자신이 다루기 어려운 부정적 감정을 행동으로 표출하는 것이다. 예를 들어 화가 났을 때 그 자리에서 폭력을 행사하는 경우다.

④ 부정(denial)

감당하기 어려울 만큼 고통스러운 현실이 있을 때 감각, 사고, 감정 등을 왜곡함으로써 인지하지 않으려고 하는 것이다. 사랑하는 사람이 갑작스럽게 죽었을 때 그럴 리 없다고 부정한다.

⑤ 반동형성(reaction formation)

자신이 바라는 것과는 정반대되는 생각, 감정과 행동을 보이는 것. "미운 놈 떡 하나 더 준다."

⑥ 투사(projection)

상대방의 모습에서 자신이 보이는 것을 감추는 방법 또는 자신의 생각, 감정, 욕구를 타인에게 돌리는 것. 자신의 실수를 인정하고 싶지 않을 때 많이 사용한다. "안 되면 산소 탓", "봉사가 개천 나무란다", "문비 거꾸로 붙이고 환쟁이 나무란다", "목수가 연장 탓한다".

⑦ 전치(대치, displacement)

다른 곳(사람)에 화풀이하는 것. "종로에서 뺨 맞고 한강에서 눈흘긴다."

⑧ 합리화(rationalization)

인정하고 받아들이기 어려운 불쾌한 상황을 그럴듯한 이유나 설명으로 정당화하는 행위를 말한다. 이솝 우화의 〈여우와 신포도〉가 좋은 예다.

⑨ 퇴행(regression)

현재가 힘들고 불만족스러울 때 마음의 안전을 유지하기 위해 보호받고 편안했던 미성숙한 정신 기능의 상태로 돌아가고자 하는 것이다. 동생이 태어나자 아기처럼 혀 짧은 소리로 발음하는 아이의 경우 등이다.

⑩ 동일시(identification)

타인의 특징을 자신의 것으로 여기면서 부정적 감정을 줄이는 것을 말한다. 예를 들어 강력한 힘을 지닌 아버지, 멘토, 히어로를 따라하면서 마치 자신이 그 대상처럼 강력한 힘을 가졌다고 느끼는 경우다. "망둥이가 뛰니까 전라도 빗자루가 뛴다", "거문고 인 놈이 춤을 추면 칼 쓴 놈도 춤을 춘다" 등이 동일시를 보여주는 대표적인 속담이다 .

⑪ 취소(undoing)

죄책감을 해소(무효화)하기 위한 행동을 말한다. "병 주고 약 준다."

⑫ 주지화(intellectualization)

정서적 주제를 이지적으로 전환하여 추상적이고 이론적으로 다룸으로써 불안을 피하는 것이다. 연인과 결별한 후, 결별의 아픔과 슬픔을 표현하기보다 현대인의 이성 관계 현상에 대해 분석하려는 경우가 그런 예다.

⑬ 승화(sublimation)

부정적 감정, 성적이거나 공격적인 욕구를 사회에서 수용될 수 있는 형태로 변환하여 드러내는 것을 말한다. 성性에 대한 욕구나 감정을 예술로 표현하거나, 공격적인 욕구를 스포츠 활동으로 표출하는 것이 해당한다.

4장

나를 알기 위한 실질적인 방법

　수행을 다양하게 정의 내릴 수 있겠지만 자신을 알아가는 것 자체가 수행일지 모른다. 이 장에서는 철학적인 질문을 통한 해답보다는 좀 더 구체적으로 세상에 나와 있는 방법(예∶심리학)을 통해서 '나'라는 존재를 대략적으로나마 알아가는 과정을 그려 본다.

　나는 몸과 마음을 가진 존재다. 몸은 볼 수 있고 만질 수 있는 형태로 존재하고, 마음은 생각, 감정, 욕구 그리고 가치관을 통한 신념 등 무형의 형태로서 존재한다. 그리고 사회 구성원으로서 타인과 다양한 관계를 맺으며 살아간다. 인간은 다양한 관계 속에서 자신을 인식하고 성장·발전하며 미래로 나아간다. 자신을 이해한다는 것은 관계에 대한 이해이기도 하다.

　일반적으로는 수행을 통해 자기 자신을 이해해 나가지만 이 장에서는 직접적으로 자기 자신(인간)을 이해하는 간단하고 실용적인 방법을 모색하기로 한다.

1. 신체를 통한 자기 이해 - 머리, 가슴, 배

인체를 보면 그 사람의 특성을 쉽게 파악할 수 있다. 내적인 특성은 외적으로 자연스럽게 드러난다. 몸의 형태를 보면 그 사람의 기질을 알 수 있고, 풍기는 기색을 보아도 성격이나 하는 일에 대해서 어느 정도 추론이 가능하다.

머리(상단전)가 발달한 사람은 분석과 판단이 빠르고, 이해력이 좋아 손익계산이 뛰어나며 사회 적응이 능숙하다. 연구하거나 숫자를 다루는 직업에 유리하다. 계산이 빨라서 하지 않아도 되는 근심 걱정의 폭이 넓어 미래 대비책(안전)에 대한 인식이 높다.

가슴(중단전)이 발달한 사람은 관계와 소통을 중시한다. 양육을 위한 유방을 가진 신체 구조로 인해 남자보다는 여자가 가슴형이 많고 감성이 발달해 있다. 자기보다는 타인에 대한 배려가 많다. 관계를 중시하다 보니 자신이 손해를 보아도 관계를 위해 참는 경우도 많아 감정적 상처를 입기도 쉽다. 주로 순응하기 때문에 독립적인 일보다는 사람들과 어울리고 소통하는 일이 잘 맞다.

장(하단전, 배)이 발달한 사람은 성격이 강하다. 자기중심적이며 소유 욕구가 강하고 자기주장이 강하다. 남보다는 자기 우선이기에 상대에 대한 배려보다는 일단 자기 것부터 챙긴다. 즉, 남 밑에서는 일하기 힘든 스타일이다. 주도적인 사업가가 많고 자영업자 성향이 강하다. 타인과 사회 속에서 인정받기를 원하는 부분이 크다. 한국 사회에서 남자들이 사회적 일을 하면 장腸이 발달한다. 사회는 하단전 중심으로 돌아가기 때문에 영역과 역할을 바탕으로 이루어지기에 주체성이

1부 __ 나는 누구인가

강하지 않으면 적응하기 쉽지 않다.

머리, 가슴, 배腸 중 가장 발달한 부분이 어디인지를 보고 사람을 이해할 수도 있지만, 실상은 매우 복잡하다. 머리, 가슴, 배가 균형 있게 발달한 사람도 있고, 한쪽으로 치우쳐 있는 경우도 많다. 상황이나 나이에 따라 살펴야 하는 정도도 다르다.

현대와 같은 경쟁 사회에서는 머리와 장腸이 발달하게 된다. 연령별로 보면, 청소년기에는 관계성 발달(가슴)이 중시되고 청장년기에는 세상으로 나아가기 위해 주체성 발달(배, 腸)이 요구된다. 노년기에 유연성을 잃어버리면 하단으로 치우쳐 자기밖에 모르는 사람이 될 것이다. 어느 하나가 발달하기보다는 머리, 가슴, 배가 균형 있게 발달하는 것이 중요하고 때와 상황에 맞게 적절하게 써야 한다.

한편 의식이 중맥에서 작용하는 경우도 있다. 한쪽으로 편중된 사람도 간혹 큰일이 닥치면 의식이 냉철해지고 선명해지는 경우가 있는데, 이때는 의식이 중맥(중심)으로 들어가서 한순간 머리, 가슴, 배를 동시에 사용한다. 평소 의식이 중심에 잘 잡혀 있다면 삶을 살아가는 데 좀 더 유리할 것이다.

머리, 가슴, 배를 기준으로 분류하여 사람을 살피는 것은 자기 이해와 성찰을 위한 방편이다. 상대를 이해하는 방법이기도 하지만 먼저 자신에 대한 이해가 선행되어야 한다.

2. 뇌를 통한 자기 이해 - 삼중뇌 이론

삼중뇌 이론(삼위일체뇌; Triune Brain)은 간단하게 자신과 타인의 심리나 행동 패턴을 이해하는 방법이다. 미국의 심리학자 폴 매클린(1913~2007)이 만든 삼중뇌 이론은 인간의 다양한 행동 양식을 비교적 효과적으로 설명할 수 있으며, 인간에 대한 이해의 폭을 넓혀 주는 바탕이 된다.

인간의 뇌는 진화의 산물로 가장 먼저 발달한 뇌간을 중심으로 형성된 파충류의 뇌, 대뇌 변연계를 중심으로 형성된 포유류의 뇌, 그리고 가장 나중에 발달한 전두엽을 중심으로 형성된 영장류의 뇌로 분류한다. 이미 인간은 태어날 때부터 '뇌'라는 구조 안에 파충류, 포유류, 영장류의 세 가지 의식을 가지고 있는 것이다. 파충류의 뇌는 생존, 번식, 충동성을 담당하고, 포유류의 뇌는 정서적 반응과 감정을, 영장류의 뇌는 기획과 논리적인 판단을 담당한다.

- 파충류의 뇌 : 생존, 번식, 신경 생리, 경쟁, 충동성
- 포유류의 뇌 : 정서, 감정, 재미, 정서적 호감/비호감
- 영장류의 뇌 : 논리, 판단, 분별, 왜?, 호기심, 신비감, 서열(권력)

음주를 예로 들어 보자. 술을 마시면 논리와 판단을 담당하는 영장류의 뇌가 마비되고, 정서와 감정의 뇌인 포유류의 뇌가 활성화된다. 술을 계속해서 마시면 정서의 뇌는 마비되고 파충류의 뇌가 활성화되어 본능적인 행동을 하게 된다. 공격성이 나오거나 우는 사람, 잠자는 사람, 귀소 본능으로 집에 가는 사람 등 다양한 행동 패턴이 나온다. 이때를 대부분 "필름이 끊어졌다black out"고 표현한다.

1부 _ 나는 누구인가

그림 6 _ 삼중뇌

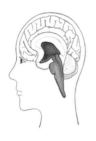 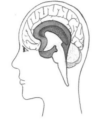 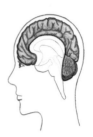

파충류의 뇌   포유류의 뇌   영장류의 뇌

기업들의 마케팅 전략도 파충류의 뇌를 자극한다. 주류 판매 회사는 젊고 섹시한 여성이나 남성을 광고 모델을 내세우며, 아이돌이나 연기자와 같은 연예인들도 성적인 매력을 부각한다. 카레이싱, 경마와 같은 속도감을 즐기는 스포츠나 격투기 같은 인간의 투쟁 본능을 자극하는 스포츠도 파충류의 뇌를 자극하는 전략이다.

비율의 차이는 있어도 인간은 이 세 가지 뇌를 동시에 사용하면서 살아간다. 삶에서 위험을 감지하고(파충류의 뇌), 너와 나의 관계에서 감정을 느끼며(포유류의 뇌), 논리적으로 올바른 판단을 하면서(영장류의 뇌) 살아가는 것이다. 이러한 행동은 인간인 이상 모두에게 동일하게 적용된다. 다만 각자가 처해 있는 상황과 환경의 차이에 따라 비중이 다를 뿐이다.

생존과 번식이라는 심층적이며 강력한 동물적 충동을 바탕으로 살아갈 것인가? 중간 단계인 두려움, 슬픔, 분노의 정서적 반응에 충실한 감정적 인간으로 살아갈 것인가? 충동과 감정을 적절히 조절하고 상황과 조건에 따른 논리적 판단을 하며 살아갈 것인가?

인간의 삶은 이 세 가지를 모두 필요로 하지만 어떠한 수준에서 어떠한 방식으로 살아갈 것인가를 선택하는 것은 결국 자기 자신이다. 또한 심리적인 입장에서 본다면 자신의 생각, 감정, 신념, 페르소나(가면), 그림자, 방어기제 등의 뿌리가 어디에서 출발했는지, 그리고 어떠한 수준에서 해결해 나가야 할지를 파악할 수 있는 좀 더 쉬운 접근 방식으로도 활용할 수 있다.

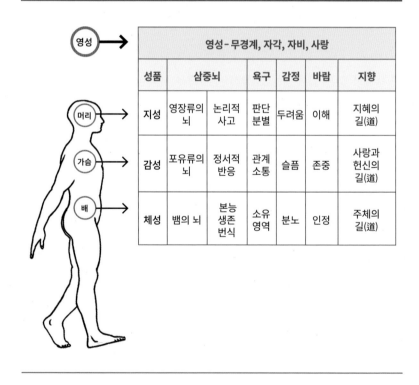

그림 7 _ 의식의 분류

영성			영성-무경계, 자각, 자비, 사랑					
		성품	삼중뇌		욕구	감정	바람	지향
머리		지성	영장류의 뇌	논리적 사고	판단 분별	두려움	이해	지혜의 길(道)
가슴		감성	포유류의 뇌	정서적 반응	관계 소통	슬픔	존중	사랑과 헌신의 길(道)
배		체성	뱀의 뇌	본능 생존 번식	소유 영역	분노	인정	주체의 길(道)

3. 인생 곡선 그리기

　인생 곡선 그리기는 누구나 인식 가능한 범주에서 출발한다. 이미 알고 있는 내용이지만 자신을 되돌아보는 측면에서 한 번쯤 살펴보고자 한다. 간단하게 다음에 제시하는 '인생 곡선'을 그려 봐도 좋고, 자신이 살아온 삶의 역사를 에세이로 써볼 수도 있다.

　현재의 나는 과거의 집합체다. 과거로부터 이어진 내 삶을 바탕으로 지금을 생각하고 느끼고 살아가는 것이다. 자신이 어떠한 내부와 외부 정보로 이루어져 있는지 알아가는 것 또한 자신의 현재 위치를 파악하는 데 도움이 된다.

인생 곡선 그래프

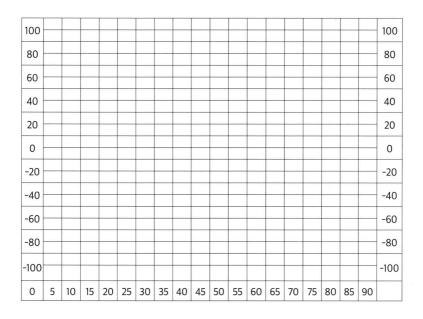

인생곡선 그리기

1. 가로선은 나이, 세로선은 만족 점수
2. '출생 시부터 현재까지'를 돌아봤을 때 내 삶에서 중요하다고 생각되는 사건들을 떠올린다.
3. 사건별로 만족(느낌)의 정도를 -100점에서 +100점으로 부여한 후, 그래프 위에 점으로 나타낸다.
4. 각 점마다 나이, 사건의 핵심, 주요 인물, 당시의 느낌(기분) 등을 적은 후 모든 점을 이어서 곡선 그래프로 만든다.
5. 각 사건이 나에게 가지는 의미를 음미해 본다(예 : 그 사건은 나에게 어떤 의미였나, 지금 돌이켜보니 어떠한가, 사건들의 공통점이 있는가, 이로부터 '나'라는 사람의 무엇을 알 수 있나 등).

4. 자신의 성격과 기질 이해하기

자신을 이루는 내부 환경(생각, 감정, 욕구, 신념)과 외부 환경(가정환경, 지역환경, 문화환경)을 구체적으로 나누어 이해할 수도 있다. 내부 환경을 달리 표현하면 '기질과 성격'이라고 할 수 있다.

성격이란 환경에 대한 특정한 행동 형태를 나타내고, 그것을 유지하고 발전시킨 개인의 독특한 심리적 체계를 말한다(국립국어대사전). 개인의 고유한 행동, 사고, 감정적인 경향성 혹은 특성을 성격이라고 하며, 이는 선천적으로 타고나거나 환경의 영향으로 인하여 만들어진다(이수진, C. Robert Cloninger, Kevin M. Cloninger, 채한, 2014). 자신의 고유한 특성을 파악한다면 자신에 대한 이해에 한 발 더 다가갔다고 할 수 있다. 그런 의미에서 성격과 기질을 파악할 수 있는 몇 가지 방법을 제시해 본다.

1) 자신의 성격을 이해하는 방법

① MBTI (The Myers-Briggs Type Indicator)

미국의 캐서린 브리그스와 딸 이사벨 마이어스가 칼 융의 성격 유형론을 근거로 만든 성격유형 검사로, 양극의 4가지 선호 경향 (외향/내향, 감각/직관, 사고/감정, 판단/인식)을 기준으로 16가지 성격 유형으로 나눈다.

MBTI의 16가지 성격 유형

ISTJ	ISFJ	INFJ	INTJ
ISTP	ISFP	INFP	INTP
ESTP	ESFP	ENFP	ENTP
ESTJ	ESFJ	ENFJ	ENTJ

② 에니어그램

9가지 유형으로 분류하는 성격검사로, 고대 수피에서 영성과 상담을 목적으로 사용되어 왔던 것을 러시아의 신비주의자 구르지예프 Gurdjieff가 20세기 초 서양에 처음 소개한 후 현대 사회에 맞게 발전되어 왔다. 에니어그램Ennea-gram이라는 단어는 그리스어에서 9를 뜻하는 ennear와 점, 선, 도형을 뜻하는 grammos의 합성어로 '9개의 점이 있는 도형'이라는 의미다.

그림 8 _ 에니어그램의 상징(원, 헥사드와 삼각형)

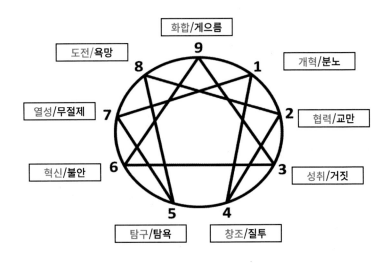

③ TCI 기질검사

TCI Temperament and Character Inventory 검사는 클로닝어C. R. Cloninger의 심리생물학적 인성 모델에 기초하여 개발된 검사로, 기존의 다른 성격검사들과 달리 한 개인의 기질과 성격을 구분하여 측정한다. 한 개인의 사고 방식, 감정 양식, 행동 패턴, 대인관계 양상, 선호 경향 등을 이해할 수 있다(마음사랑 홈페이지).

④ 오행과 사주명리

오행과 사주 명리상의 성격 분류는 동양에서 가장 오래된 성격유형 의 분석 방법일 것이다. 오행의 다섯 가지인 목화토금수木火土金水로 나누며, 보다 자세하게는 천간인 갑을병정무기경신임계甲乙丙丁戊己

庚辛壬溪의 유형 또는 지지인 자축인묘진사오미신유술해〔子(쥐), 丑(소), 寅(호랑이), 卯(토끼), 辰(용), 巳(뱀), 午(말), 未(양), 申(원숭이), 酉(닭), 戌(개), 亥(돼지)〕로 분류하기도 한다.

⑤ 타로카드의 성격카드

수비학을 기반으로 양력 생년월일로 계산한다. 22장의 메이저 카드 중 계산 결과를 대응시킨 카드의 특성을 그 사람의 성격 특성으로 이해한다.

위에 말한 모든 것은 인간의 성격을 이해하기 쉽게 분류한 방법들로서 자신의 성격적 특성을 이해하는 데 도움을 준다. 인간의 성격적 측면을 이해하는 방편일 뿐, 방법의 옳고 그름은 없다. 그리고 한 가지 특정 유형으로 사람을 고정화할 필요는 없으며, 성격의 우열을 가릴 수도 없고, 결과를 보고 한 사람을 경직된 논리로 이해해서도 안 된다. 인간은 다양한 측면을 가지고 있고, 지속해서 변화하는 만큼 기본적인 이해만으로 충분하다. 어떠한 방법이든 자신의 현재 위치와 특성을 이해하는 방편(나는 어디에 있으며 어디로 가는가?)임을 인지하면 된다.

5장

나를 이해하는 질문법

질문은 '하는' 그 자체에 의미가 있다. 자기를 느껴 보는 과정이기 때문이다. 일반적으로 질문에 대한 답을 찾는 과정에서 자신의 생각과 감정 또는 욕구가 올라온다. 이를 통해 자기를 들여다보고 이해할 수 있다.

중요한 것은 자신의 내면을 정리하기 위한 것이지, 생각이나 감정을 확립하기 위한 것이 아니다. 생각과 감정을 정리하다 보면 존재 자체가 알아서 재편성해 나간다. 심리학에서 다루듯이 체계적으로 답을 찾고 해석하는 것이 아니라 자신의 근본 존재(본성, 참나, 참성품, 근본자리)에 맡기면 자연스럽게 정리·정돈되어 가는 것이다. 간혹 두드러지게 드러나는 것이 있다면 중점적으로 좀 더 자주 떠올려 보고 생각해 보면 된다.

가볍게 접근하라! 왜냐하면 당신은 이미 '자기 자신'이 확립된 성인이기 때문이다.

자신의 내면에 질문한다. 먼저 눈을 감고, 머리와 몸에서 힘을 빼고 이완한다. 어느 정도 이완되었으면 편안한 상태에서 '나는 나다', '내 삶의 주인은 나다'라고 던져 본다. 고요한 호수에 돌을 던지는 것과 같다. 호수에 돌을 던지면 그 파문이 호수 전체로 퍼져 가듯, 질문의 의미가 자신의 내면에 깊이 울리도록 한다. 해답을 찾거나 사유하는 것이 아니라 질문을 계속 던져 그 파문이 커지도록 하기만 한다. 그러면 해답은 수면 위로 자연스럽게 올라온다. 이것은 의식을 내면으로 돌리는 방법이면서 내면의 목소리(자신의 진실한 마음)를 알아가는 방법이기도 하다.

이러한 질문을 할 때 주의할 점은 머리로 생각하거나 머리로 해답을 구하려 해서는 안 된다는 것이다. 생각으로 해답을 얻으려 하면 답은 고정되고 고착되어 버린다. 반드시 몸과 마음이 이완된 상태에서 질문을 내면에 던져야 한다. 진정한 해답은 질문하는 순간에 나오는 것이 아니라 어느 날, 어느 순간 갑자기 '아하!' 하고 올라온다. 그렇기에 해답은 만들어지는 것이 아니라 '내면에서 떠오르는 것'이다.

이 방법이 능숙해지면 해답은 물론이고 부차적으로 따라오는 것이 있다. 그것은 깨어 있음과 비슷한데, 질문에 대하여 자신이 어떻게 반응하는지를 알게 되는 것이다. 해답을 얻으려고 머리를 굴리고 있는지(생각), 이 질문을 피하려고 하는지, 갑갑해하는지 등의 다양한 반응을 알아차릴 수 있다. 자신의 반응을 명확히 알면 타인에게도 적용할 수 있다.

이러한 질문법을 자신 그리고 타인에게 많이 적용해서 그 반응을 자세히 확인할 수 있으면, 개념에 대한 정확한 이해와 함께 효용성이 탁월해진다. 자신의 현재 공부 정도와 상태를 파악할 수 있는 것은 물론, 타인의 현재 상태도 파악할 수 있다. 질문을 던졌을 때 그 반응을 아는 것이 바로 '영기장'의 가장 중요한 핵심이다.

1. 나를 알아주는 문장 만들기

자기 내면을 들여다볼 때 사람들이 처음으로 만나는 심리적 문제는 '아무도 나를 알아주지 않는다'는 것이다. 개인은 고독한 존재인 동시에 누군가의 도움 없이 살아갈 수도, 성장할 수도 없다. 스스로 존재 의미와 가치를 부여할 수 있는 사람은 세상에 몇 없을 것이다. 부처님은 태어나자마자 "천상천하 유아독존"이라고 말했다고 하지만, 부처님이니까 가능한 일이다.

자신에게 존재 의미와 가치를 부여해 주는 첫 번째 존재는 부모다. 우리는 부모에게 '나'라는 존재를 확인받게 된다. 하지만 성인인 당신의 부모도 결국 그들의 부모로부터 충분한 사랑을 받지 못했고, 당신에게 사랑을 주는 방법을 배우지 못했다. 그런데 부모로부터 온전히 사랑받았다고 느끼고 살아가는 사람이 과연 몇이나 될까!

해답은 너무나 간단하다. 자신의 심리(마음)를 치유하는 데 있어 가장 쉬운 방법이 자기가 자신을 알아주는 것이다. 이 세상에서 아무도 나를 알아주지 않는다고 해도 나는 나 자신을 분명히 알고 있다. 그 누구도 아닌 자기 자신이기 때문이다. 다만 내가 나를 조금 외면하고 있고, 내가 나 자신을 조금 소외시키고 있을 뿐이다.

나를 알아주기 위해서 다양한 생각, 감정과 욕구를 떠올려 보고 질문을 던져 보자.

아무도 '나를' 알아주지 않는다.

위 문장에서 '나' 대신 '내 존재', '내 어려움', '내 생각', '내 감정', '내 욕구'를 넣어서 문장을 만들 수도 있다. 예를 들면 '누구도 내 말을 들어주지 않는다', '나는 내가 원하는 대로 살아 보지 못했다', '아무도 나의 억울함을 알아주지 않는다', '아무도 내가 중요한 사람임을 알아주지 않는다' 등이다. 어떠한 생각, 감정, 욕구이든 본인이 원하는 문장을 만들 수 있다.

문장을 만들어서 고요히 여러 번 되뇌어 보라. 그 문장을 되뇔 때 어떤 감정들이 일어나는가? 어쩌면 아쉬움, 서글픔, 화, 외로움, 억울함 등 여러 가지 감정이 일어날 수도 있고, 나도 모르게 눈물이 흐를 수도 있다. 그것은 좋은 일이다. 이제 자신이 스스로를 알아줄 수 있게 된 것이다. 알아주는 것이 곧 안아 주는 것이다. 내가 나를 알아주는 단 한마디면 충분하다.

괜찮아….
괜찮아….
괜찮아….

외면당하고 소외된 자신의 어떤 부분을 스스로 알아주는 것이 의식을 내부로 향하게 하는 방법이며, 치유이며, 곧 명상이며 수행이다.

2. 원하는 것 찾기

살다 보면 해야 할 일도 많고 해보고 싶은 일도 너무나 많다. 아주 다양한 세상에서 자신의 길을 찾기는 쉽지 않다. 길을 찾았다 해도 정말 나의 길인지 의문이 들 때도 있고, 때로는 회의감이 엄습해 올 때도 있다.

나는 어디에 있으며 어디로 가는가? 이는 자신의 방향을 확인하고자 할 때 하는 질문이다. '속도보다는 방향'이라고 말한다. 자신이 나아갈 방향, 또는 자신이 나아가고 있는 방향을 모색한다. 이 방법은 보통 코칭에서 많이 쓰는 것으로, 사회적 목표나 방향을 찾을 때 유용한 질문이다.

1) 당신이 정말 원하는 것은 무엇인가? (건강, 돈, 명예, 가족, 일 등)
① 꼭 이뤄졌으면 하고 생각하는 것은 무엇인가?
② 이뤄진다면 나에게 정말 도움이 되겠다고 생각되는 일은 무엇인가?
③ 그것을 원하는 것은 어떤 의미와 가치가 있는가?
④ 그것이 이루어지면 무엇을 가져다주는가?

2) 정말 해보고 싶은 단 한 가지 일(직업이나 행위)은 무엇인가?
① 그 일을 한다면, 무엇을 얻을 수 있는가?
② 어떻게 하면 그 일을 할 수 있는가?
③ 그것을 하기 위해 가장 먼저 준비해야 할 것은 무엇인가?

3) 당신에게 힘과 능력(예 : 돈, 권력, 초능력)이 있다면 무엇을 하고 싶은가?
① 그것이 당신에게 어떤 의미가 있어서 해보고 싶은가?
② 그것을 가능하게 하려면 어떻게 하면 되는가?

1부 __ 나는 누구인가

③ 그러면 지금 당장 할 수 있는 일은 무엇인가?

4) 당신이 가장 존경하는 인물은 누구인가?
① 그 인물의 어떤 면을 존경하는가?
② 그 사람과 당신의 차이는 무엇이라 생각하는가?
③ 그 사람과 당신의 차이를 좁히려면 어떻게 해야 할까?

5) 당신이 운명(삶)을 선택할 수 있다면, 어떤 운명을 선택하고 싶은가?
① 어떤 의미와 가치가 있기에 그 운명(삶)을 선택하려고 하는가?
② 그 운명(삶)을 열어 가는 데 필요한 것은 무엇인가?

6) 지금, 이 순간 원하는 것이 '있다'면?
① 그것을 이루기 위해 정말 필요한 것은 무엇인가?
② 그것을 이루는 데 얼마만큼의 시간과 노력이 필요한가?
③ 원하는 것을 이루기 위한 걸림돌은?
④ 원하는 것을 이루기 위한 디딤돌은?
⑤ 눈을 감고 가만히 생각해 보라. 만약 원하는 목표를 이루었을 때, 나의 기분은 어떠할까? 그리고 다른 사람들은 당신을 어떻게 바라볼까?

7) 만일 어떤 사람이 원하는 것이 '없다'면?
① 어떤 이유 때문일까?
② '이유가 없다'고 말한다면; 이유가 없다는 것도 생각이다. 이유 없다는 것 자체가 이유다. 만일 그 생각마저 없다면 어떻게 행동하고 반응할 것 같은가?

8) 지금은 불가능에 가깝지만 이뤄질 수만 있다면, 나에게 도움이 될 만한 것은 무엇인가?
① 그 불가능한 일을 가능하게 하려면 어떤 방법이 있을까?
② 그중에서 당신이 지금 당장 할 수 있는 일은 무엇인가?

9) 어떤 것이든 당신이 원하는 목표가 분명하다면
① 당신은 무엇을 위해서 그것을 하려고 하는가?
② 그것을 통하여 얻을 수 있는 의미와 가치는 무엇인가?
③ 원하는 바를 1~10으로 본다면 어느 정도 수준까지 와 있다고 생각하는가?
④ 그 일을 하는 데 걸림돌은 무엇인가?
⑤ 그 일을 하는 데 디딤돌은 무엇인가?
⑥ 걸림돌을 치우고 디딤돌을 놓으려면 어떻게 해야 할까?
⑦ 약점을 보완하고 강점을 살리려면 어떻게 해야 할까?

10) 다른 우주에서 지구 같은 행성에 당신과 비슷한 삶을 사는 사람이 있다면,
그 사람에게 어떤 말을 해주고 싶은가?

3. 중요한 메시지 찾기

자신이 원하는 바와 정말 중요한 것은 다를 수도 있다. 자신이 원하는 바가 정말 중요한지 다시 한 번 확인해 보는 것이 필요하다.

내가 원하는 바가 정말 중요한 일인가?
나에게 정말 중요한 것은 무엇인가?
나는 무엇을 중요하게 생각하고 있는가?

위 세 문장이 같다고 여겨지는가, 아니면 다르다고 여겨지는가. 해답이 당장 떠오르지 않아도 된다. 세 문장의 답은 같을 수도 있고, 다를 수도 있다. 그냥 의문을 던지고 기다리면 된다. 천천히, 천천히

해답이 자연스럽게 올라올 때까지 기다린다. 기다림도 공부이며 수행이다. '중요함'이라는 주제를 가지고 일상에서 자연스럽게 해볼 수 있는 질문은 다음과 같다.

나 자신이 지금 알아주길 바라는 가장 중요한 것은?
지금 알아야 할 가장 중요한 것은?
지금 알아야 할 가장 중요한 생각, 감정, 욕구는 무엇인가?

'○○보다 중요한 것'은 무엇일까 – 가치와 기준

'○○보다 더 중요한 것은?'이라는 질문은 자신의 가치, 기준을 찾기 위한 것이다. 사람들은 의식적·무의식적으로 행동의 우선순위를 가지고 있다. 생각, 감정, 욕구 그리고 그 이면에 있는 신념들 속에서 자신에게 가장 중요한 것이 무엇인가를 생각해 보는 것이다. 간혹 '이것이 가장 중요하다'고 말하지만 정작 생각에 지나지 않는 경우가 많다. 이 질문은 전반적인 삶을 이끄는 생각 이면의 신념을 찾는 것이기도 하다. 또한 자신이 자신을 기만하고 있지 않은지에 대한 경계성 질문이기도 하다. '막연하지만, 지금 생각하고 있는 ○○보다 중요한 것이 있지는 않을까?'를 생각해 보고 그 막연한 것을 분명한 의식 수준으로 떠올려 보는 것이 필요하다.

- 부처님의 법(하느님, 법계의 뜻, 빛(光), 깨달음, 진리)보다 중요한 것은?
- 명상, 삼매, 몰입, 집중보다 중요한 것은?
- 나의 수행법보다 중요한 것은?

- 이치와 법칙과 논리보다 중요한 것은?
- 사람의 능력(힘, 권위, 돈, 명예, 지위)보다 중요한 것은?
- 가족(부모, 형제, 배우자, 자녀), 사회(친구, 동료, 직업), 국가(민족)보다 중요한 것은?
- 나의 신념, 의지, 뜻보다 중요한 것은?
- 나의 생각, 감정, 욕구보다 중요한 것은?
- 나의 삶보다 중요한 것은?

4. 심리에서 수행까지

1) 나는 나다

지난 20여 년간 상담을 해오면서 내담자들에게 반드시 던지는 질문이 있다. 이 질문을 통해 '개인의 주체성, 정체성 그리고 존재성이 어느 정도 확립되었는가'를 확인한다. 한편, 이 질문은 본인 스스로에게 던져 볼 수도 있다.

고요한 장소에서 충분히 이완한 후 미소를 띠고, 자신에게 '나는 나다'라는 문장을 던져 본다. '나는 나다'라고 했을 때의 느낌이 분명하다면 심리적으로 개인의 주체성이 확립되어 있다고 볼 수 있다. 내적인 느낌에 주체성이 없다면 모호한 반응이 나올 것이다. 머리에서 반응하면 책이나 교육을 통해 훈련되어 있음을 알 수 있고, 하단전(장;腸)에서 반응하면 주체성이 어느 정도 확립된 상태로 본다. 그리고 가슴에서 반응하면 자신을 따뜻하게 보고 있으며, 중맥(내적으로 깊은 곳)에서 반응한다면 주체성이 명확하다고 본다.

1부 __ 나는 누구인가

2) 내 삶의 주인은 나다

자신의 삶을 주체적으로 받아들이는 사람이라면 이 말의 느낌이 분명할 것이다. 머리에서 반응한다면 아직은 생각이나 개념에 머물러 있다. 가슴에서 반응한다면 자신의 삶을 진심으로 수용하고 있을 것이며, 배(하단)에서 반응한다면 자신의 삶에 의지와 책임을 느끼고 있는 것이다. 느낌이 모호하다면 자신의 삶의 방향성을 찾지 못했거나 잃어버린 경우다. 30~40대까지도 삶의 방향성이 불분명하다면 타인에게 의지하는 삶을 살게 된다. 집안에 휘둘리고 사회에 치이는 무기력한 삶이 될 수도 있다. 그렇다면 자신의 삶을 전반적으로 되돌아보고 살펴야 한다.

'나는 나다', '내 삶의 주인은 나다' 이 두 가지 확언은 그 사람의 기본적인 삶의 주체성과 정체성을 확인할 수 있는 말이다. 그리고 자신과 자신의 삶을 바라보는 의도와 태도를 알 수 있는 기준점이기도 하다. '나는 나다. 내 삶의 주인은 나다'가 확립되어 있다면 수행(공부)으로 넘어가도 상관없지만, 이 두 가지가 이루어지지 않은 상태에서 수행한다면 모래 위에 성을 쌓는 것과 같다. 심리적 주체성과 정체성을 수행으로 얻으려고 하는 것이기 때문에 아무리 깊은 수행을 쌓아도 모호함 또는 허전함을 벗어나지 못한다.

3) 수행 또는 공부란 무엇인가?

수행이란 존재성에 대한 의문(나, 삶과 죽음)에서 출발한다. 공부에 답은 없다. 답 없는 답을 찾아가는 길이 공부다. 그렇기에 끊임없이 되물어야 한다. 공부란 무엇인가? 나는 왜 공부를 하는가? 나는 왜 수행을 하는가? 나는 어디에서 왔으며 어디로 가는가?

6장

의식의 확장을 돕는 질문법

　개인은 가정에서 나고 자라 점차 사회로 나아간다. 이 장에서는 자신의 현주소를 좀 더 자세히 알기 위해 각각의 영역에서 발달시켜야 하는 주제들을 살펴보기로 한다. 각자의 문제점보다는 현재 갖추어야 할 점에 대해 초점을 맞추었다. 스스로 올바르게 서기 위해서는 개인의 주체성·정체성이 확립되어야 자신의 존재성을 온전히 인식할 수 있고, 그러한 존재성의 바탕 위에서 존엄성이 굳건해진다.

　개인은 가정을, 가정은 사회를 구성하는 출발점이다. 이를 유교 경전인 『대학大學』에서는 수신제가치국평천하修身齊家治國平天下로 나타내고 있다. 수신修身에서 평천하平天下로 나아가는 과정은 '나'라는 개체성에서 '우리'라는 전체성으로 성장·발전해 가는 과정이기도 하다.

　하지만 각 과정에 순서가 있는 것은 아니다. 간혹 개체성 자체에서 벗어나지 못하는 경우도 있고, 전체성(평천하)은 온전한데 개체성에 문제가 있는 경우도 있다. 자신이 처해 있는 환경과 위치에서 전체적인 균형과 조화가 필요하다. 이것이 유교에서 말하는 중용中庸, 불교에서 말하는 중도中道를 지키는 것이라 할 수 있다.

이번 장에서는 '나'를 넘어 세상으로, 그리고 모든 생명을 아우를 수 있는 진정한 소통과 화합의 길로 나아가기 위해 각 영역에서 생각해 보아야 할 점들을 다룬다. 각 방향성은 자신과 타인(가족, 사회)에 대한 이해, 존중, 인정에서 출발한다.

'나'를 넘어 진정한 소통과 화합의 길로 나아가기 위해서는 수신제가치국평천하를 기준으로 주체성(독립성)·정체성·존재성·존엄성에 관한 질문을 해봐야 한다. 보호·안전, 기준·원칙이 확립되어야 주체성(독립성)을 가질 수 있고, 역할·능력, 위치·권한, 책임·의무가 있어야 정체성이 확립됐다고 볼 수 있다. 그리고 주체성(독립성)과 정체성이 확립되어야 공부의 기초가 마련된 것이다. 존재성은 진심과 양심을 말하고, 존엄성은 '나는 누구인가'를 알고 다시 삶으로 돌아왔을 때에 해당한다.

존재에 대한 실체를 이해하고 나면 공생공존共生共存, 대행스님의 오공의식五共意識[8]의 영역인 존엄성으로 넘어간다. 존엄성에 대한 이해를 하고 있어야 '나, 너' 없이 경계 없는 전체를 아우르고 소통하며 행할 수 있기 때문이다. 결국 존엄성은 주체성(독립성), 정체성, 존재성을 모두 아우른다.

다음의 질문들은 주체성과 정체성 또는 존재성에서 자기를 확인하기 위한 것이다. 각 항목의 질문들은 점검하기 위한 것이므로 일종의 체크리스트(예/아니오)로 활용할 수 있다. 이후 '개인 – 나와 나의 관계'에 대한 질문들은 조금 더 심도 있게 생각해 본다. 질문에 가볍게 접근

---

8 오공 의식 : 공생(共生), 공심(共心), 공체(共體), 공용(共用), 공식(共食)

하고, 특정 상황에서나 의문이 들 때마다 필요한 질문들을 사유해 봐도 좋을 것이다. 한편 공부하는 사람으로서 매일 스스로 점검해 볼 수 있는 질문 단 하나를 꼽으라면 단연 '공부란 무엇인가?'이다.

1. '질문법'이 필요한 이유

자기 자신에게 접근하기 위해서는 질문이 필요하다. 책을 읽었다고 해도 그냥 '봤다'고 하지, 그 내용들을 실질적으로 점검하지는 않는다. 자신의 생각·감정·욕구도 피상적으로만 알 뿐, 생각이 무엇인지, 감정이 무엇인지, 욕구가 무엇인지 그 실체를 모른다. 그러면서도 다들 '알고 있다'고 말한다.

따라서 자기가 정말 알고 있는가를 확인할 수 있는 접근법이 필요하다. 즉 체계적으로 들어갈 수 있는 경로가 필요하다. 이것이 질문법을 만들게 된 이유다. 자신이 알고 있다고 생각하는 것을 꺼내서 스스로 피드백하면 된다. 하지만 누군가에게는 너무 어려울 수도 있고, 세부적 질문법을 써서 확인할 필요성을 느끼지 못할 수도 있다.

대중적 접근과 공부 측면에서의 접근은 매우 다르다. 전자는 쉽고 보편성은 있지만 두루뭉술해서 실질적인 효과를 거두기 어렵다. 하지만 대부분의 사람들은 타인이 자기 문제를 직접 드러내서 말하는 것을 싫어한다. 따라서 자기 문제를 스스로 확인, 점검할 수 있는 도구가 필요하다.

다음의 질문법은 수신제가치국평천하修身齊家治國平天下를 확인해 볼 수 있는 도구로 만든 것이다. 이 질문들에 대한 답을 찾는 과정에서 자신이 얼마나 빈약하게 알고 있는가를 알 수 있다. 자신의 빈약함을 알게 되면 공부를 하게 되고, 공부하게 되면 구체적으로 알게 되고, 구체적으로 알게 되면 자기가 모른다는 사실을 정말로 알게 된다. 그렇게 되면 공부는 더 열심히 하지만 공부에 매이지 않게 되고, 개념은 정밀하게 파악해 가지만 개념에 얽매이지 않게 된다.

2. 각 항목에 관한 기본 질문

수신-제가-치국-평천하

○적 통합		소통 화합	주체성(독립성)			정체성			존재성	존엄성
			보호 안전	영역	기준 원칙	역할 능력	위치 권한	책임 의무		
평천하 平天下	지구 (우주)	생명 (존재)	홍익인간, 재세이화, 사랑, 자비, 보리심							
치국 治國	사회	공익 (장, 臟)								
제가 濟家	가정	관계 (가슴)								
수신 修身	개인	중심 나와 나								

<표시법>
1. ○ 또는 ×로 표시한다.
2. 1~10까지 수치로 표시한다.
3. 0을 기준으로 -10~+10까지로 표시한다.

1) 주체성에 관한 질문

① 보호/안전

- 심리 또는 현실의 피난처, 의지처가 있는가?
- 자신을 스스로 보호할 수 있는가?
- 가족으로부터 보호받은 느낌이 있는가?
- 사회가 안전하다고 느끼는가?

② 영역

- 휴식과 충전할 수 있는 시간과 공간이 있는가?
- 내가 즐거움을 느끼는 영역(게임, 운동, 예술 등 취미 활동)이 있는가?
- 집에서 쉴 수 있는 시간과 공간이 있는가?
- 사회에서의 활동 영역(직업, 직장 등)이 있는가?

③ 가치 기준/원칙(좌우명, 소신, 신조, 신념, 계율)

- 나는 나로서 내 삶의 주인임을 인식하고 있는가?
- 가족에 대한 의미와 가치를 인식하고 있는가?
- 이 사회에서 내가 추구하고자 하는 것은 무엇인가?

2) 정체성에 관한 질문

① 역할/능력

- 남자/여자로서의 역할을 하고 있는가?
- 가족으로서의 역할(아버지로서, 어머니로서, 자녀로서)을 하고 있는가?

- 이 사회에서 어떠한 일(직업, 직장 등)을 하고 있으며, 그 일을 할 능력을 갖추고 있는가?

② 위치/권한 – 직권, 지위
- 나는 내 삶에서 나 자신의 역할을 알고 있는가?
- 가족에서의 나의 위치와 입장을 인식하고 있는가?
- 사회적 직업과 지위에 따른 권한의 범위를 인식하고 있는가?

③ 책임/의무 – 마땅히 해야 할 바
- 자신의 생각, 감정, 욕구와 행동에 따른 도의적·법적 책임과 의무를 인식하고 있는가?
- 가정에서의 위치와 역할에 따른 책임과 의무를 인식하고 있는가?
- 사회에서의 위치와 역할에 따른 책임과 의무를 인식하고 있는가?

3) 존재성에 관한 질문 – 있는 그대로
- 나는 나로 존재하고 있는가?
- 가족 구성원으로서의 존재성이 확립되어 있는가?
- 사회 구성원으로서의 존재성이 확립되어 있는가?

4) 존엄성에 관한 질문 – 있는 그대로의 존중
- 나는 한 존재로서 인간의 존엄성을 느끼고 지키고 있는가?
- 나는 가족을 진심으로 존중하고 있는가?
- 나는 민족의 역사와 문화에 대한 존중심을 가지고 있는가?
- 이 우주와 모든 생명의 존엄성을 느끼고 있는가?

개인은 개인적 시각을, 가정은 가정적 시각을, 사회는 사회적 시각을 가지고 바라보아야 한다. 개인은 개인의 주체성, 정체성, 존재성, 존엄성을 이해하고 존중하고 인정할 수 있어야 한다. 개인은 가정의 주체성, 정체성, 존재성, 존엄성을 이해하고 존중하고 인정할 수 있어야 한다. 개인은 사회의 주체성, 정체성, 존재성, 존엄성을 이해하고 존중하고 인정할 수 있어야 한다.

개인적 시각으로 사회를 바라보면 주관성(좋다, 싫다)이 개입되어 객관성이 떨어지므로 사회를 개인화해 통제 및 소유화하려는 경향(투사)이 생긴다. 개인을 사회적 시각으로 바라보면 객관성에 매몰되어 개인을 개인으로 보기 어려워 사람을 역할과 기능적인 면으로 보게 되므로, 사회 구성원을 도구나 수단으로 인식하게 된다(예: 독재자, 족벌 체제). 개인은 개인적 시각으로 보고, 사회는 사회적 시각으로 볼 때 치우침 없이 공정하고 공평한 공익적 인식으로 다가갈 수 있다.

3. 수신(修身) : 개인 - 나와 나의 관계

나와 나의 관계는 내가 나를 어떻게 생각하고 느끼며 행동하고 있는지를 살피는 것이다.

자신이 바로 앞에 있다고 생각하고 느껴 본다.
- 자신의 이름을 스스로 불러 보았을 때 느껴지는 이미지나 생각은?
- 거울 속 자신의 얼굴을 보았을 때 느껴지는 이미지나 생각은?

- 나에 대한 느낌(이미지)을 동물로 표현한다면?
- 많은 사람이 오가는 길(광장) 한가운데 있다고 상상할 때 드는 느낌과 생각은?
- 다른 차원(다른 지구)에 자신과 똑같은 환경 속에 살아가는 자신에게 해주고 싶은 한마디는?

나라는 존재에 의미와 가치를 부여하는 것은 무엇인가?
나라는 존재를 증명하는 것은 무엇인가?
나는 누구인가?

4. 제가(濟家) : 가정 - 나와 우리의 관계

나는 너와의 관계 속에서 자신을 확인하고 성장하고 발전한다. 이 관계의 출발선이 가정이다. 가족 관계에서 가장 중요한 것은 안정이다. 이 안정의 바탕 위에 따뜻하고 깊은 친밀과 유대가 생기며, 이 유대는 자신의 깊은 뿌리가 된다. 가정환경은 한 개인의 주체성과 정체성의 출발점이며, 개인이 사회로 나아가는 바탕이 된다.

1) 부모 형제와의 관계 - 현재 또는 과거

원가족을 떠올렸을 때, 가족 전체와 각 구성원(양가 조부모, 부모, 형제, 자매 등)을 떠올렸을 때 어떤 감정이 느껴지는가? 그들을 떠올렸을 때 마음이 편안한가, 불편한가? 내 삶의 뿌리가 되는 과거의 관계들이 현재 어떻게 이어지고 있는지 살펴본다.

- 긍정적 감정 : 편안, 안정, 고요, 흐뭇, 당당함, 따뜻함, 온화함, 행복, 기쁨, 뿌듯함
- 부정적 감정 : 분노(화), 슬픔, 두려움(근심, 걱정), 외로움(고독), 고립, 소외, 좌절, 절망, 암담, 암울

- 어린 시절 우리 집의 분위기는 어떠했나?
- '가족' 하면 가장 먼저 떠오르는 사람은? 그 사람이 떠오르는 이유는?
- 부모에게 가장 많이 들었던 말은?

아버지
- 어린 시절 아버지에게 느꼈던 감정은 무엇인가?
- 어린 시절 아버지에게 하고 싶었던 말이 있다면?
- 아버지에게서 결코 닮고 싶지 않은 모습은?
- 그럼에도 아버지에게 배우고 싶은 점은?

어머니
- 어린 시절 어머니에게 느꼈던 감정은 무엇인가?
- 어린 시절 어머니에게 하고 싶었던 말이 있다면?
- 어머니에게서 결코 닮고 싶지 않은 모습은?
- 그럼에도 어머니에게 배우고 싶은 점은?

형제/자매
- 어린 시절 형제/자매에게 느꼈던 감정은 무엇인가?
- 어린 시절 형제/자매에게 하고 싶었던 말이 있다면?
- 형제/자매에게서 결코 닮고 싶지 않은 모습은?
- 그럼에도 형제/자매에게 배우고 싶은 점은?

1부 __ 나는 누구인가

나
- 어린 시절, 그때의 내가 듣고 싶었던 말은?
- 어린 시절, 그때의 내가 하고 싶었던 말은?
- 지금의 내가 그때의 나에게 해주고 싶은 말은?

5. 치국(治國) : 사회 - 나와 사회의 관계

나와 사회의 관계는 나와 너, 나와 우리, 나와 그들의 관계를 말한다. 사회는 주체성을 확립한 다음에 나아가는 곳이며, 역할을 중요시한다. 사회에서의 역할이 곧 개인의 정체성이 되는 경우가 많기 때문이다. 개인과 가정의 주체성과 정체성이 확립되는 것(사회적으로 보면 이것이 주체성의 확립이라고 할 수 있다)이 최선의 목표이고, 그 바탕 위에서 사회적 역할을 더 명확히 세우고 이끌어 나가야 한다.

- 이 사회를 가볍게 한마디로 정의한다면? 3회 이상 반복해서 질문해 본다. 자신이 사회를 어떻게 생각하는지 이해하게 된다.
- 어떤 뉴스에 관심이 많은가? (예 : 정치, 경제, 사회, 문화, 스포츠, 연예 등)
- 사회에서 내가 가장 싫어하는 사람의 부류(성격, 계층, 분야)는?
- 사회에서 내가 가장 좋아하는 사람의 부류(성격, 계층, 분야)는?
- 이 사회를 살아가는 데 있어서 반드시 갖추어야 할 필요조건은?
- 이 사회의 가장 큰 문제점은 무엇이라 생각하는가?
- 이 사회의 장점은 무엇이라 생각하는가?
- 세상을 얼마만큼 이해하고 있다고 생각하는가? (1~10으로 보았을 때)

- 이 사회에는 어떠한 기준과 원칙(법칙)이 작용하고 있다고 생각하는가?
- 이 사회의 법과 질서에 대해 어떻게 생각하는가?
- 공정사회를 이루기 위해 무엇이 필요할까?

사회는 역할을 중요시하므로, 개인적 소통보다는 직책에 따른 책임과 의무를 더 우선시하는 경우가 많다. 사회와 개인 간의 소통은 이익이나 목적을 바탕으로 한 의도적인 관계가 많아 관계성(감성, 정서)이 충족되지 못하는 경우도 많다. 이익과 목적이 아닌 진정성을 바탕으로 한 공익적 소통에 좀 더 가치를 둔다면 훨씬 온전한 사회가 되지 않을까!

사회는 복잡다단하다. 정치·경제·문화·스포츠 등 모든 분야가 사회 안에서 요동치며 서로 관계를 맺고 있다. 하지만 그 중심에는 '나'라는 존재가 있다. 사회적 시각에서 본다면 개미에 불과할지 모르지만, 나를 떠난 사회 또한 존재할 수 없다. 10대는 사회에 적응하기 위해 움직이고, 20대는 사회를 알아가기 위해 움직이며, 30대는 사회를 돌리는 역할자로서 나아간다. 그리고 모든 세대가 사회의 안과 밖에서 함께해 나간다.

앞의 몇 가지 질문은 단편에 불과하다. 끊임없이 변화하는 사회에 맞게, 그리고 그 흐름 속에서 같이 변화하고 있는 자신에게 적절한 질문을 찾고 던져야 한다. 고정된 답이 아니라 자신에게 맞는 답을 순간순간 찾아 나가야 한다. 그리고 사회 내부에서 움직이고 있는 흐름(질서)을 더욱 명확히 이해할 때 사회와의 온전한 소통이 이루어질 것이다.

1부 __ 나는 누구인가

개인은 무의식적으로 사회적 요구에 맞추려는 경향이 있다. 사회의 요구는 개인과 사회의 관계성이라 볼 수도 있는데, 일관된 기준이 형성되어 있는 것은 아니며 끊임없이 변화한다. 이는 개인마다 요구 수준이 다르기 때문이다. 개인과 사회 사이의 요구 기준선은 매우 주관적이다. 다만 사람들은 대부분 사회적 욕구를 바탕에 두고 살아가며, 이 기준에 맞추기 위해 본능적으로 지향하고 노력한다.

6. 평천하(平天下)- 지구 한마음

평천하, '지구 한마음'이란 모든 생명과 존재에 대한 이해, 존중과 인정을 바탕으로 존재로서의 가치와 존엄을 지키고자 하는 마음이다. 이 세계는 어떠한 존재도 홀로 존재할 수 없고, 모든 존재는 서로 연결되어 함께 살아간다. 대행스님이 강조하신 '공생共生, 공심共心, 공용共用, 공체共體, 공식共食'하는 한마음으로 돌아간다.

여기서는 질문이 필요치 않다. 오직 행行으로 나아갈 뿐이다. 행하고 행하고 또 행한다.

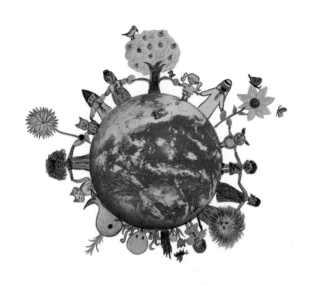

근원에서 왔으니 근원으로 돌아가고
사랑에서 왔으니 사랑으로 돌아가며
한마음에서 왔으니 한마음에 믿고 맡기며 나아간다

사랑과 자비로 참 생명에 기도드립니다

7장

의식 – 실천편

1. 의식의 안과 밖

질문법은 의식의 안을 살피는 방법이다. 자신의 생각·감정·욕구를 살펴서 '나'를 이해하기 위해 의식의 안을 탐색하는 것이다. '의식의 안과 밖'이라면 좀 모호한 이야기 같지만 내용은 단순하다. 자신의 의식이 몸 안에 있는지, 아니면 몸 밖에 있는지 탐색하는 것이다. 의식이 밖으로 향하고 있는가? 의식이 안으로 향하고 있는가? 이를 달리 표현하면 '마음이 대상에 집착하고 있는가? 대상에 집착하지 않는가?'라고 할 수도 있다. 마음이 외적인 대상에 집착하게 되면 의식은 자연스럽게 밖으로 향하게 되고, 대상에 집착하지 않을수록 의식은 안으로 향하게 된다.

대상에는 물질부터 돈이나 명예 같은 사회적 욕구 또는 타인의 이해, 존중과 인정을 갈구하는 심리적 차원 모두 포함된다. 더욱 깊게는 나 자신까지도 하나의 대상으로 볼 수 있다. 수행에서 깨달음이나 어떤 경지를 원하는 마음도 대상이 될 수 있다. 의식이 대상에게 집착

하는 마음이 점점 옅어질수록 의식은 안으로 더욱 깊어진다. 그리고
진정으로 대상에 집착하지 않게 되면 의식은 안과 밖의 경계가 사라
지고, 그때는 의식이 안에 있지도 밖에 있지도 않게 된다. 있는 그대로,
지금 이 순간만이 있는 것이다.

그림 9 _ 의식의 방향

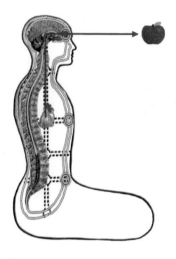

위 그림을 보면 시선이 사과를 향하고 있다. 의식의 안을 살핀다
는 것은 사과를 보고 있을 때 의식이 어떠한 상태이며, 어디에 있는가
를 묻는 것이다. 그냥 본다면 시선이 사과를 향하고 있으니 의식도 밖
(사과)에 있는 것이 자연스럽다.

1부 __ 나는 누구인가

그렇지만 사과를 무심히 바라보게 되면 눈은 밖을 향해 있어도 의식은 몸 안에 위치하게 된다. 이를 좀 더 쉽게 설명하자면 양궁 선수나 사격 선수를 예로 들 수 있다. 양궁 선수가 활을 들어 표적을 바라보고 있을 때 의식이 안에 있을까, 밖에 있을까? 표적을 보고 있다면 의식은 밖에 있겠지만 실제 선수의 의식은 몸 안에 있을 것이다. 눈은 표적을 향해도 몸과 마음은 중심을 정확히 잡고 있어야만 흔들림 없이 활을 날릴 수 있다.

다른 예를 든다면, PC방에서 게임을 하는 청소년을 생각해 보자. 이들의 의식은 어디에 있을까? 아마도 대부분 의식이 게임 속에 있을 것

그림 10 _ 양궁과 사격

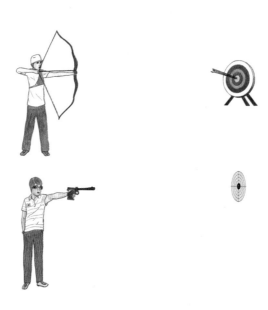

이다. '게임에 푹 빠져 있다'고 표현할 수 있다. 만일 철학자가 컴퓨터 자판으로 글을 쓰고 있다면 의식은 어디에 있을까? 십중팔구는 몸 안 (머리 또는 가슴)에 있을 것이다.

수행의 기본이자 근본적인 기준이 여기에 있으므로 이런 논의는 중요하다. 즉 의식이 대상(돈, 명예, 이성, 인정, 물질 등)에 머물러 있느냐, 머물러 있지 않느냐의 문제다. 또 다르게 표현하자면 '원하는 바를 대상에서 찾느냐, 자기 자신(마음의 안)에게서 찾느냐'의 문제와 직결된다. 수행하면서 깨침이나 도道를 외부에서 찾았다는 이야기는 없다. 동화 「파랑새 이야기」가 전하듯이, 진리를 발견하는 필연의 과정은 자기 자신에게서 출발하고 돌아오는 것이지 대상을 좇아서는 결코 발견할 수 없다.

성자라고 불리는 분들의 영기장을 보아도 의식이 대상에 머물러 있는 성자는 단 한 사람도 없다. 이처럼 수행의 가장 기본이자 근본이 되는 기준은 바로 '의식이 안에 있는가, 밖에 있는가?'이다. 이 하나의 기준으로 각 수행법의 진체眞體가 드러난다.

'기氣회로'[9]도 마찬가지다. 회로를 할 때, 의식은 대상으로 가게 되지만, 만일 대상에만 머문다면 100만 장의 회로를 해도 무용지물일 것이다. 반면, 의식을 안으로 되돌리는 작업으로 회로를 사용한다면 단 한 장의 회로를 해도 유의미해진다. 어쩌면 대부분의 명상법 또는 수행법은 의식을 안으로 돌려 자신을 보는, 즉 직시直視하는 방편일지도 모른다.

---

9 기(氣)회로 : 자발공을 바탕으로 16절지에 볼펜을 가지고 흐름에 따라 그리는 공부 방법으로, 그림의 형태는 대체로 만다라와 유사하게 나타난다.

1부 __ 나는 누구인가

2. 의식의 안과 밖의 특성

의식이 밖에 머물러 있는 사람은 정신없어 보이고, 복잡하고 혼란스럽다. 반면 의식이 안에 머물러 있으면 깊고 고요해 보이며, 단순명쾌하다. 의식이 안에 있는지 밖에 있는지 알아보는 방법은 생각보다 단순하다. 한 사람의 특성은 그 사람의 성향 그대로 드러나기 때문이다. 어떤 논쟁이나 이야기를 하는 사람을 살펴보면 구체적으로 알 수 있다. 의식이 밖에 있는 사람은 자신이 무슨 이야기를 하는지 잘 모르고 횡설수설 두서가 잘 맞지 않지만, 의식이 안에 있는 사람은 발음이 뚜렷하고 자신의 생각과 뜻을 분명하게 전달한다. 의식이 산만하고 불안한가, 아니면 정돈되고 안정되어 있는가만 보아도 그 사람의 의식이 안에 있는지 밖에 있는지 알 수 있다.

3. 의식의 안과 밖 그리고 깊이를 확인하는 방법

1) 소리

소리가 어디에서 들리는가를 확인하면 의식이 몸 어디에 있는지, 얼마나 깊은지를 알 수 있다. 의식이 밖에 있으면 소리가 귀에서 들리는 것으로 인지한다. 이는 의식이 머리 쪽에 많이 가 있기 때문이다. 소리가 가슴에서 들리는 것으로 느껴진다면 의식이 어느 정도 안으로 향해 있다고 볼 수 있다. 의식이 대상에 가 있기보다는 자신에게 많이 와 있음을 나타낸다. '심금을 울리는 노래'를 들을 때의 느낌을 떠올려 본다면 의식이 어디에 있는지 알 수 있을 것이다. 진정 어린 마음이 담긴 노래를 들으면 누구라도 가슴이 감응하게 된다. 또한, 의식이 가슴 깊이 있는 사람은 어떠한 소리도 가슴으로 듣는다는 느낌을 받기도 한다.

소리가 몸 전체에서 들리는 것은 두 가지로 해석할 수 있다. 첫 번째는 의식이 몸 전체에 가 있는 경우, 두 번째는 의식이 더욱 깊어져 중맥 가까이 스며든 경우다. 거기서 더욱 깊어지면 소리를 듣는 느낌도 사라진다. 소리는 소리일 뿐, 듣는 나를 느끼거나 인지하지 않게 된다. 듣는 자와 들리는 소리(대상)의 경계가 사라진다.

2) 눈빛

사람의 몸짓, 얼굴의 미세한 근육이나 눈빛은 우리가 상상하는 것 이상으로 그 사람에 대한 정보를 많이 제공한다. 미세 표정micro expression을 통한 비언어적 의사소통을 연구해 온 폴 에크먼 박사Paul Ekman (미국 드라마 〈Lie to Me〉의 실제 모델)에 대해 들어 본 독자라면 이해가 될 것이다.

우선 볼펜이나 검지를 들고 상대방에게 그 끝을 바라보라고 한다. 이는 시선을 한 곳에 고정한 후 오롯이 상대방의 의식이 자리한 위치와 깊이 등을 파악하기 위한 과정이다. 이렇게 한 점에 고정된 시선을 따라서 역으로 상대방의 눈빛을 거슬러 간다. 즉, 시선의 출발점을 찾아가는 것이다. 출발점을 확인하면 의식의 위치와 깊이를 알 수 있다. 이 방법은 깊은 이해와 수련이 필요하다. 한 곳에 집중된 상대방의 시선을 따라 그 눈빛을 거슬러 갔을 때, 의식이 표층에 머물러 있을 수도 있고, 내면 깊은 곳에 위치할 수도 있으며, 아예 그 사람의 외부에 있는 경우도 있다. 의식이 외부에 있는 경우라면, 물리적이든 추상적이든 외부의 어떤 대상에 가 있거나, 일시적으로 의식이 해체된 경우로 볼 수 있다.

예를 들어, 어떤 사람이 분노를 느끼고 있다고 하자. 그러면 그 사람에게서 어떤 기운이 드러날까? 아마도 그 눈빛의 출처를 따라가 보면, 의식이 하단전(소장, 대장)에 있을 것이다. 한편 의식이 머리에 있는 경우에는 시선의 초점이 안정되지 않고 흔들릴 수 있다. 이는 머리로 판단 분별하고 걱정에 시달리느라 긴장하고 있다는 뜻이며 찡그린 미간, 경직된 안면 근육이 드러날 것이다. 만약 손가락이나 볼펜의 끝을 안정되고 편안하게 보고 있다면, 그 눈빛의 출처를 따라갔을 때 의식이 내면의 중심에 있을 가능성이 높다. 그리고 몸도 충분히 이완되어 있을 것이다. 의식이 더 깊어진 사람은 대상(볼펜, 손가락 끝)을 보고 있어도 보고 있다는 느낌이 들지 않는다. 말 그대로 '그냥' 보고 있음을 확인할 수 있다. 눈빛도 소리와 마찬가지로 의식이 깊을수록 기운이 나오는 지점이 깊어진다.

이처럼 눈빛의 흐름과 미세한 표정을 통해 그 사람의 의식이 안에 있는지 밖에 있는지, 얼마나 깊고 고요한지를 알 수 있다. 수많은 실전 경험을 통해 능숙해지면 첫째, 눈빛과 표정만으로도 그 사람에 대해 알 수 있다는 말이 거짓이 아님을 알게 된다. 둘째, 상대의 눈빛이 나의 내면 어디에까지 닿는지를 알 수 있다. 상대의 의식 깊이, 그리고 나에게 닿는 상대의 의식을 모두 파악할 수 있게 되므로 의식이 깊으면 깊을수록 상대를 깊게 꿰뚫어볼 수 있게 된다.

3) 말

말로 의식을 파악하는 것은 눈빛의 출처를 따라가서 확인하는 것과 유사하나, 그보다 더 세심한 관찰이 필요하다. 누군가가 하는 말을 들으면서 의식의 위치와 깊이를 파악하는 데는 그 사람이 하는 말의 전반적인 양상과 소리의 파동, 두 가지를 활용한다.

먼저, 의식의 깊이에 따라 대화의 양상이 달라진다. 말하는 목소리가 이렇다 저렇다가 아니며, 학식이나 지식이 높아 어렵고 복잡한 단어를 구사한다는 의미도 아니다. 같은 단어를 쓰더라도 그 사람이 담아내는 의미가 다르며, 대화에 응하는 모습 등이 다르다는 것이다.

또한 의식의 출처와 깊이에 따라 소리가 가지는 파동의 위치와 스펙트럼이 달라서, 말하는 사람이 내는 소리의 파동을 관찰해야 한다. 눈빛으로 의식의 출처를 찾아가는 것과 마찬가지로, 상대방이 내는 소리의 파동을 역으로 따라가서 의식의 출처를 찾는 것이다.

의식이 내면의 중심에 있을 때 나오는 말의 출처를 따라가면 결국 그 출처는 내면의 중심이며, 의식이 머리(전두엽)에 있을 때 나오는 말의 출처를 따라가면 그 출처는 결국 머리(전두엽)가 된다. 또한 소리의 파동이 가지는 스펙트럼에 따라 사회적이며 현실적인 욕구에서 비롯된 말인지, 자기의 진심에 뿌리를 두는 말인지, 아니면 사회나 현실의 가치가 아닌 영혼의 층차에서 우러나오는 말인지가 달라진다.

단순하게는 소리, 눈빛 그리고 말로 의식의 위치와 깊이를 확인하지만, 관찰이 깊어지면 행동 하나하나에서 그 사람의 의식의 안과 밖 그리고 내적 깊이를 알 수 있다.

의식이 깊어지면, 의식은 고요한 영역에 이르게 된다. 이때를 '순수 의식'이라 표현할 수 있다. 의식이 마치 태풍의 눈 안에 도달한 것과 같다. 달리 표현하면, 공空의 상태라고도 할 수 있다.

하지만 여기에서 한 발 더 나아가면 안도 아니고 밖도 아닌 상태가 된다. 태풍이 아니라 태풍의 안과 밖의 경계가 없는 곳에서, 경계 없는 소통이 이루어진다. 안에서도 자유롭고 밖에서도 자유로운 '지금 여기', '있는 그대로 깨어 있는', '상태 아닌 상태', 이것이 선禪이며 반야般若 이며 온전한 자비와 사랑일 것이다.

8장

치유 기법

앞에서 자신을 이해하는 전반적인 내용들을 소개했다면 이번 장에서는 실질적인 치유 기법을 소개한다. 심리 치유나 명상에도 도움이 되는 방법이다. 책을 읽고 배우는 시간은 얼마 안 걸리지만, 능숙하게 사용하려면 꽤 오랜 시간이 걸린다. 많은 사람에게 도움이 되기를 바란다.

각 명상법의 특징

- 주시명상 : 의식을 바로 세워 밖을 향하게 한다. 하지만 결국은 '보는 자'를 보게 된다.
- 이름명상 : 밖으로 향하는 의식을 안으로 되돌린다.
- 미 소 법 : 의식을 안으로 돌림으로써 자신의 내적 이미지를 정확하게 인지하도록 돕는다. 자신을 이해하고 존중하고 인정하여 스스로를 치유하며, 자신의 존재성을 확보한다.

1. 주시명상

1) 방법

그냥 '본다'는 행위를 '명상'이라고 하기 어렵지만, '본다'는 행위에 어떤 의미와 가치가 있는지를 명확히 알고 본다면 '주시명상'이 된다. 주시명상은 지금 눈앞에 보이는 다양한 대상(예: 사람, 움직이는 새, 자동차 등)에 단순히 '시선을 두는' 것뿐이므로, 앉거나 서서 혹은 누워서도 할 수 있다. '그냥' 본다고도 할 수 있지만, 좀 더 구체적으로 표현하자면 '명확히 보는 것'이다.

만일 눈앞에 사과가 몇 개 있다면 그중 하나의 사과에 2~3초간 시선을 고정한 후 다음 사과로 시선을 옮겨간다. 다시 2~3초 동안 두 번째 사과를 보고 다시 다른 사과로 시선을 옮긴다. 이 과정을 좀 더 상세히 설명하면 '의식의 출발점인 내(나)가 대상인 사과를 본다(행위)'가 된다.

2) 순서

① 눈앞의 어떤 것이든 대상(예: 물건, 사람, 글자 등)을 정한다.
② 첫 번째 대상에 시선을 정확히 고정하고 2~3초 바라본다.
③ 다음 대상을 선택하여 시선을 이동시킨다.
④ 두 번째 대상에 시선을 정확히 고정하고 2~3초 바라본다.

처음에 익숙하지 않을 때는 대상을 손가락으로 가리키면서 해도 된다. 대상을 손가락으로 가리키면서 마음속으로는 하나, 둘, 셋, 시간을 재고 다음 대상으로 시선을 옮기는 방식이다. 이 과정을 반복하다

그림 11 _ 주시명상

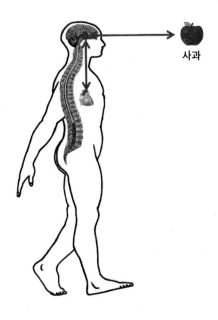

사과

가 익숙해지면 시선만 옮기면서 대상에 집중한 다음, 다시 시선만
옮겨간다.

3) 주의점

① 전체 과정을 2~3분 동안 한 다음 1~2분간 쉰다. 총 10분을 넘기
지 않는다. 긴장과 이완을 반복하도록 하되, 너무 오래하지 않고
자신에게 맞게 적당히 한다.

② 주시하는 순간엔 별다른 생각이 일어나지 않는다. 생각이 일어
나기 이전에 다시 시선을 옮긴다.

4) 효과

① 생각이 사라진다 : 시선을 옮기면 생각이 끼어들 틈이 없다. 생각
   이 단순해진다.

② 주체성 강화 : 시선을 그냥 아무렇게 옮기는 것이 아니다. 내가
   시선을 주체적으로 옮기며 대상도 주체적으로 선택하는 것이다.
   주체성을 강화하는 작업이다. 주체성이 약하거나 자아정체성이
   모호한 사람이 하게 되면 의식이 선명해지는 효과가 있다.

③ 무료한 시간을 명상으로 대체할 수 있다.

④ 시간과 장소에 구애받지 않기 때문에 잠깐 쉬는 시간이나 침대
   에 누워서도 할 수도 있다. 대중교통으로 이동할 때 무료한 기분
   이 들면 버스 손잡이나 사람들의 신발을 보면서 하나하나 시선
   을 옮겨간다. 산책하면서 나무 한 그루, 한 그루에 시선을 분명히
   하면서 걸어간다. 커피 한잔 마시면서 눈앞에 들어오는 물건을
   보고 하나하나 시선을 옮겨가도 된다.

2. 이름명상

1) 방법

주시명상에 익숙해지면 이름명상은 쉽게 할 수 있다. 이름명상은
주시명상에서 한 걸음 더 나아가 주시 대상에게 이름을 붙이는 것이
다. 과정은 주시명상과 같지만, 대상을 주시한 후 이름을 붙이면 된다.
예를 들어, 사과를 대상으로 주시명상을 하고 사과에 이름을 붙이

는 것이다. 이미 '사과'라는 이름이 있는 과일에 '이름을 붙인다'고 하면 이상하게 들릴 수도 있다. 하지만 이때는 기존에 이미 붙여진 '사과'라는 이름을 부르는 것이 아니라 자신이 다른 이름을 붙이는 것이다. '사과'를 대상으로 '까마귀'나 '고구마'라고 붙일 수도 있고, '반가움', '생일', '지우개', '보글보글'이라고 이름을 붙일 수도 있다. 무엇으로 불러도 상관이 없다. 세상 사람들이 붙인 이름이 아니라 자신이 부르고 싶은 대로 부르는 것이다.

2) 순서

① 눈앞의 어떤 것이든 대상(예 : 물건, 사람, 글자 등)을 정한다.

② 대상에 시선을 정확히 고정하고 2~3초 동안 바라본다.

③ 순간 떠오르는 이름을 붙인다. 만약 눈앞에 컴퓨터 모니터를 주시한 후 이름을 붙인다면 '민들레'라 붙일 수도 있고, '막막함', '기쁨' 같은 정서 단어를 붙일 수도 있다. 마치 애칭을 짓는 것과도 같다. '마우스'를 '마우스'라 부르지 않고 '사랑이'라고 부를 수도 있다.

④ 두 번째 대상에 시선을 정확히 고정하고 2~3초 바라본다. 순간 떠오르는 이름을 붙인다.

3) 주의점

앞에서 설명한 주시명상의 주의점과 같지만, 이름을 붙일 때는 더 주의가 필요하다.

1부 __ 나는 누구인가

① 전체 과정을 2~3분 동안 한 다음 1~2분간 쉰다. 총 10분을 넘기지 않는다. 긴장과 이완을 반복하되, 너무 오래하지 않고 자신에게 맞게 적당히 한다.

② 주시하는 순간에는 별다른 생각이 일어나지 않는다. 기존의 이름이 생각난다면, 다른 이름을 붙이는 것이 좋다. 다른 이름이 떠오르지 않는다면, 무엇이든 갖다 붙이는 연습이 필요하다. 처음에는 과일이나 색깔 등 카테고리를 하나 정해서 무작위로 붙여도 좋다. 심지어 알고 있는 욕설을 붙여도 전혀 상관이 없다. 중요한 것은 보는 즉시, 가능한 한 빨리 이름을 붙이는 것에 익숙해지는 것이다.

그림 12 _ 이름명상

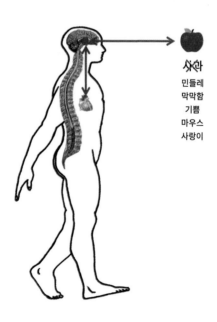

사과
민들레
막막함
기쁨
마우스
사랑이

4) 효과

효과도 앞의 주시명상과 같다. 이름을 붙임으로써 효과가 비약적으로 높아진다. 뿐만 아니라 자신의 감정 상태를 정확히 알 수 있고, 감정도 정화된다.

의도적으로 대상을 정해서 주시하고, 시선을 옮기는 주시명상도 주체성 상승 효과가 있지만, 이름명상을 할 때는 이름을 붙임으로써 주체성이 더욱 강화된다. 이름을 붙이는 자가 누구인가? 바로 내(자신, 나)가 스스로 이름을 붙이는 것이다. '내'가 대상을 선택하여 '나 스스로' 이름을 붙이는 것이다.

다만, 붙이는 이름에 의미를 두어서는 안 된다. 이름을 계속 붙여 나가는 행위 자체가 의미 있을 뿐이다. 이름 붙이는 행위를 계속하다 보면 마음속에서 이름의 진정한 의미에 대한 의문이 올라오게 된다.

이름(정명, 개념)이란 무엇인가? 이름의 진정한 의미를 알게 되면 '나'라는 존재 자체가 이미 이름이며, 모든 존재 또한 이름에 불과함을 알게 된다. 또한, 내가 듣고 말하는 모든 것도 실상 '이름'에 해당한다. 이는 노자 『도덕경』의 핵심이며, 『금강경』의 주된 내용이고 '만법유식'과 같은 맥락이다. 그러므로 '이름'의 진정한 의미를 알면 자기로부터 자유로워진다.

이름명상은 매우 중요하다. 간단하게는 이름을 계속 붙여 봄으로 해서 현재 나의 무의식이 어떤 생각, 감정과 욕구를 가지고 있는지 확인할 수 있고, 깊게는 '이름'이 무엇인지에 대한 이해와 통찰을 가져오기 때문이다. 이 책 서두에 설명한 정명(개념)도 이름명상을 하게 되면 좀 더 명확히 이해할 수 있다.

3. 미소법

　미소법은 주시명상과 이름명상이 더 세밀하게 진행된 것이다. 주시명상, 이름명상, 미소법의 원리는 동일하지만, 실행 방법이 다를 뿐이다. 미소법을 정확히 이해한다면 자신의 생각·감정·욕구를 자연스럽게 다스릴 수 있을 뿐만 아니라, 관觀이 어느 정도 확립될 수 있다. 결국 이러한 방법들은 관觀─지금 여기 깨어 있음─으로 가는 여정이기 때문이다. 미소법은 자기 이해, 자기 정화, 자기 치유를 위해 만들어졌다. 스스로 심리적 장애물들을 해소하는 데 탁월한 효과가 있다.

　미소법은 '이완─미소─느끼기─이름 붙이기─정화하기'의 다섯 가지 과정을 3~5회 반복하는 것이다. '이완─미소─느끼기'의 원리는 주시명상과 같고, '이름 붙이기'는 이름명상과 같으며, 여기에 '정화하기'가 추가되었다. 단순하지만 이 다섯 가지 과정에 치유와 명상의 모든 것이 들어 있다고 해도 과언이 아니다.

1) 이완
몸과 마음을 편안하게 한다.

2) 미소
이완의 연장선상으로, 온몸에 미소를 흘려보낸다.

3) 느끼기
주시명상처럼 대상을 분명히 하면서 느낀다. 감정, 사람, 공간 무엇이든 상관없다. 중요한 것은 감지感智가 아니라, 감각感覺으로 느껴야 한다는 것이다.

4) 이름 붙이기

가능한 한 빨리, 1초 이내에 이름을 붙인다. 느낌이 충분하면 생각할 틈도 없이 이름을 붙여야 한다. 자신을 속이지 않는 이름이 중요하다. 생각의 틈이 있으면 머리로 이름을 붙이게 된다. 머리로 이름을 붙이면 생각이 굳어지는 일이 발생한다. 되도록 생각이 아닌, 가슴의 느낌으로 이름 붙이는 것이 좋다. 그래서 이름명상에 충분히 적응된 후에 '미소법'을 해보기를 추천한다.

5) 정화하기

어떠한 정화법을 사용해도 된다. 저자는 EFT[10]의 확언과 호오포노포노Ho'oponopono[11]를 활용한다. 아니면 자신만의 정화 확언을 만들어 사용해도 된다. 정화하기는 '수용 확언—호오포노포노—내려놓음—진언'의 순서로 한다.

---

10 EFT : MIT 공대 출신 엔지니어인 개리 크레이그가 TFT 기법을 배우면서 너무 복잡한 것에 고민하다가, 어떤 심리 증상이든 관계없이 14경락을 다 두드려 주면서 말을 하는 EFT라는 기법을 1990년에 창시. EFT는 단순하면서도 모든 부정적 감정(분노, 우울, 공포, 불안 등등)에 극적인 효과를 발휘하고 일반 신체 증상에도 커다란 효과를 보는 경우가 많다(출처 : 한국EFT코칭센터 홈페이지).
11 호오포노포노(Ho'oponopono [ho-o-pono-pono]) : 고대 하와이 사람들이 만든 호오포노포노는 과거와 현재의 행동에 대한 부정적인 영향을 내려놓는 수단이며 스트레스를 떠나보내는 작업이다. 호오포노포노는 회개·용서·변형의 과정을 통해 영적·심적·신체적으로 자신들을 정화하는 방법이다. 모르나 나마라크 시메오나가 현대인들에게 맞게 수정하였다(출처 : 호오포노포노 공식 사이트).

① 수용 확언

나는 비록 ~ 할지라도, 그러한 나 자신을 온전히 받아들이며 깊이 사랑합니다. 나는 이제 그러한 나 자신이 변화하는 길을 선택합니다(EFT 확언).

② 호오포노포노

- (자신에게) 괜찮아. 미안해. 고마워. 사랑해.
- (타인에게) 미안합니다. 용서하세요. 고맙습니다. 사랑합니다.

③ 내려놓음

이 모든 것을 근본(하나님, 부처님 등)에 온전히 믿고, 맡기고, 내려놓습니다.

④ 진언

- 옴 마니 팟메 훔
- 옴 아훔 바즈라 구루 파드마 싯디 훔
- 옴 아모가바이로차나 마하무드라 마니파드마 즈바라프라바를 타야 훔
- 주기도문 등의 기도문

정화하기 예시

【예시 1】 자기 이미지 정화

① 이완 : 몸과 마음을 편안하게 한다.

② 미소 : 몸과 마음을 편안하게 한 후, 얼굴에 미소를 띠고 온몸으로 미소를 흘려보내 준다. 이완이 곧 미소이며, 미소가 이완이다.

③ 느끼기 : 자신이 자기 앞에, 또는 자기 안에 있다고 생각하고 자신의 세포 하나하나를 최소한 5초 이상 충분하다고 생각할 때까지 느껴 본다 (거울을 직접 보고 해도 된다).

④ 이름 붙이기 : 자신을 충분히 느끼고 난 후, 한순간에 자신에게 이름을 붙인다. 현재 의식이 생각하는 이름이 아니라 무의식이 바라보고 느끼고 있는 이름을 붙이기 위해 재빨리 이름을 붙이는 것이다. 자기 이미지에 이름 붙이기가 어렵다면, 처음에는 영화나 소설 제목을 붙여도 된다.

⑤ 정화하기 : 이름을 붙여 보면 자신이 스스로를 어떻게 생각하며 느끼고 있는지 알게 된다. 이름이 긍정적인지 부정적인지를 본다. 의미가 모호한지, 아니면 혐오나 무시를 담고 있는지, 또는 사랑과 관심을 담고 있는지 등을 살핀다. 이름의 의미와 느낌을 보면서 스스로를 어떻게 여기는가를 확인한다. 부정적이거나 모호한 이름이 나왔다면, 자신을 치유하는 입장에서 자기 정화를 하면 된다.

나는 비록 나 자신에게 '안개'(부정적인 이름 : 싫어, 꺼져)라고 말하지만 그러한 나 자신을 온전히 받아들이며 깊이 사랑합니다. 그런 나 자신이 진정 변화하는 길을 선택합니다. 괜찮아. 미안해. 고마워. 사랑해(3회 반복). 이 모든 것을 근본(하나님, 부처님 등)에 온전히 믿고, 맡기고, 내려놓습니다. 옴 마니 팟메 훔(또는 주기도문 등).

다시 처음부터 '이완-미소-느끼기-이름 붙이기-정화하기'를 3~5회 반복한다. 2~3회 하다 보면 느낌이 달라졌음을, 그리고 그 느낌에 붙이는 이름도 달라짐(긍정화)을 알게 된다. 숙달되면 3회면 충분하지만, 5회 정도 하면 효과를 확실히 느낄 수 있다.

【예시 2】미워하는 사람의 이미지 정화

① 이완 : 몸과 마음을 편안하게 한다.

② 미소 : 온몸에 미소를 보낸다.

③ 느끼기 : 미워하는 사람이 앞에 있다고 생각하고 그를 온몸으로 느껴 본다. 그 사람이 나에게 상처를 준 과거 장면을 떠올리면서 해도 된다.

④ 이름 붙이기 : 순간 이름을 붙이면 아마도 욕이 나올 것이다. 욕이 나와야 정상이다. 욕이 나오지 않는다면 자기 자신을 속이고 있다고 보아도 무방하다. 미워하는 사람을 떠올리면서 한 것이기에 미운 이름이 나와야지 긍정적인 이름이 나온다면 이상한 것이다. 몸과 마음을 이완하고 다시 느껴 본다.

⑤ 정화하기

나는 비록 ○○에게 △△라고 욕을 했지만 그러한 나 자신을 온전히 받아들이고 깊이 사랑합니다. 그러한 나 자신이 진정 변화하는 길을 선택합니다. (자신에게) 괜찮아. 미안해. 고마워. 사랑해. (상대에게) 미안합니다. 용서하세요. 고맙습니다. 사랑합니다. 이 모든 것을 근본의 뜻에 온전히 믿고, 맡기고, 내려놓습니다. 고맙습니다. 고맙습니다. 고맙습니다.

여기서 중요한 것은 미워하는 그 사람을 이해하거나 용서하거나 사랑하라는 것이 아니다. 다만 내 안에 있는 불편한 감정을 떠나보내거나, 자기 자신을 '괜찮아'라고 달래 주는 것이 중요하다. 치유는 나 자신을 내가 알아주기만 해도 자연스럽게 이루어진다.

【예시 3】 악몽의 정화

미소법은 다양하게 응용할 수 있다. 밤에 좋지 않은 꿈을 꾸었다면, 이 꿈을 정화할 수 있다.

① 이완 : 아침에 바로 눈을 떴을 때 하면 좋다. 굳이 이완하지 않아도 이미 이완되어 있기 때문이다.

② 미소 : 온몸에 미소를 보내 준다. 악몽의 후유증이 있다고 할지라도 그냥 몸에 미소를 보낸다.

③ 느끼기 : 꿈을 생각해 본다. 그리고 전체적인 줄거리나 이미지들을 조용히 느껴 본다. 기억이 나지 않아도 좋다. 머리는 기억하지 못할지라도 몸은 기억하고 있을 것이기 때문이다. 그냥 꿈을 느낄 수 있도록 자신을 허용해 준다.

④ 이름 붙이기 : 즉각적으로 이름을 붙인다면 '악몽' 또는 '무서움' 등 다양한 이름이 나올 것이다. 이름이 길어도 상관없다. 이름이 잘 떠오르지 않는다면 영화나 드라마, 소설 제목을 활용해도 된다. 예 : 〈나는 네가 지난여름에 한 일을 알고 있다〉, 〈전설의 고향〉 등.

⑤ 정화하기
- 자기 자신을 달래 주면서 따뜻하게 정화한다. '나는 비록 △△라는 악몽을 꾸었지만 그러한 나 자신을 사랑합니다. 그러한 나 자신이 진정 변화하는 길을 선택합니다.'
- (자신에게) '괜찮아. 미안해. 고마워. 사랑해.' (꿈에) '미안합니다. 용서하세요. 고맙습니다. 사랑합니다.' 아주 힘들면 자신이 믿는 존재(부처님, 신)에게 정화(해결)를 부탁드린다. '하나님, 이 꿈을 당신께 믿고 맡깁니다. 고맙습니다. 고맙습니다.' '관세음보살. 관세음보살. 관세음보살.' 또는 만트라나 기도문을 외워도 좋다. '옴 마니 밧메 훔', '옴 아훔 바즈라 구루 파드마 싯디 훔'. 다시 처음으로 돌아가서 반복한다. 아무리 악몽이라도 미소법을 따뜻하게 3~5회 반복하면 꿈의 느낌이 바뀌었음을 알 수 있다. 때로는 꿈의 스토리가 바뀌는 느낌이 들기도 한다.

미소법의 응용은 끝이 없다. 앞서 예로 소개한 자기 정화, 부정적 감정 정화, 꿈 정화 외에도 생활에서 파생되는 다양한 문제를 정화, 치유할 수 있다. 직장에서 관계 갈등을 겪고 있을 때 미소법을 활용한다면, 그 사람을 대하는 내 마음이 편안해지므로 수월하게 직장 생활을 할 수 있다. 멀리 떨어진 자녀에게 걱정스러운 일이 있을 때, 부모가 떨어져 있는 자녀를 위해 미소법으로 치유할 수도 있다. 먼저 걱정하는 자신의 마음을 정화한 다음, 자녀에게 따뜻한 기운을 전하겠다는 마음으로 미소법을 하면 부모의 기운이 자녀에게 전달된다. 이 방법은 부모가 자녀에게 사랑을 전할 수 있는 선물이기도 하다.

미소법은 단순하다. 이 단순한 방법을 각각의 항목에 대하여 다시 한 번 자세하게 설명하고자 한다.

4. 미소법에 대한 자세한 풀이

미소법은 자신에게 할 수도 있고, 타인에게 할 수도 있다. 매일 자신이나 가족, 친구, 지인을 위해 또는 학교나 직장 등 다양한 생활 속에서 활용할 수 있다.

1) 이완

이완은 모든 수행법의 핵심으로, 명상은 이완을 기본으로 한다. 몸과 마음을 편안하게 한 다음, 깊은 명상으로 들어간다. 요가에서 최고의 자세를 '시체 자세' 또는 '송장 자세'라고 한다. 단순히 시체처럼 누워 있는데, 최고의 자세라고 말하는 것은 이 자세가 가장 온전한 휴식의 자세이기 때문이다. 이완이 이루어지면 교감신경과 부교감신경이 균형을 이루어 스트레스와 긴장 해소에 탁월한 효과가 있다.

이처럼 이완 자체만으로도 부정적인 기운을 정화하는 데 효과가 있다. 무술 또는 기공에서는 방송공放松功이라고 하여 미리 기운을 빼는 훈련을 한다. 부드럽고 편안하게 이완되어 있어야 온전한 흐름이 발생하기 때문이다. 최면에서 의식이 극심저極心底로 내려가면 척추가 땅에 붙는 정도까지 이완된다. 이 상태에 이르면 몸의 자연 치유력이 극대화되어 대부분의 문제가 그냥 해결된다고 한다. 이완은 너무나 중요하여 아무리 강조해도 지나침이 없다.

특히 빠른 속도를 중시하는 한국 사회는 수많은 긴장을 유발한다. '빨리빨리'라는 말을 쓰지 않는 곳이 없을 정도로 끊임없이 긴장을 불러일으킨다. 따라서 이완만 잘하면 명상의 80~90%는 이루었다고 해도 과언이 아니다. 이완을 첫 번째로 한 것은 긴장 상태로 미소법을 하게 되면 의식이 머리에 묶여 이름이 생각(머리)에서 나오기 때문이다. 머리가 이름을 붙이게 되면 처음에는 효과가 있는 것 같아도 나중에는 손해를 보게 된다. 감정이나 상처의 흔적은 몸 구석구석에 스며들어 있는데, 머리로 이름을 붙이면 머리와 몸의 일부분만 정화되고, 더 나아가서는 머리(사고)가 굳어지게 된다.

내적으로 깊은 정화가 이루어지기 위해서는 이완이 반드시 필요하다. 이완이 되면 느낌도 선명해지고, 이름을 붙일 때도 머리가 아닌 가슴에서 나오는 것을 느낄 수 있다.

스스로 이완할 때는 다음 순서대로 온몸을 이완시키면 되고, 타인의 이완을 도울 때는 아래 문구를 천천히 읽으며 진행하면 된다.

몸과 마음을 편안하게 합니다. 팔과 다리를 편안하게 하고, 머리에서 힘을 빼고, 어깨에서도 힘을 빼고, 척추와 배에서도 힘을 뺍니다.

온몸의 피부를 느껴 봅니다. 온몸의 피부에 집중하고 피부를 편안하게 놓아 둡니다. 잘되지 않아도 됩니다. 그냥 피부를 편안하게 하겠다고 자신에게 부탁하기만 해도 됩니다.

온몸의 근육을 느껴 봅니다. 그리고 근육에서 힘을 뺍니다.

이젠 오장육부를 느껴 봅니다. 눈에 보이진 않지만, 오장육부는 우리 몸 안에 있습니다. 그냥 오장육부를 느낀다고만 상상해도 됩니다. 그리고 오장육부의 힘을 뺍니다. 오장육부의 힘을 뺀다고 자연스럽게 부탁하고 느끼면 됩니다.

온몸의 뼈를 느껴 봅니다. 뼈에서 힘을 뺍니다.

이제 다시 한 번 온몸의 피부, 근육, 오장육부, 뼈의 모든 세포를 느껴 봅니다. 그리고 깊고 편안히 있을 수 있도록 허용해 줍니다.

머리부터 발끝까지 바디스캔을 하며 신체 모든 부위에 감사와 사랑을 전합니다.

2) 미소

얼굴에 미소를 지으면 온몸이 자연스럽게 이완된다. 이완을 또 한 번 강조하기 위해서 미소를 넣은 것이다. 다만 이완이 중요하므로,

미소 짓기 위해 신경 쓰느라 긴장하지 않도록 한다. 이완을 강조함도 있지만 미소는 깊은 무의식에 긍정성을 만들어 준다. 부정적인 생각, 감정, 욕구를 정화하는 이면에 긍정적인 의도가 있음을 몸과 마음에 알려주는 역할을 하는 것이다. 혼자 할 때는 그냥 가볍게 미소 지으면서 미소가 온몸으로 자연스럽게 흘러간다고 생각하면 되고, 다른 사람에게는 다음과 같이 말해 준다.

이완이 어느 정도 되었다면 이젠 몸과 마음에 따뜻한 미소를 흘려 보내 주세요.

3) 느끼기

무엇을 느낄 것인가? 이것은 사전에 설정되어 있어야 한다. 대상은 무엇이라도 상관없다. 치유가 목적이라면 자신의 감정 상태, 또는 어린 시절의 상처(내면아이)가 될 수도 있다. 아버지, 어머니, 형제자매, 직장 상사, 부하직원, 친구, 연인, 도반 누구라도 상관없다. 대상(물건, 사람) 자체를 느끼는 것이 아니라 그 대상(물건, 사람)을 바라보는 자신의 이미지를 느끼는 것이기 때문이다.

모든 느낌은 나로부터 출발한다. 대상(물건, 사람)이 나를 어떻게 느끼는지는 상관없다. 그것은 그 대상(물건, 사람)의 문제일 뿐이다. 중요한 것은 내가 그 대상(물건, 사람)에게 어떤 느낌과 이미지를 갖고 있느냐이다. 내가 '나(생각·감정·욕구·신념·존재성 등)'로부터 자유로워지는 것, 이것이 근본 목적이다.

느낀다는 것은 대상이 자신이든 타인이든 이미지든 그것을 온몸의 세포 하나하나가 느낀다는 것이다. 온몸의 세포가 느끼는 것이 안 된다면 가슴으로 느끼면 된다. 머리가 느끼는 것은 피해야 한다. 이 방법은 머리가 하는 것이 아니라 가슴이 하는 것이고, 가슴이 온몸으로 확대되어 가는 것이다. '느끼는 것'에는 두 가지가 있다. 감지와 감각. 확실한 것은 감지가 아니라 '감각'이 되어야 한다는 것이다.

- 감지(感智)

  感-느낄 감, 智-알 지. 이를 해석하면 '느낌을 안다'는 의미가 된다. 즉, 감지한다는 것은 이미 알고 있는 느낌을 말하는 것이다. 간단한 예로 커피를 마신다고 가정해 보자. 커피를 한잔 마시면 우리는 '쓰다'라고 감지한다. 꿀물을 마신다면 '달다'라고 감지한다. 청양고추를 한입 먹는다면 '맵다'라고 감지한다. '쓰다, 달다, 맵다'는 모두 우리가 이미 이름 붙인 느낌이다. 감지는 느낌에 해석을 붙여놓은 상태이기에 느낌이 머리로 이동한 상태다. 머리가 느낌을 이름으로 고정화해 버리면 미소법은 머리에서 더 나아가지 못한다. 느낀다는 것은 머리가 해석하는 것이 아니라 몸이 그냥 느끼는 것이다. 그냥 느끼는 것, 이것을 감각이라 부른다.

- 감각(感覺)

  感-느낄 감, 覺-깨달을 각. 이를 해석하면 '느낌을 깨닫는다'는 의미가 된다. 사전적 의미로는 '어떤 자극을 알아차림'이라고 한다. 예를 들어 같은 커피를 마신다고 해도 커피 감별사가 커피를 마신다면 어떻게 될까? 아마도 감별사는 자신이 알고 있는 지식을 빼고 커피 맛 자체를 온전히 느끼려고 할 것이다. 혀로 느끼지만, 온몸의 세포를 다 동원하여 그 맛을 보고, 커피 맛의 다양한 가능성을 열어 놓고 하나하나 살펴 나갈 것이다. 달리 말하면 '어떠한 느낌을 해석하지 않은 상태'로 볼 수도 있다. '느끼기'는 온몸의 세포가 그냥 느끼도록 해주는 것이 중요하다. 그래서 단지 느끼는 것을 내가, 나 자신에게 허용한다고 보아도 무방하다.

4) 이름 붙이기

'제목 붙이기'라고도 한다. 세포(몸과 마음)가 느끼는 어떤 느낌에 한 순간 이름을 부여하는 것이다. 이것은 추상적인 것(느낌)을 구체화(이름)하는 작업이다. 무형을 유형화하는 것이며, 모호한 것에 현실성을 부여하는 것이다. 그리고 무의식에 숨겨진 느낌(이미지)을 현재 의식화하는 것이기도 하다.

이름을 즉각적으로 붙이는 것은 느낌에 대해 해석하기 위해서가 아니라 내적 무의식이 그 느낌에 대해 말하고자 하는 바를 정확히 드러내기 위해서다. 현재 의식이 이름을 붙이는 게 잘못된 것은 아니지만 보다 심층적인 의식의 흐름(생각, 감정, 욕구, 신념)을 파악하기 위해서는 순식간에 이름을 붙이는 것이 좋다.

'이름명상'이 익숙해지지 않으면 이 부분이 어렵게 느껴지기도 하는데, 간단한 이름부터 붙이다가 숙달되면 긴 문장 형태의 이름도 붙일 수 있게 된다. 평소 자신의 생각이나 감정을 솔직히 표현하지 못하는 사람은 이름을 붙이는 것에 어려움을 느낀다. 그래서 이름을 붙이는 것 자체가 표현력 강화에 도움이 되기도 한다.

이름을 붙이는 것은 생각보다 의미가 깊고 강력하다. 의도를 가지고 이름을 붙인 경우를 한번 생각해 보자. 어떤 사람이 꿈에서 알 수 없는 존재를 만나 무서움을 느꼈을 때 '악마'라고 이름을 붙였다면 그 존재를 어떻게 생각하고 대하게 될까? 아니면 그 이름을 '개똥이'라고 붙였다고 하자. 그러면 그 사람은 그 존재를 어떻게 생각하고 대하게 될까?

어떤 내담자가 자신에게 이상한 기운이 따라다녀 무섭다며 찾아왔다. 그는 평소에 생각도 많고 체질도 예민하다 보니 기운을 잘 느끼는 사람이었다. 기운은 잘 느끼는데, 실체를 확인할 수 없으니 두려움의 대상이 되어 버린 것이다. 내담자에게 그 기운을 느낄 때 '개똥이'라는 이름을 붙여 보라고 했다. '개똥이'라는 이름을 붙이자마자 내담자는 피식 웃었다. 한순간 두려움이 사라진 것이다. 보이지 않는 기운이 무엇이든 간에(귀신이든 염체든 상관없다) '개똥이'가 된 것이다.

다시 내담자에게 말했다. "개똥이한테 귀찮으니 물러가라고 하세요." 내담자가 물러가라고 하자, 그 기운은 한순간에 사라졌다. 혹여 앞으로도 어떤 기운이 느껴지거든 가벼운 이름을 붙여 보라고 했다. '개똥이, 찰떡, 개구리, 뽀로로, 피카츄, 꼬부기' 등. 귀신(?)은 물리치기 어려워도 '개똥이'는 물리치기 쉽다.

일본의 음양도에서는 무형의 존재가 가진 본래 이름을 알게 되면 그 존재를 마음대로 부릴 수 있다고 한다. 본래 이름도 있겠지만 새로운 이름을 부여할 수도 있다. 새로운 이름을 부여하는 것, 그것이 명命인 동시에 이름名 붙이기다.

또 다른 시각으로 영화를 생각해 보자. 보통 영화는 90분이지만 세 시간짜리 긴 영화도 있다. 이 영화를 설명하려면 어떻게 해야 할까? 줄거리를 이야기하려 해도 어느 정도 시간이 걸린다. 그렇지만 가장 쉽게 영화를 설명하는 방법은 영화 제목을 말하는 것이다. 제목만 알면 대충 분위기를 파악할 수 있다. '슈퍼맨, 아이언맨, 미션 임파서블, 탑건, 분노의 질주…' 제목만 들어도 영화의 내용을 짐작할 수 있기도 하다. '새벽의 저주, 텍사스 살인마, 13일의 금요일, 스크림…' 이름이 이미 공포영화임을 알려준다.

미소법을 사용하여 어떤 감정이나 꿈의 분위기 등을 느끼고 이름을 붙인다면, 순간 나오는 이름이 많은 것을 알려준다. 계속 이름을 붙이다 보면 어떤 생각이나 느낌에 대한 이해의 폭이 점점 넓어져 감을 느끼게 될 것이다.

이름에는 숨겨진 진실이 있다. 모든 존재는 이름으로 이루어져 있다는 것이다. 모든 사물은 이름을 갖고 있다. 그리고 이름을 가짐으로써 의미와 가치가 부여된다. 이 이름(개념, 정명)을 넘어가는 것이 '공성자각(무경계 각성)'이다.

- 금강경
  始名 이름하여 : 이름하여 부처라 한다. 이름하여 아라한이라 한다.

- 노자 도덕경
  道可道도가도 非常道비상도 名可名명가명 非常名비상명
  도를 도라 하면 도가 아니며, 이름을 이름이라 하면 이름이 아니다.

다음은 어휘력을 늘리기 위한 일환으로 다양한 감정에 대한 언어를 모아 놓은 것이다(장혜진, 2019).

생각, 감정, 욕구를 나타내는 단어

기쁨	기분 좋다	쾌적하다	반갑다	희열을 느끼다	반갑다	환희
즐거움	홀가분하다	재미있다	살맛 나다	후련하다	흥겹다	통쾌하다
감동	가슴 벅차다	감명 깊다	감탄하다	뭉클하다	찡하다	탄복하다
호감	이뻐하다	마음이 끌리다	매료되다	좋다	반하다	선호하다

사랑	그립다	애틋하다	동경하다	애지중지하다	사랑하다	흠모하다
감사	감사하다	고맙다				
만족	우쭐하다	의기양양하다	자신만만하다	자랑스럽다	자부하다	영광스럽다
안심	든든하다	안도하다	안심하다	마음 놓다		
행복	꿈같다	평안하다	담담하다	안락하다	평화롭다	안정되다
만족	달갑다	보람차다	편안하다	흐뭇하다	흡족하다	뿌듯하다
놀람	경탄하다	뜨끔하다	기겁하다	놀라다		
궁금함	궁금하다	신기하다				
심심함	따분하다	무료하다	심심하다	지겹다	식상하다	지루하다
슬픔	가슴 아프다	비통하다	서글프다	뼈아프다	애석하다	탄식하다
우울	울적하다	침울하다	우울하다			
고독	적막하다	적적하다	쓸쓸하다	애달프다	외롭다	
고뇌	속타다	애끓다	망설이다	착잡하다	괴롭다	지긋지긋하다

5) 정화하기

하늘 아래 새것은 없다. 기존에 잘 만들어진 것 중에 자신에게 맞는 것을 사용하면 된다. 다만 정화의 진정한 의미에 대한 깊은 이해가 필요하다. 진정한 치유는 파충류, 포유류, 영장류의 뇌에서 발생하는 욕구와 불만을 모두 온전히 수용하고 감싸 안아 주는 것이다. 과거의 상처나 억압된 불만, 그리고 순간순간 일어나는 감정과 다양한 생각의 종류와 관계없이 자신을 이해하고 존중하고 인정해 주며 함께하는 것이다. 그리하면 치유는 사랑이며 용서이며 자비가 될 것이다.

자기 안의 수없이 다양한 충동성, 좌절, 절망 그리고 수많은 상처들을 당신의 뜻으로 당신의 마음으로 온전히 감싸 안아 주며, 타인의 고통과 잘못 또한 따뜻한 마음으로 감싸 안아 줄 수 있다면 치유가 더 이상 필요 없다. 당신의 마음이, 당신의 자비와 사랑이 곧 치유이기 때문이다.

그림 13 _ 치유

5. 미소법 응용 기법

미소법은 하나의 그릇이다. 이 방법이 능숙해지면 심상화 테크닉의 다양한 방법들을 소화할 수 있다.

1) 시간 기법

시간을 생각해 본다. 하루, 이틀, 한 달, 두 달, 1년, 10년, 100년…. 1만 년 이후도 생각해 본다. 예를 들어, 당신이 사랑했던 연인과 오늘 결별했다고 가정해 보자. 이 순간 당신은 슬픔, 분노, 배신감, 그리움, 억울함, 상실감 등의 감정들로 매우 힘든 시간을 보내고 있을 것이다. 바로 이때, 그런 감정들로 힘든 자신의 모습이 한 달 뒤에 어떠할지, 1년 뒤에는 어떠할지, 또 10년 뒤에는 어떠할지를 떠올려 본다. 물론 감정의 소용돌이 속에서 이 작업을 하기는 쉽지 않다. 하지만 시간이 멀어짐에 따라 느낌도 감정도 멀어질 것이다. 시간이 흐르면 모든 것이 사라져 간다. 아무리 심각한 문제도 시간이 흐르면 자연스럽게 퇴색해 간다. 이 또한 지나가리라….

2) 중심 기법

이름을 붙여 대상을 명확히 한 다음, 그 이름 붙인 느낌으로 온전히 들어가는 것을 말한다. 태풍의 눈으로 의식이 들어가는 것처럼 느낌의 중심으로 들어가면 그 느낌은 자연스럽게 없어져 버린다. 태풍의 눈은 비어 있다. 감정의 중심도 비어 있다. 이 방법은 기법이라기보다는 '관觀'에 가깝다.

위빠사나에 이러한 말이 있다. "보면 사라진다." 제대로 보면 심리적 흔적은 그냥 사라져 버린다. 근본의 자리에서 보면 신념도 하나의 개념일 뿐이다. 개념도 근본에서 보면 그냥 그러할 뿐이다.

3) 탈중심 기법

중심 기법의 반대 방향으로 움직이는 것이다. 이름을 붙여 대상을 명확히 한 다음, 그 이름 붙인 느낌 바깥으로 완전히 벗어나는 방법이다. 앞의 예시에서 나온 '연인과 결별한 나'를 다시 떠올려 보자. '연인과의 결별로 비통해하는 나'에게 이름을 붙여 본다.

임의로 '슬픔'이라고 불러 보자. 방 한구석에서 가슴 아파 울고 있는 '슬픔'을 선명하게 떠올린다. 그다음 집 밖에서 '슬픔'을 바라보는 상상을 한다. 다음에는 동네 밖에서, 그다음에는 도시 밖에서, 그다음에는 한반도 위에서, 그다음에는 지구 위에서, 그다음에는 우주 한복판에서 이 '슬픔'을 바라보는 상상을 한다. 이제 '의식이 우주 끝까지' 가는 것이다. 방안에서 울고 있는 '슬픔'이 어떻게 보이는가? 의식이 우주의 반대편으로 가버리면 그 느낌은 중요하지 않게 된다.

4) 레드카펫 기법

레드카펫 기법은 미소법의 응용법 중 하나인데, 정리해서 떠나보내고 싶은 대상(감정, 사람, 상황 등)에 더 집중하고 직면하여 적극적으로 해결하고자 할 때 사용할 수 있다.

방법은 다음과 같다. 우선 몸과 마음을 매우 깊게 이완한다(미소법의 '이완하기' 참조). 자신이 서 있는 길 위에 레드카펫이 끝없이 깔려 있다고 생각한다. 그다음, 레드카펫 위에 내가 정리하고 싶은 심리적 장애물(감정, 사람, 상황)이 있다고 생각하고 일어나는 현상을 관찰한다(미소법의 '느끼기' 참조). 그런 다음 미소법과 마찬가지로 '이름 붙이고', '정화'하고 내려놓는다. 이때 카펫 밖이 낭떠러지라고 상상하면 좀 더 분명해진다.

레드카펫 기법을 사용할 때, 자기 앞에서 벌어지는 현상은 지금의 실질적인 문제 또는 곧 다가올 측면으로 해석하고, 자신의 등 뒤에서 일어나는 현상은 자신이 정리하려는 대상의 배후 작용 또는 자신의 내면 그림자로 해석한다. 카펫 밖에서 벌어지는 현상은 외부 섭동으로 보면 된다. 이러한 기준으로 다양한 실험을 통해 의식을 확장하고 살핀다.

이것은 일종의 자기 최면 또는 심상화 기법인데, 다양한 시뮬레이션을 통해 자신의 현재 상태나 심리적 흔적을 확인할 수 있다.

5) 이름(형상) 미소법

존재하는 모든 것은 이름과 형상을 가지고 있다. 이름 미소법은 기본 미소법을 능숙하게 다룰 수 있고, 의식이 완전히 몸 안으로 스며들었을 때 하는 방법이다. 의식이 밖에 있는 상태에서 하면 의미가 없다.

미소법이 능숙해지면 본능적으로 마음에 와닿는 것이 있다. 모든 것은 내가 이름을 붙이기 이전에 이름 지어져 있음을 알게 된다. "모든 사물은 이름과 형상을 가지고 있다"는 말의 의미를 얼마만큼 이해하고 있느냐에 따라 이름 미소법을 적용할 수 있는 깊이도 달라진다. '짜증', '아버지', '직장', '특정인의 이름' 등 내려놓고 싶은 대상의 이름,

즉 그 단어가 자기 앞에 있다고 생각한다. 그리고 그 단어에 반응하는 자신을 온전히 느낀다. 반응하는 자신에게 이름을 붙인다. 반응하는 모든 것을 온전히 내려놓는다.

이름 미소법에는 기본 미소법처럼 정화 만트라를 꼭 할 필요는 없다. 자연스럽게 이름 미소법을 응용할 수 있는 단계라면 굳이 정화 만트라를 하지 않아도, 온전히 느끼고 반응하는 자신에게 이름을 붙이는 순간, 마치 보면 사라지는 것처럼 이미 정화가 일어난다.

6) 해답 미소법

"나라는 존재는 해답의 결집체다"라는 말은 앞에서 말한 "모든 사물은 이름과 형상을 가지고 있다"는 말과 어감은 다르지만 같은 말이다.

사람들은 불안에 대한 대비책으로 어떠한 상황에서 어떻게 행동할 것인가 하는 무의식적인 프로그램을 가지고 있다. 이는 자신의 습관적 패턴과 연관 있는데, 특정한 상황에서 특정한 행동으로 드러난다. 어떤 사람이 1~2년에 한 번씩 직장을 바꾸는 패턴이 있다면, 그 사람은 아마도 '직장은 1~2년마다 바꾸는 것이다'라는 자신만의 해답을 가지고 살아간다는 의미일 것이다.

물론 그 이유를 물어 보면 '지루함, 자기계발, 직장 내 인간관계, 급여, 일의 난이도' 등 그럴듯한 이유를 다양하게 내세우겠지만 실질적으로는 '직장을 옮기는 것' 자체가 그 사람이 무의식적으로 가지고 있는 프로그램, 패턴이기 때문이다.

자신과 세상은 끊임없이 변하고 있는데, 대부분의 사람들은 변화된 해답을 찾는 것이 아니라 과거에 이미 결론 내린 해답으로 살아간다. 해답 미소법은 자신이 고집해 온 이 해답들을 전부 정화하는 것이다. 고요한 가운데 질문을 던지고 이 질문에 반응하는 자신(해답을 내리는 자신)을 깊게 살피다 보면 자신이 내린 해답에 따른 행동 패턴이 영화처럼 스쳐 지나감을 알 수 있다. 의식(뇌)에서 다양한 시뮬레이션을 통해 자신이 과거에 내린 해답들을 정리해 나가는 것이다. 깊게 살피다 보면 자신의 운명에 대한 해답을 자신이 적어 놓았음을 알 수 있다. 즉 자신의 묘비명을 이미 정해 놓은 것이다. 자신이 써놓은 묘비명을 고쳐 쓰는 것은 자신의 운명을 스스로 바꾸는 것이다. 더 나아가서는 어떠한 묘비명도 만들지 않아야 한다. 지금 여기 순간순간 살아간다면 삶도 죽음도 변화의 과정일 뿐이다. 명命도 묘비명名도 더 이상 필요치 않게 된다.

해답 미소법을 편안하게 사용할 수 있다면 앞의 다양한 질문들과 미소법을 동시에 자유자재로 사용할 수 있다. 이름 미소법과 해답 미소법은 글을 통해 이해하기에는 매우 어려울 수 있다. 기본 미소법을 온전히 체득한 상태에서 행할 수 있는 기술 너머의 기술이다. 구체적인 과정은 다음과 같다.

① 자신만의 해답(당위성을 가진 명제 - 예 : 나는 회사를 옮겨야 한다)을 고요히 속으로 읊조리면서 어떤 느낌이 드는지 가만히 지켜본다.
② 그 느낌에 이름을 붙인다.
③ '회사를 옮겨야 한다'라는 문장(자신만의 해답)과 그 문장에 대해 '내가 느끼는' 느낌의 차이를 느껴 본다. 그 차이를 알아차리는 것이 첫 번째 목표다.

④ 그다음, '나는 회사를 옮기고 싶다'와 '나는 회사를 옮기고 싶지 않다'(욕구), 두 문장을 천천히 음미해 본다. 두 문장에 대한 각각의 진정한 이유도 찾아본다.

⑤ 해답으로 알고 있던 문장(나는 회사를 옮겨야 한다)과 나의 진정한 욕구가 일치하는지 아닌지 확인한다.

해답 미소법은 인지와 느낌을 통합시키는 것을 목표로 한다. 기본 미소법과 과정은 비슷하나, 스스로 갖고 있던 해답을 먼저 갖고 시작하는 것이 다르다. 이미 '답'이라고 당연하게 여기던 생각과 신념이 자신의 진심에서 나온 것인지를 확인하는 과정이다. 한 가지 해답이 아니라, 몇 가지 해답에 해답 미소법을 적용해 보면 일정한 패턴이 반복된다는 것을 발견할 수도 있다.

한편 해답이라고 믿어 의심치 않았던 생각(신념, 명제)이 자신의 진심에서 나온 것이 아님을 알아차리려도, 스스로를 부정하는 느낌이 들기 때문에 그 해답이 해답이 아니었음을 인정하려면 거부감이 들 수도 있다. 일종의 방어기제다. 이럴 때는 다시 기본 미소법을 활용하여 원점으로 돌아가서 검토한다. 해답에 대한 자신의 반응을 보면서, 방어기제가 드러났다는 것을 알게 되는 것은 의미 있다. 나의 또 다른 한계를 만나고 알게 되었기 때문이다. 한계를 정확히 인지하게 되면, 한계를 넘어갈 것인지 머물 것인지를 판단, 결정하는 선택권을 쥐게 된다. 한계를 넘어가기로 결정하는 것은 용기를 내는 사람들의 도전이다. 물론 한계를 인지했지만, 받아들이거나 체념하고 그 상태를 유지하면서 살아가도 된다. 선택은 당신에게 달려 있다.

6. 참고할 만한 명상법

1) 지버리시 명상(Gibberish Meditation)

미소법이 어느 정도 익숙해졌을 때, 자신이 어떠한 말, 어떠한 행동을 하는지 살펴보도록 권하는 방법이다. 지버리시gibberish는 '의미 없이 지껄이기(횡설수설)'라는 뜻이다. 방법은 다음과 같다.

① 산책한다. 흐르는 물 옆이나 호숫가면 더 좋다.
② 그냥 중얼거린다. 주제가 무엇이든 상관없다. 입에서 나오는 대로 말을 한다. 문장이 되든 안 되든, 말이 되든 안 되든 상관없다. 그냥 횡설수설하는 것이다.
③ 횡설수설하면서 나오는 말들을 그냥 지켜본다.

※ 주의점
어떠한 판단 분별도, 어떠한 의미나 가치 부여도 하지 않는다. 노래가 흘러나오기도 하며, 어린 시절의 이야기를 해설하듯 쏟아내기도 한다. 때론 방언처럼 전혀 알 수 없는 언어(소리)가 나오는 경우도 있다. 어떠한 목소리 톤, 어떠한 내용이라도 상관없다. 그냥 지켜보고 흘려보내면 된다.

지버리시 명상을 꾸준히 하다 보면 자신의 무의식이 흘러가는 패턴을 어느 정도 알 수 있다. 만약 부정적인 단어나 욕설이 흘러나온다면 이제까지 인지하지 못했지만, 사실은 기분이 안 좋은 상태이거나 해소해야 할 부정적 정서가 있었다는 뜻이다. 또 대체로 긍정적인 언어나 허밍, 노래 등이 나온다면 현재 정서가 안정되어 있다고 보아도 무방하다. 지버리시 명상 중에 나오는 말도 안 되는 소리에 무의식의 파편들이 묻어 나오기도 하는데, 이 또한 반가운 일이다. 그 무의식의 파편들을 걷어내는 것이 의미 있기 때문이다. 자신도 모르게 묻어 있던 무의식의 파편들을 걷어내고 나면 그다음에는 훨씬 정돈된 말들이 자연스럽게 나올 것이다.

거기서 그치지 않고 지버리시 명상을 지속하다 보면 어느 새 '말'은 점점 사라져 간다. 단지 행복하고 즐거운 느낌, 기분만 남게 된다. 즉, 지버리시 명상은 자신의 무의식 패턴을 인식하는 과정인 동시에 정화하는 과정이다.

그런데 자신도 몰랐던 정서나 무의식의 패턴들이 드러날 때 무작정 반갑기만 할까? 물론 부정적인 언어들, 심지어 욕설이 떠오르려고 할 때 자동으로 거부감이 들 수 있고, 자신이 수용할 수 있는 언어로 바꿔 말하고 싶은 욕구가 올라올 수도 있다. 이러한 과정은 자연스러운 것으로, 자신의 반응을 보면서 심리적 방어기제를 파악하면 된다. 그러므로 자신이 내뱉는 언어나 정서, 그에 대한 반응과 판단(싫다, 좋다, 놀랍다, 거북하다 등)이 어떠한가를 지켜보며 알 수 있어야 한다. 그것 자체가 의미 있다.

지버리시 명상을 하면서 말을 내뱉다 보면 뜻밖의 어떤 행위가 나올 수도 있다. 이 역시 자연스러운 반응이다. 이때 역시 행위를 멈추거나 거부하는 것이 아니라 그저 가만히 지켜본다. 즉 '관觀' 한다. 자신이 어떤 언어를 내뱉는지 지켜보았듯이, 지버리시와 함께 어떤 행동을 하고 있다는 것을 알면 된다.

서두에서도 밝혔듯이 지버리시 명상은 기본 미소법을 꾸준히 익혀

익숙해지고 안정되었을 때 하기를 권한다. 어떠한 이유에서든 스스로를 제어하기 어려운 경우라면 지버리시 명상이 적절하지 않고, 해서도 안 된다.

2) 바이런 케이티의 4가지 질문법 응용

바이런 케이티의 다음 4가지 질문은 통찰로 가는 큰 디딤돌이다.

① 그것은 진실인가?
② 당신은 그것이 진실인지 확실히 알 수 있나?
③ 그 생각을 생각할 때 당신은 어떻게 반응하나?
④ 그 생각이 없다면 당신은 누구일까?

이 방법은 바깥으로 가 있는 의식을 질문을 통해 안으로 되돌려 자신을 직시하는 것이다. 일반적으로 사용하면 기법이 되겠지만, 공성空性:8식을 바탕으로 사용한다면 관법觀法이 된다. 명상을 많이 한 사람이라면 모든 해답은 첫 번째 질문에 있음을 알 것이다.

그것은 진실인가?

진실은 '제행무상諸行無常, 제법무아諸法無我', 그 이상도 그 이하도 아니다.

3) 공감 명상

상대와의 공감을 바탕으로 해서 자비관으로 확장해 가는 방편이다. 이른 아침 고요히 앉아서 하거나, 산책 후 숲 속이나 물가의 편안한 곳에 앉아 마음속으로 말해 본다.

자비의 시작

- 그 사람도 나와 같이 외로움과 두려움을 가지고 있다.
- 그 사람도 나와 같이 삶의 고난과 고통을 겪고 있다.
- 그 사람도 나와 같이 따뜻한 온정과 행복을 원하고 있다.
- 그 사람도 나와 같이 자신이 원하는 것을 이루기 위해 노력하고 있다.
- 그 사람도 나와 같이 인생의 다양한 여정(과정)에 있다.
- 내 안의 힘이 커지기를….
- 내 안의 따뜻한 온정이 흘러넘쳐 그 사람도 함께 따뜻해지기를.
- 내 안의 온전한 행복이 흘러넘쳐 그 사람도 함께 행복해지기를.
- 내 안의 진실한 사랑이 흘러넘쳐 그 사람도 함께 진실한 사랑을 이루기를.
- 내가 따뜻하고 온전한 만큼 그 사람도 따뜻하고 온전하기를.
- 내가 행복한 만큼 그 사람도 행복하기를.
- 내가 풍요로운 만큼 그 사람도 풍요롭기를.

세상과 함께

- 다른 사람의 고통과 절망을 온전히 받아들여 정화할 수 있기를.

- 나의 행복과 이익을 세상에 나누어 줄 수 있기를.

티베트의 기도문
- 모든 살아 있는 존재가 행복과 행복의 원인을 갖게 되기를.
- 모든 살아 있는 존재가 고통과 고통의 원인에서 해방되기를.
- 모든 살아 있는 존재가 즐거움과 즐거움의 원인을 갖게 되기를.
- 모든 살아 있는 존재가 좋아함과 싫어함에서 벗어나 대평안에 이르기를.

4) 자비 명상
- 편안한 장소, 편안한 시간에 편안히 자리에 앉는다.
- 의식을 깊고 고요하게 한다. 마음이 고요해졌다면 숨을 들이마실 때 '고맙습니다', 숨을 내쉴 때 '사랑합니다'라고 한다.
- 스스로 충분하다고 여겨질 만큼 진행하면 된다.

5) 통렌(Tonglen) 명상
세상의 고통과 어두움을 모두 받아들이고 심장으로 온전히 녹여 내면의 평화와 자비를 세상에 울려 퍼지게 하는 방법으로 티베트 밀교의 핵심 수행법이다.

'통렌tonglen'은 티베트어로 '주고받기give and take'를 뜻하며, 호흡을 매개로 자비를 주고받는 방법이다. 원리는 '세상의 고통은 내가 떠맡고, 나의 행복은 세상에 준다'는 것이다. 일반적인 호흡법은 청정함을 들이마시고, 몸 안의 불결한 것들을 내쉬면서 자기 몸을 정화한다.

하지만 통렌 명상은 탁하고 병든 기운, 불건전한 모든 것을 들이마시는 대신 일체중생을 위한 건강, 맑음, 행복함 등 청정과 건강의 염원을 내뿜는다. 모든 행복과 이익을 다른 이에게 주고, 모든 손해와 좌절을 자신이 취하는 것이다. 일반인이 하기란 쉽지 않다. 그렇기에 처음부터 자신의 사랑을 가득 키우면서 조금씩 통렌 수행으로 다가가야 한다.

2부

견성과
깨달음 이후

20여 년간 영기장 상담을 하며 인간의 의식과 영靈에 관심을 가지고 깊이 탐구하다 보니, 의식도 일정한 구조가 있음을 알게 되었다. 스스로 '자아'라고 인지하는 의식의 층차는 개인마다 다 다르다. 가장 표면의 층차(6식)를 자아라고 인지하는 사람이 있는가 하면, 가장 심도 있는 층차(8식, 영혼)를 자아라고 인지하는 사람도 있다.

사람이 말하거나 행동할 때 드러나는 에너지의 파동·느낌을 통해 그것이 '의식(6식)'에서 나오는지, '진심(7식)'에서 나오는지, 아니면 '영혼(8식)'에서 나오는지 알 수 있다. 6식인 '의식'이 어디 있는지 물으면 대개 '머리'를 가리키지만, "진심이 어디에 있는가?"라고 물으면 자연스럽게 가슴(심장) 부위로 손을 갖다 댄다. 나아가 "'영혼이 어디에 있을까요?"라고 물으면 겸연쩍어하면서도 두 손을 모아 가슴속에 있다고 답하는 사람이 많다. 영혼·존재에 대해 언급할 때는 자신도 모르게 양손을 쓰게 되어 있다. 자신의 본질을 이야기하는 느낌이 들기 때문이다. 그리고 '진심 어린' 이야기를 할 때는 심장의 에너지 주파수, '7식'으로 표현되는 영역의 주파수가 나온다.

의식 층차에 따라 에너지의 주파수가 달라진다는 발견은 유식학에서 의식을 설명하는 방식과 유사하다. 즉 사람들은 자신이 알든 모르든 이미 여러 층차의 의식을 쓰고 있는데, 유식학은 이를 명확하게 제시해 두었다. 인간 의식의 에너지 층차가 가지는 복잡미묘한 부분을 실생활에서도 확인할 수 있다.

더 나아가 유식학의 개념들을 탐구하면, 인간의 언어가 가지는 의미를 다시 새기게 된다. 언어와 의식은 밀접한 관련이 있는데, 이에 대해서는 '중론中論'에서 다루고 있다(八不中道, 四句否定). 이 책에서는 의식의 층차와 인간의 사고 체계와 범주를 설명하기 위해 유식학과 중론의 개념들을 차용하고 있다. 다만 심장, 진심 영역을 좀 더 세부적으로 나누어 3개의 층차로 보고 있다는 점은 유식학과 차이가 있다.

나는 그동안 에너지 주파수를 시각화하기 위해 영기장을 만들고 연구해 왔다. 또한 영기장 상담을 하면서 '인간'을 파악하기 위한 구조를 구축하기 위해 자동차와 같은 물질부터 곤충, 파충류, 식물 등 다양한 생명체의 에너지장(영기장)을 확인해 보았다. 예를 들어 인형의 에너지장을 확인해 보면, 인형은 물질이고 의식이 없지만, 그것을 가진 사람이 인형에 애착을 가지게 되면 의식의 일부가 인형에 스며드는 것을 알 수 있었다. 이는 일종의 '투사'라고 할 수 있다. 흔히 '동티'[12]라고 불리는 경우로, 영화의 소재로 등장하는 악령이 깃든 인형 이야기가 상상이 아닌 실제라는 말이다. 오래된 차를 팔려고 했더니 갑자기 고장이 나서 꼼짝하지 않더라는 이야기를 한 번쯤 들어 봤을 것이다. 자동차도 그 차를 운전하는 주인의 의식을 닮는다.

한편 곤충의 에너지장은 '체, 염체'에 가깝지만 '핵'을 가지고 있다. 먼지 같은 결정체(핵)에 수증기가 모여서 눈이 되는 원리와 같다. 곤충의 경우, 어떤 핵이 바탕이 되어 의식 구조를 가지는 것으로 파악하고 있다. 물질은 핵이 없다. 곤충이라 할지라도 생명체는 핵을 갖고 있고,

---

12   동티 : 건드려서는 안 될 것을 공연히 건드려서 스스로 걱정이나 해를 입음. 또는 그 걱정이나 피해를 비유적으로 이르는 말(출처 : 국립국어원 표준국어대사전).

이 핵을 중심으로 에너지의 다중 필드場가 형성된다. 사람으로 치면, 5감을 통해 정보를 수용하기 때문에 인체의 오장육부가 실제로 에너지 다중필드 역할을 하는 것이다. 나무도 수령이 300년이 넘으면 '자아, 나'라는 의식체를 갖게 된다. 그전에는 에너지 필드를 가진 나무라고 해도 '나'라고 의식하지 못한다. 단년생 식물은 연속성만 있을 뿐, '나'라는 인식, 자아는 희박하다. 곤충도 핵을 중심으로 의식 구조를 가진다고 해도 자아가 희박하다. 동물은 진화할수록 자아가 뚜렷해진다. 즉 파충류, 포유류, 영장류로 갈수록 의식 구조가 복잡하고 조밀하여 자아가 뚜렷하다. 양서류는 크기에 따라 자아가 있기도 하고 없기도 하다. 예를 들어 올챙이는 자아 개념이 없지만, 성체가 되면 '나'라는 의식이 미약하나마 생긴다.

자아 핵을 바탕으로, 자아는 '인과체, 정보체, 근원체'라는 3중 구조로 되어 있다. 사람은 의식을 자아라고 '착각'하는데, 진심의 영역인 7식부터 '자아'라고 할 수 있다. 5감과 6식은 '기능'이라 칭해야 마땅하다. 극단적인 예로, 사이코패스는 '나'라는 '기능'만 있다. 6식의 기능은 집단무의식[13]에서 나온다. 인간이 집안, 가족, 사회와 같은 전통에서 전해지는 집단무의식의 매트릭스 속에서 기능하도록 짜인 것이 6식(의식)이다.

7식부터 '자아'라는 개념을 논한다고 할 때, 다시 자아(7식)와 영혼(8식)으로 나눠 볼 수 있다. 결론부터 얘기하면 '영혼'은 자아가 아니다.

---

13 집단무의식(collective unconscious) : 인간에게 전해 내려온 보편적인 경향성으로, 개인의 마음속에 존재하는 인류 보편적인 심리적 성향과 구조를 말한다. 집단무의식은 개인 무의식과 달리 특정한 개인의 경험과 인식 내용을 담고 있지 않으며, 주된 내용은 본능(행동을 일으키는 충동)과 원형(경험을 지각하고 구성하는 방식)이다(권석만, 2012).

2부 __ 견성과 깨달음 이후

영혼은 순수 정보의 집합체로, 일종의 종자라고 할 수 있다. 6식은 자아의 '기능'이며, 자아의 '본체'는 8식(영혼)이다. 사람들은 6식의 기능을 자아라고 착각, 인지할 뿐이다. 7식권으로 들어가야 비로소 자아의 본체를 언급할 수 있다. 엄밀히 말해 자아는 7식과 8식이 혼재된 상태이며, 영혼을 기준으로 했을 때 7식은 다시 자아의 기능이 된다.

그런데 7식은 독립적으로 존재하는 것이 아니다. 마치 뿌리, 줄기, 잎으로 연결된 상태로 봐야 한다. 즉 분리되는 동시에 서로 연결되어 있다. 따라서 인간의 의식을 바라볼 때는 유동적인 태도가 필요하다.

한편 7식의 발현은 곧 영혼의 발현이라 할 수 있다. 인간의 인지가 7식권에 들어가려면 영혼이 발현되어야 한다. 7식, 영혼의 발현 정도는 개인마다 다 다르다. 영혼으로 통하는 문은 심장에 있다고 하는데, 그렇다면 심장이 건강한 사람은 영혼과 더 잘 소통할 수 있을까?

영혼과 소통이 잘 되는 사람은 한마디로 자기를 사랑하는 사람이다. 결국 자기 존재를 인정하고 존중할 때 영혼과 소통이 잘 될 가능성이 크다. 자기 존중과 타인 존중이 전제되어 있으면 영혼의 문으로 들어가기가 더욱더 쉽다.

이러한 구분과 개념들이 혼란스러울 수 있겠으나 이는 지극히 자연스러운 반응이다. 우리는 어떤 개념을 고정화하려는 습관이 있다. 하지만 인간의 의식을 바라볼 때는 어떤 층(기준)에서 보느냐에 따라서 '자아'의 개념을 유동적으로 보는 자세가 필요하다. 개념을 고정화하려는 습관의 극단적인 예를 현대 뇌과학에서 찾아볼 수 있다. 현대 뇌과학에서는 뇌의 기능을 '자아'라고 규정하려고 한다. 그렇게 보는 것은 인간을 AI라고 정의하는 것과 같다.

과연 영혼에 자아가 있을까? 있다고도 할 수 있고 없다고도 할 수 있다. 영혼은 윤회전생 하는 정보체로 영혼의 의식체 필드가 발현되면 '나(자아)'가 있다고 할 수 있고, 그렇지 않으면 그저 윤회전생 하는 '정보체'로 남는다. 즉 영혼의 종자가 발현될 때 비로소 눈雪 결정체 속에 있는 핵과 같은 영혼의 핵을 '에고ego'라고 칭하게 되며, 이 '에고의 기능'을 '의식'이라고 한다.

에고체는 불교의 사번뇌인 아견我見, 아애我愛, 아만我慢, 아치我癡에 해당한다. '영혼에서 에고체가 빠졌을 때' 이를 '깨달음'이라고 흔히들 표현한다. 깨달았다고 하는 사람들을 확인해 보면 에고체가 빠져 있다. 머리(송과체)로 깨달으면 아견에 해당하는 에고체가 송과체 중심에서 빠져 있고, 가슴으로 깨달으면 아애에 해당하는 에고체가 가슴의 중심에서 빠져 있다. 한편 장腹,腸에서 깨달으면 아만에 해당하는 에고체가 장 중심에서 빠져 '나의 것'을 고집하지 않으므로 자기만을 위한 행위에서 자유롭다. 사실 아견·아애·아만이 '아치'이며, 나를 고집하는 상태가 바로 '아치'다. 이 모든 것에서 자유로운 상태, 아견·아애·아만에서 벗어난다면 '나(아치)'의 어리석음에서 벗어나 지혜(반야)로 넘어갈 수가 있다.

하지만 한번 에고체가 빠졌다고 해도 끝이 아니다. 다시 인간으로 윤회하면 무조건 에고체가 새롭게 생성되는데, 다만 전생에서 에고체가 빠진 적이 있다면, 즉 깨달은 흔적이 있으면 현생에서 깨닫기가 더 쉬워진다.

이렇게 인간의 의식 구조, 영혼과 의식의 관계성을 살펴보면 존재의 발달 정도를 파악할 수 있다. 즉 존재의 성장, 영혼의 성장, 영혼이 무엇인지를 알 수 있다는 말이다. 영혼에도 다양한 종류가 있다. 지구 역사와 함께 미토콘드리아부터 진화한 영혼이 있는가 하면, 상상을 초월하는 정보를 가지고 외계에서 지구로 유입된 존재들도 있다. 게다가 많은 진화와 성장을 거쳐 행성 의식체를 가진 사람들도 있다.

한편 진화한 영혼이라고 해도 그 발현은 '인간'이라는 틀 안에서 일어나기 때문에, 영혼 속성이 아무리 뛰어나도 인간 속성에서 벗어날 수가 없다. 인간이라는 육신의 옷을 입고, 의식이라는 그릇에 갇혀 있으므로 영혼의 발현은 의식의 크기와 관계가 깊다. 의식이 커져서 영혼을 감당할 수 있을 만큼의 크기가 되어야 영혼이 발현된다.

이렇게 인간의 의식이 확장된 다음 비로소 영혼이 발현, 성장하고 에고체가 빠진 것을 깨달음(견성)이라고 한다. 영혼이 인간의 육신에서 발현되어도 윤회전생 하는 동안 쌓아 온 특성(색깔)이 있는데, 영혼은 그 특성(색깔)을 가지고 인간의 육신·의식과 통합되려고 한다.

그러므로 '지금 여기'란 인간의 육신·의식·영혼이 통합된 상태를 말하며, 이 세 가지가 완전히 통합된 사람이라야 '성자'라고 할 수 있다.

1장

의식의 깊은 층차(진심)

1. 유식학을 차용하는 이유

유식학은 어렵다. 무척 어렵다. 불교가 익숙하고 불교 지식이 많다면 그나마 쉽겠지만 전문지식이 없는 일반인으로서는 시작도 어렵고 중간도 어렵고 끝은 더더욱 어렵다. 그렇지만 너무나 중요하다. 유식학의 중요성은 아무리 강조해도 지나치지 않다. 유식학은 자아의 본질 또는 마음의 실체와 작용을 알고자 하는 목적과 목표를 가지고 있다. 마음을 알고 마음에서 자유롭고자 하는 것이다.

유식학이 어려운 이유는 약 1,600년 전의 사고체계를 근간으로 하기 때문이다. 과거의 뛰어난 수행 학문이지만 현대적 용어가 아니기 때문에 낯설고 어색하다. 또한 유식학은 함축적 표현을 사용하기 때문에 이해하고 해석하는 데 한계가 있다. 현대적 재해석과 새로운 접근법이 필요하지만 그 길은 아직 멀다. 그래서 유식학을 이해하는 다른 시도, 다른 접근을 해보려고 한다.

인간의 마음을 이해하고 설명하기 위해 유식학의 5·6·7·8식이라는 기본 틀을 빌려 쓰고자 한다. 해석이란 자의적인 과정인데, 유식학을 학문으로 탐구하는 전문가는 이러한 접근법을 받아들이기 어려울 수도 있다. 이 책에서는 존재적 진리에 대한 이해를 목표로 삼고 있는 만큼 유식학을 그 방편으로 활용하고자 한다. 발판이 없는 것보다는 부실한 발판이라도 있는 것이 낫기 때문이다. 본질과 본성을 자각해 가는 밑거름이 될 수 있다면 충분하다.

2. 의식의 스펙트럼

『의식의 스펙트럼 The Spectrum of Consciousness』은 미국의 작가이자 사상가 켄 윌버 Ken Wilber가 쓴 책의 제목이다. 내용은 어렵지만, 제목이 무척이나 매력적이다. 인간의 의식을 심리학의 구분을 따라 의식, 무의식으로 나누는 것에는 많은 사람이 익숙하다. 하지만, 마치 무지개와 같이 의식에 다양한 스펙트럼이 있다는 것을 생각해 보는 사람은 얼마나 될까.

켄 윌버는 의식을 다양한 층차로 나누어 설명하고 있다. 두부나 무를 통째로 먹기에는 크지만, 작게 잘라서 먹으면 얼마든지 편하게 먹을 수 있다. '의식의 스펙트럼'도 크고 모호한 '의식(마음)'을 이해하기 쉽게 잘라서 구분했다는 말이다. 이렇게 의식을 이해하기 위해 20세기의 켄 윌버가 제시한 방식을 1,600년 전인 4세기에 유식학에서 이미 설명해 놓았다.

유식唯識이란 '모든 것은 식識으로 이루어져 있다'는 뜻이지만 다르게 표현하면 '모든 것은 마음으로 이루어져 있다(일체유심조; 一體唯心造)'

는 말이다. 이는 원효 스님이 깨달은 진리다. 원효 스님도 유식을 깨달은 것이 아닐까?

한국 사람에게는 식識이라는 말보다는 '마음心'이라는 말이 이해하기 더 편할 것이다. 의식이라는 말보다 마음이라는 말이 좀 더 크고넓은 의미를 가지고 있다. 그러므로 켄 윌버의 '의식의 스펙트럼'은 '마음의 스펙트럼'이라고 하는 것이 더 적절할 것 같다.

개인적으로 켄 윌버의 방식보다는 유식학의 방식이 접근하기 쉽다. 생각보다 유식학은 단순하다. 5감각식이라고도 하는 5감은 안(眼, 눈), 이(耳, 귀), 비(鼻, 코), 설(舌, 혀), 신(身, 몸)이라는 신체 감각으로 인식하는 것이며, 6식은 의식意識, 7식은 말나식末那識; manas-vijñāna, 8식은 아뢰야식阿賴耶識; ālaya vijñāna이라고 한다.

몸, 의식, 말나식, 아뢰야식…. 단어만 들으면 매우 복잡해 보이지만, 숫자로 보면 단순하다. 5감, 6식, 7식, 8식. 더욱 단순하게 보면 '몸과 마음' 두 가지로 볼 수 있다. 안, 이, 비, 설, 신이라는 '몸'의 감각 5가지에 마음 3가지를 합해서 8가지가 된다.

이렇게 보면 매우 쉽지만 공부해 보면 어렵다. 왜 그럴까? 첫째, 말이 어렵다. '몸, 의식'이라는 단어는 일상에서 쉽게 접할 수 있지만, 말나식, 아뢰야식이라는 단어는 낯설다. 마치 외계어를 듣는 것 같다. 사실 외국어가 맞다. 인도의 산스크리트어를 한자어로 번역해 놓은 말이기 때문이다. 낯설고 어려운 단어가 내용에 대한 접근을 어렵게 한다. 따라서 새로운 해석과 접근이 필요하다.

2부 _ 견성과 깨달음 이후

유식의 의식(마음) 분류

유식의 의식(마음) 분류 - 심왕(心王)			
5감	5감각식	안식(眼識), 이식(耳識), 비식(鼻識), 설식(舌識), 신식(身識)	눈, 코, 귀, 입, 피부
6식	의식	요별식(了別識)	분별식
7식	말나식	사량식(思量識)	집착식
8식	아뢰야식		능장, 소장, 집장 자상(自相) 과상(果相) - 능변식 인상(因相) - 종자식

유식에서는 의식을 의식 작용의 본체인 '심왕心王'과 심왕에 따른 '심소心所'로 나눈다. 또 심왕에는 안이비설신의眼耳鼻舌身意와 말나식(7식), 아뢰야식(8식)의 8가지 식識이 있고, 심소에는 51가지 법이 있다고 한다. 이 책에서는 심왕(8가지 識)만을 차용한다.

5감은 다섯 가지의 감각(眼耳鼻舌身)을 말하고, 의식이라고 부르는 6식은 때때로 판단·분별하는 의식이라고 하여 '요별식'이라 한다. 7식은 말나식으로 언제나 끝없이 판단·분별하고 있기에 '사량식' 또는 '집착식'이라 부른다. 8식은 아뢰야식으로 세 가지 특성을 갖고 있다. 자상, 과상, 인상이 바로 그것이다. 이를 해석하면 '스스로 결집하여 있으면서 끊임없이 변하는 종자'라는 의미다.

5감각(眼耳鼻舌身)은 몸을 다루기 때문에 우리에게 익숙하다. 6식은 사회에서 교육으로 형성된 의식을 말하므로, 심리학을 참조하면 이해하기 쉽다. 하지만 7식과 8식은 그리 쉽게 접근할 수 있는 영역이 아니다. 왜냐하면 7식과 8식은 본질적인 측면이 강해 수행 영역에 해당하기 때문이다.

흔히들 7식을 잠재의식으로, 8식을 무의식으로 표현한다. 하지만 7식은 누군가에게는 잠재되어 있고 또 누군가에게는 발현되어 있어서 '7식은 잠재의식'이라고 단정적으로 표현할 수가 없다. 게다가 8식을 무의식이라고 부르는 의견에도 동의하기 어렵다. 결론부터 말하자면, 8식은 무의식이 아니다. 왜냐하면 '무의식' 또는 '비의식'이란 의식이 없는 상태나 의식이 아닌 상태를 말하는데, 8식에는 '의식'이라는 개념을 붙일 수 없기 때문이다.

하지만 독자들의 이해를 돕기 위해 익숙한 용어를 빌려 오자면 7식은 '잘 모르는 의식'이라는 뜻에서 '무의식'이라는 용어가 그나마 어울린다. 7식을 설명하자면 '끊임없이 이어지고 분별하는 의식'이라 할 수 있다. 죽지만 않으면 꿈을 꾸든 기절하든 상관없이 의식은 살아 있다. 자신이 인지하지는 못해도 뇌파와 심파가 움직이고 있다. 7식은 마치 심장과 비슷하다. 심장 박동은 자신의 의지로 멈추어지지 않고 계속해서 움직인다. 약간의 조절은 가능할지라도 불수의근인 심장을 자기 마음대로 자유롭게 조절할 수는 없다. 조절할 수 있다면 정말 특별한 능력이 있는 사람일 것이다.

8식의 실체를 알기는 더욱 어렵다. 실체가 있다고도, 없다고도 할 수 있다. 실체(대상)로 인식하면 '영혼'이라 부를 수 있고, 실체 아닌 것으로 인식하면 '공성空性'이라고 할 수 있다. 이를 더 세분화하여 8식을 영혼, 9식(아마라식 ; 阿摩羅識, amala-vijñāna)을 공성이라고 칭하는 이들도 있다. 8식을 영혼으로 보는 것은, 8식에 대한 개념이 없어서 영혼이라는 단어로 대체했다고 봐야 한다. 8식은 누구라도 인지하기 어렵다. '미세한 의식' 정도로 표현할 수는 있겠지만, 실제로 인지하기는 어렵다. 그러므로 흔히들 받아들이기 쉬운 표현이 '영혼'인 것이다. 아뢰야식을 윤회의 주체로 인식하는 견해도 있는데, 이렇듯 아뢰야식을 윤회의 주체라고 볼 때 가장 친숙한 용어가 영혼일 뿐이다.

8식, 아뢰야식을 특정한 대상으로 보지 않고 공성空性이라고도 할 수 있는데, 이때는 '공성'에 대한 체험·인지가 있어야 8식에 다가갈 수 있다. 체험한 적이 없다면 개념으로 접근하기는 어렵고, 한편 이미 공성을 깨달았다면 개념·분류가 더 이상 의미 없기 때문에 개념으로 접근할 필요가 없어진다.

3. 5·6·7·8식 이해하기

유식의 의식(마음) 분류

의식의 층차		대상	특성
5감	5감각식	몸	눈, 코, 귀, 입, 피부
6식	의식	의식	생각, 감정, 욕구, 신념
7식	말나식	진심과 양심	존재성(存在性)
8식	아뢰야식	영혼	공성(空性)

1) 5감

익숙한 용어다. 우리는 몸을 바탕으로 하는 존재이기 때문에 5감이 매우 현실성 있게 다가온다. 보고, 듣고, 냄새 맡고, 맛보며, 피부로 촉감을 느낀다. 5감은 대상이 명확하므로 확실히 이해할 수 있다.

2) 6식

의식은 생각, 감정, 욕구를 말한다. 서양에서 말하는 의식은 뇌의 작용에 가깝다. 마음에서 일어나는 감정과 욕구 그리고 다양한 생각을 뇌에서 판단 분별하는 작용을 말한다. 지성, 감성의 영역이라고 볼 수 있다. 현대에서는 심리학이 잘 알려진 만큼 의식이라는 용어도 좀 더 쉽게 다가온다.

3) 7식

7식부터는 이해하기가 어렵다. 진심과 양심 또는 존재성을 말한다. 의식의 깊은 측면을 말하기 때문에 가장 적당한 용어를 차용한 것이 '진심'과 '양심'이다. 진심 어린 마음, 진심 어린 생각, 진심 어린 감정, 진심 어린 욕구 등 '진심'이라는 말이 붙으면 '보다 깊고 명확한 마음'이라는 느낌을 준다. '살고 싶다'와 '진심으로 살고 싶다'는 같지만 다르다. '양심'은 나와 타인이라는 관계의 측면을 잘 보여주는 말이라 차용했다. 한편 '존재성'이라는 말은 말 그대로 '내가 하나의 존재로 존재한다'는 뜻으로 '나'라는 개체성을 드러내고 있다. 나는 '나'라는 하나의 '존재'로 이뤄져 있기 때문이다. 존재를 형성하고 발현시키고자 하는 의식이기 때문에 7식을 '존재성'이라 표현한다.

2부 __ 견성과 깨달음 이후

4) 8식

영혼을 말한다. 8식은 모호하다. 모호하지만 그나마 사람들의 인식에 잘 와닿는 단어가 영혼이다. 영혼이라는 말은 육체를 벗어나서 존재하는 무엇을 상징한다. 일반적으로 생각해 보면 '육신이 죽었을지라도 죽지 않는 무엇'을 영혼으로 본다. 그리고 이 영혼은 죽어서 염라대왕(하나님)의 심판을 받고 극락(천당)이나 지옥에 가거나, 짐승이나 인간으로 다시 태어날 수 있는 윤회의 대상으로 생각된다. 8식 아뢰야식을 하나의 씨앗(종자식)으로 해석할 때, 가장 적당한 용어가 '영혼'일 것이다. 일반적으로 영혼을 불멸의 존재로 생각하기 쉽지만, 불교에서는 불멸을 인정하지 않는다. 모든 것은 변한다. 그렇기에 영혼도 변한다. 영혼은 '개체를 이루는 하나의 영적 정보체'로 보는 것이 타당할 것이다. 아뢰야식과 영혼의 의미가 정확히 맞아떨어지지는 않지만, 비슷한 측면이 많기에 8식을 칭할 때 영혼이라는 개념을 차용한다. '공성'이라는 표현은 영혼의 실체 또는 존재의 실체를 알게 된 이후에 이해될 수 있는 말이다.

의식의 층차를 '5·6·7·8'이라는 숫자로 표현하면 접근하기 쉽다. 그러나 정말 중요한 것은 '의식이 스펙트럼, 즉 층차로 이루어져 있다'는 것이다. 명상을 하다 보면 의식이 층을 이루고 있음을 확인할 수 있다. 지구 대기의 층을 대류권, 성층권, 열권으로 구분하고 땅은 지각, 맨틀, 외핵, 내핵으로 층을 나누어 구분하듯이 의식도 이렇게 층으로 구분할 수 있다는 것을 알면 훨씬 쉽게 이해할 수 있다.

4. 의식의 성장

우리의 의식은 어떻게 만들어지고 성장할까? 의식에 대해 이해하려면 갓 태어난 아기를 보면 된다. 신생아는 5감도 있고, 의식도 있고, 진심도 있고, 영혼도 있다. 더 정확하게는 엄마가 임신했을 때, 그리고 태어나고 어른으로 성장하는 과정을 생각해 보면 더 쉽게 다가올 것이다.

영혼이 인간으로 들어올 때 의식체를 가지게 되는데, 영혼 상태로 있으면 의식체가 있을 때와 없을 때의 두 가지 상태를 유지하게 된다. 의식체가 있을 때는 영혼도 의식으로 함께 움직인다. 하지만 이 영혼의 의식체는 자궁에 들어가면 녹게 되고, 그다음에 새로운 의식을 입게 되는 것이 바로 '인간(출생)'이다. 출생 후 영아는 아직 의식이 생성되지 않은 상태로 5감과 영혼만이 있다. 그러나 점차 성장하면서 의식이 형성되는데, 동시에 영혼은 점점 압축되고 의식(6식)의 기능이 발달한다. 인간이 성장함에 따라 점점 압축된 영혼은 성인기에 들어서면 심장 깊은 곳에 마치 점과 같은 형태가 되며, 이후 의식(6식)으로 살아가게 된다. 그리고 삶의 여러 가지 고난을 경험하고 장년기, 중년기를 넘어가면서 삶을 되돌아보며 삶에 대한 의구심 등을 갖게 된다. 그때 비로소 자신의 '진심(7식)'을 발견하게 되고, '이렇다 저렇다'라는 이분법적 관점에서 '이럴 수도 있고 저럴 수도 있다'는 유연한 사고방식을 갖게 된다. 빠르면 30대 초·중반, 40대 정도에 경험하게 되는데 대체로 중년기가 되면 삶과 자신에 대해 탐구(사유)하게 되고, 그 과정에서 점차 영혼이 다시 깨어나고 발현되기 시작한다.

2부 __ 견성과 깨달음 이후

그렇다면 영혼은 왜 진화해야 하는가? 마치 의무나 숙제처럼 '해야 하는 것'은 아니다. 이러한 질문은 '어른이 왜 되어야 하는가?'와 같다. 영혼이 성장하고 진화하는 것은 우주의 흐름일 뿐이다. 우주가 그렇게 진행되고 있고 우주의 흐름에 닿아 있기 때문이라고밖에 설명할 수가 없다. 영혼에 우주를 담은 사람을 이름하여 부처라 하고, 예수라고 한다. 영혼이 우주의 흐름에 닿을 수 있을 만큼 에고체가 빠지고 존재의 속성에 대한 이해가 있어야 중심 또는 에너지 필드의 무한한 확장이 일어난다. 영혼이 고도로 진화한 존재는 전 우주와 연결되어 있으며, 이는 성자든 아니든 전혀 상관이 없다.

궁극의 '공부' 방향을 이렇게 잡아 가야 하며, 그 가운데 실행해야 하는 방편들을 수행이라 부를 뿐이다. 영혼이 성장해 가기 위한 첫 번째 조건은 정보다. 우주적 정보가 필요하다. 영혼이 성장하는 데 필요한 영양분은 경험이며, 이 경험치를 얻는 도구가 인간의 육신이다. 또한 정보의 필터로 작용하는 게 의식체다. 이때 정보들이 압축되어 들어가는 문이 7식이며 정보들의 작용을 8식이라고 하므로, 7식과 8식은 분리된 것이 아니라 이어져 있고 하나라고 표현할 수도 있다.

6식인 '의식'은 '기능'이다. 이 기능을 넘어서 영혼과 접촉하게 되는 첫 단계가 진심, 7식권이며, 영혼·존재의 중심이자 마지막 장벽이 '에고체'다. 영혼이 온전히 작동하기 위해 코어로 들어가는 세 개의 장벽이 7식의 3원이다. 즉, 7식 영역에 있는 세 개의 문을 열어야 영혼이 의식과 완전히 일체가 된다. 세 개의 장벽 중 첫 번째가 '진심'이다. 그 영혼의 문을 열고 들어가서 체험하는 것을 '영혼의 체험'이라고 하며, 그 문을 완전히 열어서 의식과 영혼이 일체화되는 통로를 '자각'이라고 한다. 이렇게 존재의 중심에 의식이 닿으면, 이후에는 어떤 식이든 우주의 중심에 닿게 되기 때문에 이 지점에서 '내가 우주다, 내가 하느님이다'라는 표현이 나오게 된다.

1) 8식 – 영혼 : 임신

대개 임신 3개월 정도가 되면 태아에게 영혼이 깃든다고 한다. '영혼이 태아에게 들어온다?' 과연 그럴까? 누가 확인할 수 있을까? 사람들은 '영혼의 성장, 영혼의 동반자'라고 하는 등 영혼이라는 단어를 쉽게 쓰지만, 태아에 영혼이 언제 깃드는가는 그다지 고려하지 않는 것 같다. 임산부들의 경험을 빌리자면, 이성과의 잠자리에서 임신 여부를 직감하는 경우도 있고, 의학적으로 임신 사실을 확인한 지 3개월 정도 후에 태아에게 영혼이 들어왔음을 감지하는 경우도 있었다. 위의 예시 중 이성과의 잠자리에서 임신을 예견했던 것은 당사자의 에너지 필드가 그만큼 섬세하여 근처에 와 있는 태아의 영혼을 느꼈기 때문으로 보인다.

증명할 수는 없지만 많은 임산부가 본인 또는 가족이나 지인이 꾸는 태몽이나 표현하기 어려운 어떤 느낌을 통해 아기가 생겼음을 안다. 의학적으로 임신 상태임을 아는 것이 아니라, 한 영혼이 자궁에 깃들었음을 아는 것이다. 어떻게 알게 되었느냐고 물어 보면 대부분 어깨를 으쓱하며 "그냥 알았어요" 또는 "태몽을 꿨어요"라고 할 뿐이다. 덧붙이자면, 태몽은 영혼의 파동(영파동)이 발현된 것으로 본다.

과학자들의 수많은 노력에도 영혼의 존재를 증명하기는 어렵지만, 동시에 없다는 것을 증명할 방법도 없다. 하지만 영혼은 존재한다.

2부 __ 견성과 깨달음 이후

왜냐하면 자녀의 영혼에 대해 말하는 수많은 부모가 있기 때문이다. 이처럼 8식(영혼)을 확인하려면 임산부를 관찰하면 된다. 물론 부모가 되어 보면 더 확실하게 확인할 수 있을 것이다.

2) 5감 – 몸

갓 태어난 아기에게 의식이 있을까? 의식이 없다고는 말하지 못한다. 하지만 매우 약하다. 신생아는 의식이 아니라 몸을 중심으로 움직인다. 즉 먹고, 자고, 물고, 빨고, 싼다. 신생아의 의식은 확인할 수 없을지 몰라도 '몸의 5감'은 확실히 알 수 있다.

3) 7식 – 진심

아기는 부모의 돌봄이 '진심'으로 필요하다. 배고프면 진심으로 울고 즐거우면 진심으로 웃는다. 부모와 말로 소통하지 않는다. 오직 '진심'을 가지고 소통한다. 부모는 눈빛과 표정만으로 자녀의 진심을 알 수 있다. 아이의 순수함은 의식이 아닌 이 '진심'에서 나오는 것이다. 말하지 않아도 알 수 있다. 마음과 마음이 오가는 것을 보려면 아기와 엄마를 보면 된다. 진심은 진심과 통한다. 이를 '양심'이라고 한다. 두 사람은 '사회'의 최소 구성 단위다. 아이와 엄마(양육자), 이 두 사람이 만나 '사회'를 이루는 것이다. 양육자와의 관계는 인간이 경험하는 최초의 사회 관계이기도 하다. 아이의 진심과 엄마(양육자)의 진심, 진심과 진심, 두 진심(양심; 兩心)이 만났을 때 '나도, 너도'라는 개념이 생긴다. 그러므로 '나도 좋고 너도 좋은 어떤 것'에 대한 진심을 말할 때, '사회'라는 측면에서 '양심良心'이라고 표현할 수 있다.

4) 6식 – 의식

아기는 생후 1년쯤 되면 말을 배우기 시작한다. '맘마', '엄마', '아빠'…. 말의 배움은 곧 의식의 성장으로 이어진다. 서너 살이 되면 자아가 형성되어 무엇이든 자기가 하겠다고 한다. 일곱 살 정도 되면 자아가 더 단단해져서 "미운 일곱 살"이라는 표현이 있을 정도로 고집 부리고 반항도 한다. 그렇게 아기는 점점 판단·분별하고 자신의 의사를 표현하면서 자아가 강해져 간다. 사춘기가 되면 어른의 말을 안 듣고 고집 피우지만, 이 또한 의식의 성장에 중요한 과정이다. 주체적 의식이 확립되어 가는 것이다.

성장하여 사회인이 되면 주체성과 함께 정체성이 확립되어 간다. 특히 직업을 갖게 되면 역할과 책임의 개념을 받아들이면서 정체성이 무엇인지 알게 된다. '어른'이 되어 가는 과정에서 내면아이라는 트라우마나 페르소나·그림자 등 다양한 심리적 블록block(장애)이 생긴다 해도 이 모든 것은 의식이 성장해 가는 과정이다.

이렇게 사회인으로 살아갈 때 주로 사용하는 의식이 6식이다. 6식(의식)은 관습과 교육, 즉 부모와 가족으로부터 삶의 기본을 배우고 학교에서 사회적으로 필요한 양식을 배우면서 형성된다. 그리고 이 의식으로 자기 자신을 재인식하게 된다. 6식을 바탕으로 몸의 5감과 7식인 진심, 그리고 그 너머의 8식을 이해할 수 있는 기반을 마련하는 것이다.

수행이라는 특정한 행위를 통해 인간의 의식을 치열하게 알아가지 않더라도, 일단 부모가 되어 자녀를 기르게 되면 5감과 6식인 의식 그리고 7식인 진심을 알 수 있게 된다. 자녀를 양육하면서 몸과

2부 __ 견성과 깨달음 이후

마음을 함께하기 때문에 '5·6·7·8식'을 모를 수 없다. 오히려 모른다는 것이 이상하다. 요즈음엔 반려동물도 많이 기른다. 이때 역시 함께하며 돌보는 행위를 통해 몸과 마음이 어떻게 이루어져 있는지 자연스럽게 알게 된다.

5감과 의식, 진심, 영혼은 결코 추상적인 개념이 아니다. 자녀를 기르거나 반려동물을 키우면서, 혹은 누군가 아픈 이를 돌보면서 삶에 대입해 보면 인간 의식의 층차는 개념과 이론이 아닌 실제로 다가온다. 공부와 수행은 실질적이고 보다 현실적인 접근을 목표로 한다.

수행은 전문가의 길이다. 전문가가 되려면 다양한 지식과 경험이 필요하다. 하지만 모든 이가 전문 수행자가 될 필요는 없다. 삶 자체를 수행으로 본다면, 자기 삶에 전문가가 아닌 사람이 없다. 설사 스스로 아마추어라고 여겨도 상관이 없다. 전문가들도 아마추어 시절이 있었다. 아마추어는 좀 더 쉽게 접근하면 되고, 그렇게 서서히 접근하다 보면 전문가가 될 수도 있다.

5. 파동으로 본 5·6·7·8식

- 5감 - 몸 파동
- 6식 - 뇌 파동
- 7식 - 심 파동
- 8식 - 영 파동

지금부터는 과학의 '파동'이라는 개념을 가지고 인간 의식의 스펙트럼에 접근해 보자. 현대 과학으로 표현하면, 의식을 입자와 파동으로 생각할 수 있다. 몸은 물질이며 입자에 해당하고, 의식은 비물질이며 파동에 해당한다. 의식의 파동은 뇌파동, 심파동, 영파동으로 나눌 수 있다. 뇌파동은 뇌라는 물질을 기반으로 한 파동이고, 심파동부터가 순수한 파동이다. 영혼은 가장 순수한 파동의 결집체인 셈이다. 영혼을 파동 생명체라고 볼 수도 있다.

인간은 세상의 온갖 정보를 입자와 파동의 형태로 보고, 듣고, 냄새 맡고, 맛보고, 피부로 느낀다. 흡수된 정보들이 뇌에서 취합되면 상像(입자)이 형성되고, 생각(의식: 감정, 욕구)을 떠올리면 파동의 형태를 띤다. 6식(의식)은 입자에 가까워 고정된 성질이 있어서, 6식을 사용하는 사람은 고정되려고 하므로 '맞다, 틀리다'의 이분법적 사고를 하는 경향이 있다. 최소한 7식, 파동적 의식이어야 '맞기도 하고 틀리기도 하다'는 유동적 사고가 가능하다. 진심(7식)은 상대를 입자로 이해하는 것이 아니고 파동으로 이해하기 때문에 7식은 파동이다.

위에서 설명한 바와 같이 우리 몸이 느끼는 다양한 정보는 뇌에서 취합된다. 몸, 오장육부에서 만들어지는 감정과 욕구도 뇌에서 인식한

2부 __ 견성과 깨달음 이후

다. 뇌 중에서 전두엽은 판단·분별을 주로 한다. 이렇게 보면 6식을 뇌파라 할 수 있을 것이다. 오래전 서양 과학자들이 티베트 사람들의 마음을 조사하기 위해 뇌파를 측정하는 도구를 가지고 접근한 적이 있었다. 이 실험에서 티베트 사람들이 웃었다고 한다. 티베트 사람들은 마음이 머리에 있다는 생각을 해본 적이 없기 때문이다. 서양 사람들은 뇌를 마음으로 본 것이다. 한국 사람은 "마음이 어디 있는가?"라고 물으면 가슴을 가리킨다. 생각은 머리로 할지라도 마음은 가슴에 있다고 여기는 것이다. 마음의 속성은 진심이다. 진심인 마음은 가슴, 즉 심장에 있다고 본다. 7식은 한결같고 변함없이 울리는 심장 같다고 생각한다. 그래서 7식을 심파(마음의 파동)라고도 부른다.

마음을 넘어 영혼은 어떠할까? 영혼은 보이지 않지만, 자신의 존재를 이루는 근원이라 생각한다. 그래서 8식은 영파(영혼의 파동)로 본다. 삶의 측면에서 뇌파로 살아갈 것인가? 심파로 살아갈 것인가? 영파로 살아갈 것인가?

인간인 이상 몸을 벗어날 수는 없다. 뇌파, 심파, 영파는 따로 보이지만 하나로 굴러간다. 어떤 측면을 많이 쓰는가의 문제일 뿐이다. 뇌도 잘 쓰고(판단·분별), 마음도 잘 쓰고(진심 어린 공감과 삶), 이 삶에 주어진 영혼의 소명과 사명을 다해 간다면 훌륭한 삶이 아닐까!

2장

5·6·7·8식의 수행적 접근

1. 5감과 6식

6식의 생각·감정·욕구는 몸(5감)을 바탕으로 만들어지고, 6식에서 만들어지는 스트레스나 심리적 손상은 몸에 쌓인다. 금오 김홍경 선생은 그의 저서(2001)에서 "경락은 의식과 감정의 통로"라 하였고, 이후 의식의 흐름을 살펴 질병을 치료해야 한다고 강조하였다(채윤병, 2022). 오장육부와 의식, 심리는 불가분의 관계에 있다고 본 것이다. 결국 '나'라는 것은 몸을 떠나서 존재할 수 없고, 이 육체는 주요 장부의 집합으로 이루어져 있다.

뇌가 생각을 이루는 바탕이라는 것은 이미 잘 알려진 사실이다. 동양 의학에서는 오장육부가 감정을 발생시키는 기관이며, 이를 연결하는 경맥은 생각과 감정의 통로라고 본다. 화는 심장, 분노는 소장/대장, 폐는 슬픔, 간은 용서(심장 쪽 간(좌엽)은 자기 용서, 큰 간 (우엽)은 타인 용서), 비장은 자존심, 위는 수용, 목은 자기 표현을 상징한다는 것이다. 그리고 소장과 대장은 욕구와 욕심을 일으키는 기관으로 본다. 대장과 소장은 영양분을 흡수하는데, '내 것', '나만의 것'을 추구하고 소유하려

2부 __ 견성과 깨달음 이후

는 경향을 띠고 있다. 예를 들어, 역류성 식도염은 현실에서 펼쳐지는 상황과 조건을 받아들이지 못할 때 위에서 역류가 일어나는 것이다.

한편 여성의 생식기는 몸 안에 있으며, 특히 자궁은 수용하고 양육하는 기관이다. 그렇다 보니 수용이 과도해지면 소유에 대한 집착이 강화되는 경향이 있다. 반면 남성의 생식기는 외부에 있어 외부의 자극에 즉각적인 반응을 보이며 충동적이기 쉽고, 또한 한 지점을 향해 달려나가는 목표 지향적 성향을 보이기 쉽다. 즉, 남녀는 인체 구조가 가진 차이로 인해 성향도 달라지는 특징이 있다.

이렇듯 신체 기관이 우리의 생각·감정·욕구와 연결되기 때문에, 성별에 따라 삶에서 배우고 수용해야 할 내용도 달라진다. 여성은 소유가 아니라 '온전히 품음'으로 나아가야 하고, 여성의 몸을 가지고 소유로부터 자유로워지는 법을 배워야 한다. 남성은 충동적 경향이 강하므로 책임에 대한 이해를 간과하기가 쉽다. 따라서 절제와 책임을 익혀나가야 한다. 전생에 남자의 생을 많이 살면서 '소유하는 것'에 대한 이해가 부족했다면 이를 배우기 위해 어느 생에서는 여성의 삶을 선택하는 경우도 있다. 소유하지 않는 것이 자유로운 게 아니라 소유하면서도 자유로울 수 있음을 배우려는 것이다. 물론 반대의 경우도 있다.

신체는 수행을 제약하기도 하고, 발판이 되기도 한다. 발판으로 쓰다가 그 제약을 벗어나는 것이지 제약으로만 인식하면 자신의 존재를 충분히 활용하지 못하게 된다. 생각·감정·욕구에서 자유롭다는 것은 그것들이 없다는 것이 아니라 적절히 쓸 수 있다는 것을 말한다. 자신의 생각·감정·욕구를 적절히 쓸 수 있을 때, '나를 쓴다'라고 표현한다. 이는 외부의 자극에 자동적이고 습관적으로 '반응'하는 것이 아니라 자신의 반응(생각·감정·욕구)을 인지하고 적절하게 '대응'하는 것에 가깝다.

그러므로 자기를 더 많이 알고 이해할수록 '나'를 더 잘 쓰게 된다. 지식이 없으면 지혜도 없다. '나를 알고 쓰는' 지혜의 영역으로 가기 위해서는 지식, 즉 '나에 대해 아는 것'이 선행되어야 한다. 깨달음 이후의 일상에서 나를 온전히 굴리고 쓸 수 있다면, 보림寶林하려고 애쓰지 않아도 깨달음은 자연스럽게 삶에 적용된다.

오장육부를 건강하게 하면 심리가 건강해지고, 심리를 건강히 하면 오장육부가 건강해지며 오장육부에 흐르는 미세한 맥(기운, 에너지)도 정리된다. 공부하면서 점차 인체의 에너지 맥, 즉 차크라, 중맥中脈 등도 정리해 나가야 하는데, 오장육부의 기운을 정리하지 않으면 더 섬세한 차원의 기운(에너지)은 당연히 정리가 안 된다. 몸(5감)과 의식(6식) 에너지를 정리·정돈해 나가려면, 우선 심리적 문제(심리적 어려움이 장기간 쌓이면 고정되고 굳어져서 마치 벽돌 블록처럼 단단해진다)부터 정리해야 한다.

심리적 문제를 정리하기 위해 가장 먼저 접근해야 할 심리이론 두 가지로 '내면아이 치유'와 칼 로저스의 '인간중심이론'을 소개한다. '내면아이 치유'[14]는 자신을 달래주는 것이고, 이보다 더 세밀하게 접근하는 것이 칼 로저스의 '인간중심이론'[15]이다. 심리학에 대해 모르

---

14   내면아이 : 우리의 인격 중에서 가장 상처받기 쉬운 약한 존재이며, 성인이 된 이후에도 우리의 내면 안에 어린아이로 사는 모습. 어린 시절의 주관적 경험에 대한 용어. 우리 어린 시절은 지금도 우리 안에 자리 잡고 있으며, 우리의 모든 일과 모든 생활 가운데 감정적으로 영향을 끼치고 있다…. Bradshaw의 내면아이 치료에서 진정한 의미의 치료는 내담자 스스로가 성숙한 힘을 가지고 자신의 내면아이를 직접 돌보고 치료하도록 돕는 데 있다(출처 : 이윤재, 「내면아이 치료의 국내 연구 동향 분석」, 『부부가족상담연구』 2①, 2021, 57-68쪽).

15   칼 로저스의 인간관 : 인간은 기본적으로 "긍정적(positive), 전진적(forward-moving), 건설적(constructive)인 동시에 현실적(realistic)이며 신뢰할 수 있는(trust worthy) 특질을 가지고 있다고 확신한다." 즉, 인간은 자신의 문제를 스스로 이해하고 해결할 수 있는 능력이 있고, 계속

는 사람이 마음공부를 한다면 적어도 이 두 가지 이론에 관한 책은 읽어 보기를 권한다.

이에 추가한다면, 관계에 대한 이해를 위해 '비폭력대화' [16]를 추천한다. 이렇게 세 가지 영역에서 자신을 돌아보면, 심리를 통한 자기 이해의 기본을 마련할 수 있다. 가능하면 에리히 프롬의 책도 추천한다. 특히 에리히 프롬의 저서 『소유나 존재냐』, 『사랑의 기술』, 『자유로부터의 도피』를 추천하는데, 내용을 읽는 것도 중요하지만 그 제목을 염두에 두는 것만으로도 도움이 된다.

- 소유냐 존재냐 : 현대 자본주의 사회는 물질을 소유하면 할수록 그 사람의 가치가 높아진다고 생각하게 만든다. 이는 자본주의가 가진 병폐 중 하나다. 하지만 소유를 추구하는 삶은 진실한 마음, 진심과 거리가 있다. 소유를 목적으로 하는 삶은 6식(의식)을 기반으로 하며, 존재적 삶은 7식(진심과 양심)을 기반으로 하여 존재(영혼)가 나아가야 할 길을 모색하는 것이다. 그러므로 존재적 소유는 진심과 양심을 기반으로 하는데, 6식을 기반으로 하는 사회적 소유는 소유 자체가 목적이므로 궁극에는 삶의 의미와 가치가 떨어지게 마련이다. 가질 만큼 가진 후에 공허함을 토로하는 사람들의 예시들이 많지 않은가. 자신이 '진심'으로 살고 싶은 존재

발전해 나가는 진행 중의 상태에 있으며, 적절한 조건이 갖추어지게 되면 타고난 잠재력을 발휘할 수 있는 무한한 가능성이 있다.… 자기 자신을 이해하며 성숙시켜 한 인간으로서 자신이 되려고 노력하며, 자아 개념을 변화시켜 가는 과정을 자아실현이라고 했다.…그리고 존재로서의 한 인간이 되려고 계속 노력하고 성장하는 것을 말한다(출처 : 박현미, 「인간중심 상담과 유식 의식 전변 비교연구」, 동국대학교불교대학원 석사학위청구논문, 2016).

16 마셜 로젠버그, 『비폭력 대화』, 2017.

적 삶이란 어떠한지, 또 그러한 삶이 우리가 함께 사는 이 세상의 '양심'에 반하지 않는지를 돌아봐야 한다.

- 자유로부터의 도피 : 사람들은 '자유롭게, 내 마음대로 살고 싶다'고 외치지만, 자유가 주어지면 의외로 힘들어한다. 타인과 세상이 만든 규칙에 따라 사는 것에 익숙하다 보니 스스로 규칙을 세우고 책임지는 것이 어색하고 불편한 것이다. 자유를 부르짖다가도 자유가 다가올 때 가장 먼저 느끼는 감정은 두려움이다. 인간은 고정화된 틀 속에 있을 때 오히려 안정감을 느끼는데 자유에는 고정화된 규칙이 없으므로 혼란을 겪는 것이다. '자유'가 주어지면 본능적으로 행동하는 것을 경계하고, 우선 자신과 타인이 가진 규칙에 대해 서로 이해할 필요가 있다. 하지만 자유가 온전히 주어지는 것은 마치 무인도에 홀로 있는 느낌과도 같으므로 두려울 수밖에 없다. 인간 사회는 규칙과 질서라는 일종의 명命으로 이뤄져 있어 사회 속에 사는 인간은 명령에 따라 살아가는 것에 익숙하다. 그러므로 따라야 할 명령, 즉 규칙과 질서가 사라졌을 때는 생각과 행동의 관점·기준·범주가 사라진 것과 같아서 마치 홀로 무인도에 떨어진 느낌을 받게 된다. 잃어버린 관점·기준·범주를 스스로 정립하고 시작해야 하므로 두려움을 느끼는 것 또한 자연스럽다. 하지만 이 두려움을 넘어 삶의 규칙을 스스로 세운 자만이 자유를 받아들일 수 있다. 그는 이제 어떠한 상황·조건·환경에서도 그 기준을 살펴볼 수 있기 때문이다. 한 존재로서 스스로 만든 약속과 규율을, 그리고 그 약속과 규율에

서 오는 책임과 의무를 다한다면 자유는 두려워할 대상이 아니라 반겨야 할 대상이 된다.

- 사랑의 기술 : 사랑은 주는 것일까? 받는 것일까? 아니면 주고받는 것일까? 아마도 많은 사람이 사랑을 주기보다 받기를 바랄 것이다. 현대인들은 무의식적으로 사랑마저도 일종의 거래로 여겨서, 자신이 먼저 받고 그에 맞춰 돌려주려고 미묘하게 계산한다. 그러나 진정한 사랑은 자신을 온전히 사랑하는 것이다. 자신을 사랑할 수 있으면 타인에게 사랑을 줄 수 있게 된다. 자기애를 키우는 것이 아니다. 내가 이미 나 자신을 사랑하고 있음을 발견하는 것, 그리하여 내 안의 사랑이 충분해지면 그 사랑은 자연스럽게 외부로 흘러나오고 그냥 나누어주게 된다. 이것이 사랑의 기술이다.

수행자 중에 공성空性을 깨달았다 해도 자신의 심리적 문제가 해결되지 않은 분들이 많이 보인다. 본질과 본성만 알면 심리적 문제가 해결된다고 생각하기 쉬운데, 이는 착각이다. 근본에 맡기면 된다지만 몸도 마음도 근본이다. 근본의 입장에서는 트라우마도 근본이며 욕망도 근본이다. 깨달음으로 모든 문제를 해결할 수 있다는 생각은 잘못이다.

본질을 알았다 해도 자신의 심리적 영역은 필히 다뤄야 한다. 자기 내면 심리를 다루고 본질로 가는 것이 낫다. 직접적으로 다루지 못한다면 적어도 책이라도 읽는 것이 필요하다.

의식의 층차

의식의 층차	대상	특성
5감	몸	감각
6식	의식	의식
7식	진심과 양심	메타 의식
		주시자
8식	영혼	견성(見性), 공성(空性)

2. 7식의 중요성

7식부터는 누구에게는 어렵고 누구에게는 쉽다. 누구에게 쉽고, 누구에게 어려운가? 아는 사람은 쉽고 모르는 사람은 어렵다. 7식의 영역에서는 '알면 현재 의식이고, 모르면 무의식'이라는 표현을 쓸 수 있다. 실상 무의식이란 없다. 모르므로 '무의식'이라고 할 뿐이다. 무의식이라는 말도 심리학에서 사용하는 용어다. '의식'이라고 표현하더라도 심리학에서 다루는 것은 6식에 해당하며, 마음의 영역, 삶의 깊은 영역을 다루는 수행에서는 7식에 집중한다.

'진심과 양심'을 7식이라고 하지만, 이는 인지적 확인이 쉽지 않다. 오장육부는 눈에 보이고 해부학적으로도 확인할 수 있어 인지하기가 쉽지만, 진심·양심 같은 것은 눈에 보이지 않는다. 어쩌면 당신은 오늘도 '진심'이라는 표현을 여러 차례 내뱉었을지도 모른다. 진심眞心이라

2부 __ 견성과 깨달음 이후

는 말을 모르는 사람은 없지만, 이것도 하나의 개념이므로 접근할 경
로가 없으면 진심을 이해하기 어렵다. 사람들이 '진심이다'라고 표현
하는 것은 대체로 '나는 그것을 강렬하게 원해'라는 뜻일 경우가 많다.
즉, 강한 욕구를 '진심'이라고 강조하는 것이다.

'진심'은 자신의 선택을 후회하지 않는 것이다. 과거로 돌아가서 다
시 선택할 수 있다고 해도 같은 선택을 하겠다면 그 마음은 진심에 가
깝다고 할 것이다. 진심은 주관적이지만 객관적인 느낌에 가깝다. 설
사 주관이 있다고 할지라도 객관적 입장, 상대의 입장에서 봐도 충분
히 동의하고 공감할 수 있다면 진심이라 할 수 있다.

이처럼 진심은 자신과 상대에 대한 존중과 배려에서 나온다. 존재
에 대한 이해·존중·인정 모두 중요하지만 그중 하나를 꼽으라면 '존
중'이다. 자기 존중과 타인에 대한 존중. 존재에 대한 진심 어린 존중
과 세상에 스스로 부끄럽지 않은 양심, 그래서 7식은 진심과 양심이다.
그러므로 진심은 개인 차원이고 양심은 사회 차원이지만, 본질은 같다
고 할 수 있다. '나'와 '너'가 있을 때 관계가 만들어지고, 이는 하나의
사회를 이룬다. 이때 나의 진심과 너의 진심이 서로 소통되고 공감되
는 영역을 양심良心이라고 부를 수 있다.

한편 양심은 각 개인의 진심을 기반으로 한 양심이어야지 진심이
빠지고 양심만 있다면 그것은 사회적 규칙에 불과하다. 7식, 진심은 한
사람을 온전한 존재로 바라보는 것이다. 자신도 한 존재로, 타인도 한
존재로 바라보는 가운데 나에게도 좋고 너에게도 좋고 우리에게도 좋
고 그들에게도 좋은 방향으로 나아가면 올바른 관계를 맺을 수 있다.
7식의 진심과 양심을 넘어서 8식, 공성 또는 깨달음을 목표로 수행한

다 해도 7식은 중요하다. 왜냐하면 깨달음 이후에도 이 삶은 공성을 기반으로 한 7식을 통해 드러나기 때문이다.

내면아이, 과거의 상처 또는 트라우마 등 다양한 심리적 블록도 6식(의식)의 관점에서는 치유해야 할 대상이다. 하지만 7식, 진심의 측면에서 보면 달라진다. 존재를 중심으로 접근하기 때문에 과거의 상처도 따뜻하게 바라볼 수 있다. 나의 삶 자체에 대한 이해와 존중 그리고 포용하는 마음으로 바라보게 되므로 더 이상 상처라고 부르지 않게 된다. 상처가 아니라, 한 인간의 존중받아야 할 삶의 일부인 것이다. 상처받은 삶이 아닌 개인의 '역사'라고 해석할 수 있다. 내가 살아남고, 잘 살아온, 누구에게도 줄 수 없는 나의 소중한 삶, 나의 역사가 된다. 6식 수준에서는 상처에서 벗어나려면 치유가 필요하지만 7식의 영역에 들어오면 과거의 상처마저도 나의 삶이 되어 그 자체로 소중해진다. 상처에서 벗어나려고 할 필요가 없다. 상처와 한이 있다고 해도 상관없다. 이 또한 나의 역사이기 때문이다.

부모와 가족을 보는 관점도 달라진다. 그들도 자신의 삶 속에서 상처받고 고통받았음에도 최선의 선택을 하기 위해 고뇌하고 노력해 온 한 인간으로 보이게 된다. 이 시대를 힘겹게 살아온 한 아버지와 한 어머니로 접근하게 되는 것이다. 한 남성과 한 여성의 삶이 보이고, 그렇게 되면 곧 부모나 집안에서 비롯된 부정적 집단무의식에서 벗어남과 동시에 자신으로 설 수 있는 자유로움을 얻을 수 있다. 7식, 진심의 영역에서 바라보면 부모도 한 존재로 받아들이기 때문에 더 이상 부모를 탓하거나 원망하지 않고 나의 삶도 존중하게 되고 부모의 삶도 존중하게 된다. 이렇게 되면 '부모와 가족'에게서 회피하거나 도망가는 것이 아니라, 자신의 삶을 책임지기 위해 당당히 떠나올 수 있게 된다. 스스로를 책임지고 존중하는 마음이 커지게 되면 비로소 '부모와 가족'을 포용하는 길을 갈 수 있다. 집안에서 해야 할 책임을 의무적으로 하는 게 아니라, 기꺼이 하게 되므로 후회의 흔적이 남지 않는다.

자신의 삶을 바라보는 관점을 살펴보면 그 사람이 어느 의식층에 있는지 확인할 수 있다. 깨달았다 해도 자신의 삶을 받아들이지 못한다면, 한마디로 '깨달은 목석'일 뿐이다. 많은 사람이 깨달음으로 자신의 심리적 어려움, 상처 등이 해결될 것으로 생각하지만, 깨달음으로 해결되는 것이 아니다. 깨달아도 의식의 기반은 쉽게 변하지 않는다. 대승불교에서는 삶을 도외시하는 깨달음을 논하지 않는다. 삶이 꿈 같고 허깨비 같다고 하지만 삶 자체를 부정하지는 않는다. 삶은 먹고 싸고 자는 것이다. 얼마나 멋진 일인가!

사람들은 깨달으면 무언가가 이뤄지고 완전히 자유로워질 것으로 생각한다. 그것은 어떤 측면에서는 사실이나, 어떤 측면에서는 완전한 착각이다. 깨달음을 이해한다 해도 결국 자신의 사고 개념, 자신의 습(카르마)을 벗어날 수 없다. 깨달음 이후에도 최소한 의식의 기반이 7식에 있어야 삶을 존중하고 따뜻한 눈으로 바라볼 수 있다.

3. 7식의 세 가지 층차

유식학에는 없는 내용이지만, 수행하면서 하게 되는 경험을 7식의 세 가지 층차에서 바라보면 자신의 현위치를 생각할 수 있다. 7식의 첫 번째 층차는 메타의식을 말하고, 두 번째 층차와 세 번째 층차는 주시자를 둘로 나눈 것이다. 각 층차의 영역에서 경험할 수 있는 현상을 예시로 제시한다.

1) 7식의 첫 번째 층차 : 메타의식

① 내가 무엇을 하는지 알고 있다.

② 내 생각·감정·욕구를 바라보고 있다.

③ 나를 바라보고 있다.

④ 판단 분별은 하지 못해도 의식은 살아 있음을 느낀다.

7식의 첫 번째 층차를 진심 또는 메타의식으로 부른다. 6식(의식)은 생각, 감정, 욕구를 기반으로 판단하고 분별하는 작용을 한다. 사람들이 6식을 기반으로 세상을 살아가는 것은 당연하지만, 여기에는 문제가 있다. 이 문제를 언급하면, 당신은 수용하기 어렵고 반발하고 싶어질 수도 있다. 6식으로 살아갈 때의 문제라는 것은, 자신이 어떤 생각·감정·욕구를 가지고 살아가는지 잘 모른다는 것이다.

영화 〈매트릭스〉를 보면, 매트릭스 안에서 살아가는 사람들은 스스로 판단하고 선택하며 살아간다고 생각하지만, 실상은 그렇지 않다. 유발 하라리는 그의 저서 『사피엔스』에서 인류의 첫 번째 혁명을 인지혁명이라 말한다. 언어와 글을 통한 인지의 발전이 인류 성장의 원동력이었다고 보는 것이다. 생존과 번식에 유리한 위치를 점하기 위해 언어와 글을 발달시켜 왔지만, 결국 인간은 언어와 글에 매이게 되었다. 언어와 글이 하나의 매트릭스를 형성하고, 이 매트릭스는 인류의 보편 의식(집단무의식)으로서 의식이라는 기본 프로그램을 구성한다. 기본 프로그램으로서의 작용과 개인의 개성이 결집한 것이, 사람들이 자아라 믿고 있는 6식(의식)이다.

이 매트릭스를 들여다볼 수 있는 의식이 바로 '메타의식'이다. 자신이 어떤 생각과 감정을 가지고 살아가는지, 더 자세히는 자신이 어떤 사고방식을 가지고 있는지 아는 것은 기본 프로그램에서 벗어나 자아를 새롭게 재구성할 힘을 손에 넣는 것과 같다. 메타의식은 '자신이 무엇을 알고 무엇을 모르는지 아는 것'에서 출발하여, 더 깊게는 자신이 존재하는 방식을 알아갈 수 있는 발판이 된다. 자신의 존재 방식을 알고자 하는 것이 수행이기 때문에, 메타의식은 수행에서 매우 중요할 수밖에 없다. 카르마라 부르는 존재의 속성에서 벗어나는 여정의 나침반이 되기 때문이다.

메타의식은 쉽게 말해 자신을 객관화할 수 있는 능력을 말한다. 6식인 의식은 대부분 주관적으로 판단 분별하기에 선입관이 많이 작용한다. 이 선입관을 넘어서 자신을 객관화할 수 있는 의식이 메타의식이다. 자신을 객관적으로 볼 수 있어야 자신의 현재 위치를 확인할 수 있고, 현재 위치를 확인해야 앞으로 나아갈 방향을 선택할 수 있다. 흔히 학습에서 중요시하는 자기주도학습도 메타의식을 이용하는 학습 방법이다. 불교 위빠사나에서 몸의 관찰, 의식의 관찰, 마음의 관찰, 법의 관찰을 이야기하는데, 이 관찰하는 힘을 키우는 것 자체가 메타의식을 확보하는 것이다. 수행의 가장 기본에 해당한다.

메타의식은 '의식 밖의 의식'이며, 적어도 '진심(7식)'의 영역에서 펼쳐지는 의식 작용이지, '의식(6식)으로 의식(6식)을 지켜보는 것'은 아니다. 의식으로 의식을 지켜보는 것은 '자기 리딩self reading'에 가깝다. 자기 머리 위에 CCTV를 달고 있는 것과 비슷하다.

메타의식은 의식의 흐름을 지켜보는 의식이다. 2000년 무렵 어떤 인터넷 커뮤니티에서 생성되어 사용되는 '멘붕'이라는 용어를 가지고 메타의식을 설명하면 이해하기 쉬울 것 같다. '멘붕'은 '멘탈 붕괴'의 준말로 어떤 외부 충격으로 인지 능력이 제 기능을 하지 못하는 좌절 상태를 말한다. 하지만 의식이 기능하지 못한다고는 하나, 실제 의식이 없는 것은 아니다. 의식이 분명하지 못해 판단 분별이 어려워도 그것을 지켜보는 의식은 존재한다.

예를 들어, 위급한 상황에서 메타의식을 사용한 경험이 있는 분들이 많다. 자동차 사고가 났을 때, 정신(의식)은 하나도 없는데 사고 수습은 척척 하는 것이다. "정신은 하나도 없는데, 의식이 선명해져 있었어요!" 또는 "의식은 하나도 없는데, 정신은 선명했어요"와 같은 표현을 하기도 한다. 앞뒤가 맞지 않는 말이지만 삶에서 한 번쯤은 경험해 봤음직하다. 위험한 상황 또는 죽을 만큼 위급한 상황에서 정신은 없으나 자신이 알아서 움직이고 있음을 경험하는 때, 이때가 메타의식이 작동한 순간이다. 달리 표현하면 뇌파는 정지 상태인데 심파가 작동하는 상태라고 이야기할 수 있다. 그래서 "머리는 멈추었는데, 마음이 움직였다"라는 말이 나오는 것이다. 자각몽을 통해서도 메타의식을 경험한다. 꿈속에서 자신이 꿈을 꾸고 있음을 알게 되는 것이 자각몽인데, 간혹 경험하는 분들이 있다. 자신의 꿈을 꿈속에서 영화를 보듯 지켜보는 것이 일종의 메타의식이다.

일반적으로는 의식으로 의식을 지켜보는 것과 메타의식은 명확히

2부 __ 견성과 깨달음 이후

구분하기 힘들다. 명상이나 다양한 수행에서는 어느 정도 구분되지만, 엄밀히 말해 수행에서는 어떤 방식이든 상관이 없다. 결국은 주시자로 가기 위한 계단이기 때문이다.

7식의 더 깊은 의식(두 번째 층차)은 '메타의식을 보는 주시자'이다. 주시자에 관한 이야기는 수행자 사이에서도 설왕설래한다. 일반적으로 주시자를 이해하기에는 모호한 부분이 많다. 의식(6식)과 메타의식을 구분하기도 어렵고, 메타의식과 주시자를 구분하는 것은 더 어렵다. 통상 '메타의식의 메타의식'을 주시자라고 볼 수 있다. 의식(6식)을 주관이라 하고, 메타의식을 객관이라 할 때 '주관과 객관을 동시에 보는 눈'을 주시자라 할 수 있다.

메타의식에 대한 이해가 있어야 주시자를 이해할 수 있다. 그리고 주시자의 실체를 아는 것을 견성見性이라 한다. 견성을 바탕으로 존재의 본질에 대한 이해를 보다 넓혀 가면 인간 언어의 매트릭스에서 벗어나, 의식 자체를 완전히 재구성하는 것이 가능해진다.

2) 7식의 두 번째 층차 : 주시자 영역으로 진입

① 소리가 끊어지고 시간이 느려진다(시공이 정지된 듯한 현상을 느낌).
② 세상의 모든 것이 아름답게 다가오고 '내가 살아 있구나!' 하는 생생함이 느껴진다.
③ 외부의 소리가 가슴에서 들리고 가슴으로 사물을 보는 듯하다.

메타의식에 대한 경험과 이해가 충분하다면 주시자 영역으로 넘어가야 한다. 유식학에서는 주시자를 다루지 않는다. 주시자는 현대에 알려진 용어로 라마나 마하리쉬의 자아탐구법 [17]이 많이 알려지면서 쓰이게 되었다. 라마나 마하리쉬는 20세기 인도의 성자로 워낙 많이 알려진 분이기에 수행하는 사람이라면 한 번쯤은 들어 보았을 것이다.

그가 말한 자아탐구법은 많은 사람에게 신선한 영향을 미친 훌륭한 수행법이다. 화두 중에 '이 뭐꼬!'라는 참구가 있는데, '이 뭐꼬!'라는 말은 '나는 누구인가?'의 사투리라 할 수 있다. 익숙하지 않은 질문법이다. 불교가 친숙한 분이라면 몰라도 일반인에게는 뭔가 어색해 보인다. 같은 말이라도 '나는 누구인가?'가 더 명확하다. 그리고 이 '나'의 이해를 위해 나아가는 길에서 주시자라는 말이 따라온다.

정리하자면 7식의 첫 번째 층은 메타의식, 두 번째 층은 주시자에 해당한다. 하지만 메타의식에는 미묘하게 6식의 판단이 섞여 있다. 편의상 6식, 7식, 8식이라고 나누어 설명하고 있지만, 인간의 의식은 두부 자르듯 명확하게 구분되는 것이 아니다. 특히 6식과 7식의 첫 번째 층차는 민물과 바닷물이 만나는 삼각주에 비유할 수 있다. 그러므로 7식의 첫 번째 층차인 메타의식으로 '본다'라고 해도 6식의 작용인 판단이 따라올 수밖에 없다.

한편 7식의 첫 번째 층차인 메타의식과 두 번째 층차인 주시자는 차이가 크다. 한마디로 주시자는 의식이 아니다. 주시자는 판단 분별의 극한이자, 동시에 배제되어 가는 영역이다. 주시자는 말 그대로 '보는 자'를 말한다. 우리가 대상을 보면 자연스럽게 선호도 또는 선입관 같은 판단과 분별이 따라온다. 여기서 판단 분별을 하기 전, 대상을 보는 행위 자체를 '주시자'라고 한다.

---

17 '나는 누구인가'라는 질문을 지속적으로 되풀이하여 자신의 내면을 탐구하는 수행법.

'분별없이 사물을 본다'는 것은 굉장히 어렵다. 대부분은 별다른 생각 없이 거울을 본다. 그리고 거울에 비친 모습을 자기라고 인식한다. 다시 생각하면 '거울 속 나'는 '나의 비친 모습'임을 알게 된다. 그러면 '거울'도 인지하고 '나'도 인지할 수 있다. 그다음에는 '봄' 그 자체를 보게 된다. '봄 그 자체'인 상태도 이미 존재하지만, 인지하지 않고 거울을 볼 뿐이다.

생각 이전에 형성되는 분별이 무엇인지 먼저 알고, 그 가운데 분별하지 않고 보는 상태를 인지하는 것이 '주시'다. 생각하면 생각할수록 주시자와 멀어지고, 알려고 해도 주시자와 멀어진다. 정말 아무런 분별 없이 대상을 보는 무엇을 주시자라고 한다면, 양자역학에서 관찰하는 순간에 관찰자가 개입되어 본연의 상태를 확인할 수 없는 경우와 같다.

'주시자를 어떻게 알고 어떻게 확인할 것인가?'라고 묻는다면 '몰라도 된다'고 답할 수 있다. 주시자를 몰라도 자각하거나 견성을 하는데 아무런 문제가 되지 않는다. 견성한 분들 대부분 주시자를 거쳐 가지만 주시자에 머물지 않기 때문이다. 부산역에서 서울역까지 가려고 할 때, 주시자는 영등포역과 같다. 서울이지만 종점은 아닌, 하지만 서울역을 가기 위해 반드시 거쳐가야 하는 역이다. 누군가가 물었을 때라야 서울역으로 오기 위해 영등포역을 거쳐왔음을 상기할 것이다. 중요하지만 중요하지 않은, 중요하지 않지만 중요한. 기관사의 입장에서는 분명히 알고 있어야 하지만, 승객의 입장에서는 자연스럽게 거쳐가는 영역이다.

메타의식은 '내가 무슨 생각을 하는지 안다'인데, 주시자는 '아는 자'를 보고 있다는 점이 흥미롭다. '메타의식의 메타의식'. '이 우주의 모든 것을 내가 바라보고 있다. 우주가 나를 바라보고 있다.' 이 영역이 주시자에 해당한다. 이것을 '있는 그대로 본다'고 표현할 수 있다.

'공空을 기반으로 의식을 쓴다'는 것도 주시자에 대한 이해를 갖고 있기에 가능하다. 주시가 하나의 시작점이고, 주시 이후에 판단 분별을 포함한 모든 것이 따라온다. 그래서 깨친 이후에는 주시의 눈으로 식識을 보게 되고, 이후 식을 온전히 사용할 수 있게 된다. 이를 유식학에서는 식을 굴려 지혜를 얻는다고 하여 '전식득지轉識得智'라고 한다.

주시자는 '눈뜬 자'를 말한다. 인식은 인지 대상이 있어야 하므로 상像으로밖에 볼 수 없는데, 모든 상이 배제됐을 때 첫 번째 눈을 뜬 상태를 말한다. 주시자가 있음으로 해서 상像이 따라온다. 주시자는 내 존재의 근본 구성인 것이다. 주시자를 쓸 수 있는 것은 메타의식을 지나서 '본다'라는 행위 그 자체가 대상을 창조하기 때문이다. 양자역학에서 말하는 관찰자 효과와 같다.

내가 봄으로써 세상은 존재한다. 존재를 존재로 보게 되는 행위이며, 이 행위 다음 경계를 짓고 그 경계에 대한 해석이 따라온다. '봄' 그 순수한 주시, 있는 것을 있는 그대로 보는 것인데, '본다'는 것이 무엇인지에 대한 질문이 나오는 곳이다. 또 '나는 누구인가'라고 했을 때 이 진정한 나에 대한 질문이기도 하다. 화두 참구로 많이 쓰는 '만법귀일 일귀하처萬法歸一日歸何處 (만법은 하나로 돌아가는데, 이 하나는 어디로 가는가?)'라고 할 때, 만법은 보고 듣고 생각하고 분별하는 것으로 이 모든 판단 분별은 결국 '나'로 귀결된다. 한 가지 생각이 만 가지 생각으로 이어지니

2부 __ 견성과 깨달음 이후

'나는 누구인가?'라는 질문과도 같다. 그냥 '나'라고 해도 되지만, 의식의 첫 출발은 '주시, 즉 보는 자'인 것이다.

천지창조를 "신神이 어느 날 눈을 떴다"고 표현하는 것과도 일맥상통한다. 신神에 대한 질문은 두 가지가 있다. '대상으로의 신神이 무엇인가'라는 질문이 있고, 그 자체로 '근원인 신神이 무엇인가'라는 질문이 있다. 대상으로 질문을 하면, 결국 '절대적 힘을 소유한 형상을 가진 대상'이라는 답이 나오게 된다. 이는 절대성과 거리가 멀다. 대상을 넘어선 본질에 대해 질문을 하면 '이름하여 신神'이라는 결론에 도달하게 된다. 주시의 또 다른 말이 신神이기도 하기 때문이다. 자각한 사람이 간혹 "내가 신이다"라고 말하는 것도 '주시'라는 태초의 능력이 부여된 존재이기 때문이다.

주시로부터 창조가 일어난다. "내가 이 세상을 창조했다", "내가 창조자다"라는 표현이 가능해진다. 한편 주시 영역에 도달하면 욕망의 실체가 보이기에 세속적인 욕망과 욕구에 큰 의미를 부여하지 않는다. 욕망을 추구하기 위한 욕망은 삶의 지엽에 해당할 뿐이다. 본질을 추구하는 입장에서 볼 때, 지향할 바가 못 된다. 물론 이러한 것이 잘못이라고 할 수는 없다. 이 또한 주시자에서 파생된 행위자, 자기라는 존재의 한 방향이기 때문이다.

3) 7식의 세 번째 층차 : 주시자

① 세상의 모든 존재가 '나'를 들여다보는 것 같다.

② '내'가 모든 존재 속에 스며들어 있다.

③ 인식의 경계가 사라진 듯한 느낌이 든다.

④ 무경계를 경험한 듯하다. 하지만 경계를 보는 나는 남아 있다. 즉 주시자가 있음을 알 수 있다.

⑤ 분별하는 나는 사라지고 오직 나 또는 사랑만이 존재한다. 아니 존재만이 남아 있다.

⑥ 은산철벽銀山鐵壁, 백척간두百尺竿頭를 만난다.

이 세 번째 층차를 몇 번 경험하면 주시하는 무언가가 있음을 어느 정도 알 수 있다. 주시하는 '나'가 없는 상태를 자각이라고 하는데, 여전히 주시하는 '나'가 있으므로 7식의 세 번째 층차라고 한다. 7식의 세 번째 층차, 즉 극한에 들어갔을 때 의식이 경험하는 현상 중 하나가 존재적 장벽이다. 이 장벽에 봉착하여 '그래도 나를 벗어날 수 없다'를 인지하는 것을 '은산철벽, 백척간두'를 만났다고 표현한다. 어떤 체험을 해도 '체험하는 나'는 남아 있고, 그래서 체험하는 나에 대한 질문을 던져야 한다. 불교 화두를 탐구한다면 '만법귀일 일귀하처萬法歸——歸何處', '부모미생전 본래면목父母未生前 本來面目', '진정한 나는 누구인가!'라는 마지막 질문을 해야 한다. 세상이 아무리 아름답게 느껴진다고 할지라도 세상을 아름답게 느끼는 '나'는 남아 있다. '나'에 대한 의문을 던지는 것이 자아 탐구 또는 참구에 해당한다.

이 영역에서 더 이상 나아가지 않고 도망치는 경우도 많다. 또 경계가 없는 것을 느끼기 때문에 이 지점을 깨달음이라고 착각할 수도 있다. 그러나 더 정확히는 '경계 없음을 느끼는 나'가 있으므로 이를 들여다보아야 한다.

4. 주시자 영역에서 일어나는 수행 체험

1) 빛을 보는 것

명상 또는 의식의 일정한 상태에서 빛이 보이기도 한다. 빛이 '느껴지는' 것과 빛이 '보이는' 것은 다르다. 의식이 '뇌하수체'나 '송과체'로 들어갈 때 빛이 '보인다'. 의식이 머리 표면(전두엽)에 있다가 머리 중심으로 들어가면서 섬세한 빛을 경험하게 되는 것이다. 이는 의식이 깊어지는 현상인데, 보통은 직관과 통찰로 이어져 의식이 선명해진다. 빛이 자연스럽게 보이면 별 문제가 없지만, 집중해서 빛을 보려고 하면 문제가 생기는 경우가 많다. 억지로 빛을 만들다 보니 머리에 지나치게 의식이 집중된다. 상기증, 두통, 어지러움이 생길 수 있으므로 주의가 필요하다.

의식이 가슴으로 내려가서, 가슴에서 중맥 또는 중심(리다얌; hridayam)으로 들어갈 때는 빛을 '느낀다'. 빛이 선명하지는 않아도 온화하게 느껴진다. 의식이 가슴으로 더욱 깊이 들어가서 코어(중심 중의 중심)에 가면 빛으로 둘러싸인 듯하다. 이 빛을 사랑으로 느낀다.

2) 시간과 공간 감각의 변화

의식이 7식의 2~3번째 층차에 들어가면 시간과 공간 감각이 달라진다. 시간이 느려지고 공간도 정지된 느낌을 주는데, 이 느낌이 익숙해지면 일상이 편안한 느낌으로 다가온다. 외부 자극에 대한 반응이 한 템포 늦어져 충동적 대처가 아닌 여유 있는 대처를 할 수 있다.

3) 시각의 변화

의식이 7식에 어느 정도 안착하였을 때 일어나는 현상이다. 의식은 7식에 계속 머물지 않는다. 산에서 혼자 수행하는 사람은 의식이 일정한 상태에 계속 머물 수 있지만, 사회생활을 하는 일반인은 이를 유지하기가 쉽지 않다. 그래서 상황과 조건에 따라 의식의 진폭이 발생한다. 맛집에 가면 5감으로, 직장 일을 하고 있거나 친구·동료와 소통하며 관계를 유지할 때는 6식으로 이동하고, 혼자 고요히 머물 때는 7식으로 진입한다. 이때 시선 또는 시야의 변화도 동시에 일어난다. 의식이 밖에 있을 때와 안에 있을 때의 차이로 인한 감각적 편차가 시야의 변화로 이어지는 것이다. 시야가 어떨 때는 선명하고 어떨 때는 흐려지는 현상이 나타난다. 거리감도 달라진다. 멀리 있는 사물이 눈앞에 있는 것처럼 선명하기도 하고, 가까이 있는 물건이 멀리 있는 것처럼 느껴지기도 한다. 의식이 7식에 있을 때는 6식에 있을 때보다, 바라보는 대상이 실제 거리보다 더 가까이 있는 것처럼 느껴진다. 이는 물리적인 거리를 말하는 것이 아니라 느낌적 거리를 말한다. 의식이 6식에 있어도 이러한 감은 있다. 다만 7식에 들어가면 더욱 선명히 인지할 수 있을 뿐이다.

4) 몸이 왼쪽과 오른쪽으로 나뉨

몸의 왼쪽과 오른쪽이 다르다. 오른손잡이, 왼손잡이와 같이 어느 한쪽이 발달했느냐를 말하는 것이 아니다. 몸을 좌우 수직으로 나누었을 때 왼쪽의 감각과 오른쪽의 감각이 다름을 느끼는 것이다. 몸의 느낌이 다르기도 하지만, 눈에서 일어나는 시각적 느낌도 다르다. 사물을 볼 때, 오른쪽 눈과 왼쪽 눈이 각각 다른 의식 상태에 있을 수 있다. 예를 들면 왼쪽 눈은 7식으로, 오른쪽 눈은 6식으로 바라볼 수 있는데, 이렇게 되면 양쪽 눈이 바라보는 시야가 다르다.

좌우가 확연히 구분되는 현상은 의식이 7식의 세 번째 층차 또는 중맥으로 들어가면 느끼는 현상이다. 이 부분은 요가에서 잘 설명하고 있다. 요가에서는 인체의 좌맥(이다; ida)과 우맥(핑갈라; pingala)이 다르다고 이야기한다. 좌맥과 우맥에서 흐르는 기운이 다를 때 좌우 분리 현상을 체험하게 된다. 좀 더 자세히 설명하면 인체의 왼쪽에는 땅의 기운, 오른쪽에는 하늘의 기운이 주로 흐른다. 대부분의 사람은 천기가 강하다. 천기가 강하게 작용하는 곳에 가면 이 느낌이 극대화된다. 천기가 극대화되는 곳은 비행기다. 비행기를 타고 하늘 높이 올라가면 지기는 받을 수 없고 천기만 받게 된다. 비행기를 타면 몸의 반이 나누어지는 경험을 더 확실하게 할 수 있다. 이러한 느낌은 의식이 깊어질수록, 자신이 천기를 많이 타는지 지기를 많이 타는지 알 수 있는 지표가 되기도 한다. 천기를 타는 것은 전체성 발달과 관련되어 있고, 지기를 타는 것은 개체성 발달과 관련되어 있다. 아주 드물게 천기와 지기가 가슴에서 통합된 사람은 좌우가 분리되어 있다는 느낌이 없다. 통합된 수행자일수록 특이한, 특별한 느낌을 받지 않는다.

5) 심장의 충격

어떤 스님이 오랫동안 수행하고 있는데, 어느 날 갑자기 심장이 주먹으로 맞은 듯한 충격이 찾아왔다. 한 번씩 느껴지는 이 충격과 압박감으로 심장에 문제가 있다고 생각해 병원에 가서 검사를 받았다. 의사에게 괜찮다는 말을 들었지만, 지속되는 충격에 다시 정밀검사를 받았다. 또다시 심장에는 아무런 문제가 없다는 이야기를 들었다. 스님은 고민 끝에 자신의 상태를 '공황장애'라고 결론지었다.

의학적으로 아무런 문제가 없는데, 심장에 느껴지는 압박감은 공부가 깊어진 분에게서 간혹 나타난다. 의식이 7식의 영역으로 들어가면서 중맥이 열리는데, 이 중맥으로 지기地氣가 올라오면서 심장을 건드리면 충격 또는 압박감을 느끼는 것이다. 공황장애하고는 아무런 상관이 없다. 좋은 터에서 열심히 수행하면 생길 수 있는 자연스러운 현상이다. 심장의 압박과 압력이 근심스러울 정도로 심하면 병원에 가보는 것은 필요하다. 병증이 없다면 기운의 흐름으로 인한 현상으로 생각해도 좋다. 간혹 심장이 부풀거나 축소되는 느낌도 들 수 있다. 심장에 응축된 기운이 발산될 때는 부풀어 오르는 느낌이, 수렴할 때는 축소되는 듯한 느낌이 든다. 또 몸의 앞면과 뒷면에서 가슴 차크라가 돌 때 심장이 회전하는 느낌이 들기도 한다.

5. 주시자와 백척간두, 은산철벽

모든 존재, 생명체는 주시 능력을 갖고 있다. 토끼, 닭, 고양이, 나무 등 모든 생명체가 다 주시할 수 있다. 주시는 보는 것도 느끼는 것도 아니라, 이름하여 주시라고 할 뿐이다.

그렇다면 주시는 어떤 의미와 가치를 지니고 있는가? 어떤 대상이 가치 있으려면 누군가 개념적으로 그 대상에 가치를 부여해야만 한다.

그러므로 생명체 중 판단 분별, 의미 부여 능력을 갖고 있는 인간만이 주시의 의미와 가치를 생각할 수 있다.

　주시를 달리 말하면 '주시는 주시다'라고 표현할 수 있다. 마찬가지로 공성은 그냥 공성일 뿐, 의미와 가치라는 개념이 붙지 않는다. 주시자 영역으로 진입하기 위한 교육의 목적으로 주시자의 의미와 가치를 다룰 때가 있지만, 주시자 그 자체를 논할 때는 의미와 가치를 논할 수 없다. 주시자는 주시자 그 자체다. 물건은 그 자체, 있는 그대로라는 말이다. '있는 것을 있는 그대로 보라'는 말은 성립할 수가 없지만, 편의상 그런 표현을 쓸 뿐이다.

　주시의 의미와 가치는 다음과 같다.

주시는 의미 있다.
주시는 의미 없다.
주시는 의미 있기도 하고, 의미 없기도 하다.
주시는 의미 있는 것도 아니고, 의미 없는 것도 아니다.

　한편 백척간두百尺竿頭(백 자나 되는 장대 끝)는 매우 어렵고 위태로운 상태를 말하고, 은산철벽銀山鐵壁(은으로 만든 산, 철로 만든 벽)은 거대한 장벽을 마주한 것처럼 도저히 넘을 수 없다고 느껴지는 상태를 말한다. 이것은 화두를 참구하는 스님들이 많이 사용하는 말이다. 수행에서 자아의 한계에 도달한 상태로, 누구는 이를 '해탈 고개'라고도 한다. 알 듯 말 듯, 보일 듯 말 듯, 뭔가가 답답한 자아의 한계 영역이다.

　이 영역과 주시자는 어떤 관계가 있을까? 수행은 의도를 가지고 힘과 노력을 다해 앞으로 나아가는 것이다. 주시자는 힘도, 노력도 없는

다만 바라볼 뿐인 영역이다. 존재의 실체를 보고자 하는 분명한 의도가 있는 자아의 영역과 이 자아를 버려야 하는 주시자 영역, 이 영역은 같을까 다를까?

다음과 같은 답이 나온다. '같다. 다르다. 같기도 하고 다르기도 하다. 같은 것도 아니고 다른 것도 아니다.' 어떤 답을 내려도 답답한 것은 변하지 않는다. 하지만 이 영역을 만나는 것은 수행을 할 때 무척이나 중요하다. 여기가 바로 주시자 영역이기 때문이다. 여기까지 와야 그 너머를 볼 수 있다. 무엇이 문제인가? 답은 단순하다. 그냥 둘을 내려놓으면 된다. 의도(애씀)와 주시를 내려놓으면 아무런 문제가 없다.

애쓰면서 주시하는 두 가지를 동시에 들고 있기에 누구는 백척간두를, 누구는 은산철벽을 만나는 것이다. 실상 주시는 내려놓을 필요가 없다. 주시는 내려놓는다고 해도 내려놓이는 것이 아니기 때문에 그냥 애씀만 내려놓으면 된다. 자연스러운 의도와 자연스러운 주시, 이것이 핵심이다.

백척간두, 은산철벽에서는 그냥 애쓰지만 않으면 된다. '백척간두'를 만났다는 것은 자아(에고; Ego)의 두려움이 극한에 도달했다는 것이며, '은산철벽'을 만났다는 것은 애를 씀으로써 갑갑함이 극도로 치달았다는 뜻이다. 두려움이 많은 성격은 백척간두를 만나게 되고, 주관이 강해 꺾이지 않으려는 성격은 은산철벽을 만나게 된다.

어찌 되었든 둘 다 자신의 본질적 기질을 내려놓고 원래의 의문(화두 또는 탐구)을 던지기만 하면 된다. 극한의 두려움, 극한의 갑갑함을 느끼는 것은 긍정적인 신호다. 비로소 당신은 의식의 끝 지점, 의식을 넘어갈 수 있는 지점에 왔다는 뜻이다. 그러므로 여기서 멈출 이유가 없다. 즐겁게, 여태까지 해온 것처럼 의문을 던지거나 공부를 계속해 나가면 된다. 절벽(백척간두)에서 돌을 던지든, 철벽(은산철벽)에서 돌을 던지든, 마음을 내려놓고 지금까지 가져왔던 의문을 자연스럽게 던지면 된다. 그러면 어느 날 백척간두도 은산철벽도 단지 말일 뿐이라는 것을 알게 된다.

이 지점을 넘어가면 '모르는데 알겠다', '아는데 모르겠다'는 표현이 나온다. 자신의 실체가 자연스럽게 드러난다. 그냥 눈물이 나기도 한다. 아니면 '내가 나다', '내가 우주다'라는 말이 흘러나온다. 단지 그러하다.

6. 존재적 방어기제

존재적 방어기제는 심리적 방어기제와 유사하지만 보다 심층적으로 작용하며, 대상에 집착함으로써 자신의 존재성을 지키려 한다. 그 방법이 아무리 이상하고 비상식적일지라도 존재성을 지키기 위해서는 수단과 방법을 가리지 않는다. 삼중뇌의 관점에서 본다면 파충류의 뇌에서부터 영장류의 뇌까지 모든 수단을 동원해 자신의 존재성을 지키려 한다. 생존과 번식, (자신 또는 타인의) 고통, 죽음, 권위에 대한 복종, 지배, 폭력, 종교적 신념(순교) 등 다양한 형태로 자신의 존재성을 지키려 한다.

매슬로의 욕구발달 5단계도 존재성 확인과 관련이 있다. 생존과 번식은 생리적 존재성을 확보하기 위함이고, 관계 욕구에서 성장 욕구로 이동하는 것도 존재성에 더 큰 의미와 가치를 부여해 가는 과정이라고 볼 수 있다. 유식학은 7식, 말나식이 끊임없이 분별하는 작용을 함으로써 네 가지 근본 번뇌(아견, 아애, 아만, 아치)가 생긴다고 본다. 이는 8식, 아뢰야식을 전제로 생기는 자기에 대한 집착이다.

아견我見, 아애我愛, 아만亞慢, 아치我痴는 복잡해 보이지만 단순하다. 인체에 대입해 보면 쉽게 다가갈 수 있다. 아견은 머리에 해당하고, 아애는 가슴에 해당하며, 아만은 배에 해당한다. 그리고 아치는 '어리석음'을 말한다. 즉 무지無知라는 어리석음으로 인해 머리로 판단 분별하고, 가슴에서는 자기애로 인한 자기연민에 빠지며, 배로 자기의 존재감을 드러낼 수 있는 대상을 소유하는 데 집착한다.

자기를 존중하는 마음으로도 볼 수 있지만, 그 이면에는 '나'라는 주관적 관점과 '나'에 대한 애정으로 '나'만의 영역을 구축하여 자기라는 한 존재를 지키고 돌보기 위한 본능이 있다. 한마디로 말하면 자존심이다. 심리학에서 말하는 방어기제가 자기를 지키기 위해 만들어지는 보호 본능이듯, 더 심층적이고 존재적인 방어기제를 유식학에서는 근본 번뇌라 표현하였다.

앞에서 말한 은산철벽, 백척간두도 이 네 가지 방어기제의 발동을 다르게 말한 것이다. 방어기제가 발동하는 이유는 자각이라는 것 자체가 자아의 죽음을 상징하기 때문이다. 견성을 한다고 자아가 죽지는 않는다. 다만 죽음을 거부하고자 하는 저항이 일어난다. 대행스님은 "죽어야 산다"고 말했다. 자아가 죽어야 견성할 수 있다는 의미이기도 하다. 죽음을 논할 만큼 자아는 강한 의식이다. 정확히 말한다면 '자아라고 고집하는 의식'의 거부반응이다. 몸의 죽음이 아닌 자아(에고)의 죽음에 대한 저항을 '존재적 방어기제'라 부른다. 이 영역에 도달하면 각자의 성향에 따라 저항하는 방식이 다르게 나타난다.

- 아견(我見)-머리과 : 은산철벽을 느낀다. 머리(판단 분별)를 주로 쓰기에 머리에 힘이 쏠린다. 때론 상기上氣가 따라오기도 한다. 존재적 방어기제의 영역에 도달한 머리과의 사람에게 '당신이 누구냐'라고 질문하면 적절한 답을 내놓는 것이 아니라, '안다'는 것을 강조해 말한다. 아는 것처럼 말하지만 단편적으로 안다고 생각할 뿐, 아는 것이 아니다. 머리과는 '앎'에 잘 걸려든다. '안다'고 착각하거나 깨달음에 관한 자기 견해로 자아를 강화한다. 자기 견해로 자기 존재를 방어하는 것이다.

- 아애(我愛)-가슴과 : 백척간두를 느낀다. 자신도 모르는, 죽을 것 같은 두려움이 엄습해 온다. 존재적 방어기제의 영역에 도달한 가슴과의 사람에게 '당신이 누구냐'라고 질문하면, 말을 잘 못 하고, 계속 답을 추궁하면 '모르겠다'고 말한다. 가슴과는 '모름'에 걸려 있고, 깊게 사유하지 않으려고 한다.

- 아만(我慢)-장(腸)과 : 자존심이 올라온다. 존재적 방어기제의 영역에 도달한 장腸과의 사람에게 '당신이 누구냐'라고 질문하면 '내가 왜! 무엇 때문에 이 짓을 하고 있나!' 성질을 낸다. 때론 아무 말도 하지 않는다. 이 사람들은 '침묵'에 걸려 있다.

이 영역은 아는 것도 성립하지 않고 모르는 것도 성립하지 않는 영역이므로 '알겠다'라고 해도 방어기제이며, '모르겠다'라고 해도 방어기제다. 때론 '알 것 같다'고 말한다. 알 것 같은 것과 '아는 것'은 다르다. 그리고 자존심을 내려놓는 것이 수행이다. 6식에서는 자존심을 세워야 하지만 7식에서는 자존심을 직시해야 한다.

또한 머리과, 가슴과, 장과 중 어떤 유형이든 존재적 방어기제를 드러낼 때는 정지, 회피, 투쟁을 쓰게 된다.

- 정지 : 순간 멈칫하고 눈동자가 미세하게 흔들린다. 의식이 멈춘 듯한 느낌이 든다. 생각 자체가 동결되어 버리는 상태다. 정지 상태 이후 '모르겠다'고 말하거나, '저는 접니다!'라고 하지만 몸은 경직되어 있다.

- 회피 : 대부분의 사람이 나타내는 반응이다. 시선이 흩어지고, 고개와 몸은 살짝 틀어진다. 존재의 극점으로 가기 전에 의식이 도망가는 것이다. 백척간두나 은산철벽은 의식(7식)이 끝나는 지점을 상징하는데, 이 끝 지점 자체에 대한 거부반응이다.

- 투쟁 : 평소에는 아무렇지도 않은 말들이 신경 쓰이기 시작한다. 말 한마디 한마디에 예민하고 민감하게 반응한다. 얼굴이 미세하게 경직되고 붉어진다. 자존심이 상처받은 듯한 기운이 스멀스멀 올라온다. '더 이상 못 해먹겠다'라는 느낌을 온몸으로 표현한다.

2부 __ 견성과 깨달음 이후

7. 주시자와 자각

주시자의 실체를 아는 것을 '자각' 또는 '견성'이라고 한다. 모든 것은 주시로 귀결된다. 그리고 그 주시는 '나와 너 모든 것을 동시에 동일하게 주시하는 것'이기 때문에 주시에서 출발할 수밖에 없고, 주시 다음에 경험하는 자가 따라온다. 앞서 말한 '주시명상, 이름명상, 미소법'도 주시 그 자체로 시작해서 이름과 미소라는 상像이 따라온다.

하지만 또 달리 표현하면 '주시와 동시에 이름이 작용'한다. 최대한 상像을 배제하고 있는 그대로의 나로서 조금 더 접근하고, 그렇게 접근하다 보면 어느 날 '주시자'를 찾을 수 있게 된다. 주시자는 존재의 실체로 가는 문과 같다. 존재로 들어가는 문은 종교와 철학을 불문하고 모두 한결같다. 다만 자각 이후 각자 해석이 다를 뿐이다.

> 순수의식인 참나(푸루샤, The Self)는 모든 것을 인지하기 때문에, 그것은 궁극적인 주시자(Ultimate seer, 절대주체성; Absolute Subjectivity)이다. 에고, 정신, 신체 등등은 단순히 그것의 대상이다. 따라서 푸루샤(참나), 즉 순수한 의식(푸루샤, 참나)을 제외한 그것들 각각은 단지 형체를 부여받는 것이지 진정한 관찰자가 될 수 없다. 참나는 객관화될 수 없고, 다른 어떤 것에 의해 인식될 수 없다. 참나는 다른 모든 것을 보는 관찰자이기에, 주체-객체 관계와 참나의 외견적인 주체성은 오직 상대성의 평면에서만 존재하고 절대자 안에서는 사라진다. 진리 안에는 오직 참나만이 존재한다. 그 참나는 보는 자도 보이는 것도 아니며 주체나 객체와 관련되지도 않는다.
>
> - 켄 윌버, 『세상에서 가장 아름다운 용기』 중

주시자에 대한 자각을 잘 설명한 글이다. 이를 '순수의식' 또는 '참나'라고 말하는데, 주관과 객관을 넘어선 영역인 '진리'이기도 하다. 인도의 힌두교 수행은 초월을 지향한다. 자각 이후에 순수 주시 상태, 또는 '참나'와의 합일을 목표로 한다. 그래서 '있는 그대로 있으라'고 말한다. 크리슈나 무르티도 저서 『자기로부터의 혁명』에서 "있는 것은 있는 그대로 보라"고 끊임없이 이야기하고 있다. '있는 그대로'가 무엇인지 아는 것이 자각인 동시에 주시의 눈이다.

> 명상하지 말라 그냥 존재하라
> 그대가 누구인지 생각하지 말라
> 그냥 존재하라 존재에 대해 생각하지 말라
> 그냥 있는 그대로 있으라
>
> - 라마나 마하리쉬 -

주시자의 영역을 이해하려면 라마나 마하리쉬의 눈빛을 보면 된다. 그의 눈은 맑고 투명하다. 20세기를 대표하는 영적 지도자인 라마나 마하리쉬는 선명한 깨달음을 얻었다. 그러나 깨달음은 개념으로 설명할 수도, 눈으로 보여줄 수도 없으므로 그는 언제나 맑고 투명한 주시자의 눈으로 존재한다. 내 존재를 말없이 보고 있는 듯한 정말로 아름다운 눈이다. 현혹되지 않고 그의 눈을 바라볼 수 있다면 당신도 주시자의 영역에 있는 것이다.

주시에만 머무는 것은 또 다른 문제가 될 수도 있다. 주시자의 영역은 보는 그 자체만 있어서 어떠한 경계도 따라오지 않는다. 하지만

2부 _ 견성과 깨달음 이후

세상의 작용은 경계 있음으로 이뤄진다. 본질(진리, 체;體)에는 경계가 없지만, 쓰임(현상, 용;用)의 세상에서는 경계가 분명하며 경계가 필요하다. 주시자로만 머물면 경계가 없어서 의미와 가치를 논할 수 없다. '경계 없다'는 것이 온전한 자유의 상태이기도 하지만, 자유 자체만으로는 쓰임이라는 개념도 없다. 그 경계 없는 상태에 머무는 것이 아니라 필요 또는 쓰임에 따라 경계가 있어야 할 때는 경계를 쓰고, 경계가 없어야 할 때는 경계 없음을 쓰는 것이 진정한 자유다.

그러므로 다시 여기에서 '나'라는 한 '존재의 경계'를 가지고, 나라는 한 존재에 의미와 가치를 부여하고, 의미와 가치가 부여된 존재로서 '나'라는 한 존재를 써야 한다. 다시 나로 돌아오는 것이다.

본성을 보았어도 삶은 계속되고, 우리는 삶으로 돌아와야 한다. 삶으로 돌아오면 경계 있음을 확실히 알게 된다. 또한 사회에서 교육받은 자아가 아니라 진정한 나로 살아가게 되므로 삶이 더욱더 생생하게 와닿는다. 이를 옛 어른들은 '활발발活潑潑하다' 하였다. 그러므로 깨달음 이후에는 '경계 있음'을 논하지 '경계 없음'을 논하지 않는다. 경계 없음을 알았으면 다시 경계 있음을 논할 수 있게 된다.

'크다 작다' 같은 분별을 넘어 새로운 관점과 기준을 재탄생시킬 수 있다. 큰 것도 작은 것도 아닌 '왜 작다 하는지, 왜 크다 하는지' 그 경계를 들여다보게 된다. 경계 없음에 들어갔기 때문에 비로소 경계 있음을 직시할 수 있는 것이다. 대부분 경계 없음을 논하는데, 경계 없음을 알기 때문에 다시 경계 있음을 들여다보는 것, 이것이 보림保任의 영역이며, 대승불교의 보살도菩薩道를 열어 가는 길이다.

8. 자각의 유형

머리로 깨달은 유형은 '안다'는 오류에, 가슴 유형은 '모른다'는 오류에 많이 빠진다. 그래서 '안다'와 '모른다' 둘 다가 필요하다. 공부는 앎에도 모름에도 사로잡히지 않아야 한다. 여기에서 더 들어가면, 모름을 기반으로 앎이 나오기 때문에 모름을 바탕으로 앎을 쓰는 것이다. '앎'으로 가면, 자기를 특별한 존재로 인식하고 특별한 자가 되려고 한다. '모름'으로 깨달은 사람은 내가 아는 게 진짜인지 의문을 품고 헤맨다.

안다는 사람은 '모름'으로 가고 모르는 사람은 '앎'으로 가지만, 안다고 하든 모른다고 하든 결국 4구 부정, '안다', '모른다', '알기도 하고 모르기도 한다', '아는 것도 아니고 모르는 것도 아니다'로 가게 된다. 최소한 '알기도 하고 모르기도 한다' 이 영역까지는 와야 한다. 그다음은 아는 것도 아니고 모르는 것도 아니니까, 아는 것도 쓰고 모르는 것도 쓴다. 즉, 앎에서도 모름에서도 자유로움으로 가야 한다.

자각 자체는 하나이지만 접근하는 방법에는 두 가지가 있다. 온화한 자각과 격한 자각. '온화한 자각'은 심리적 장애가 없고, 존재에 대한 깊은 애정이 있는 사람에게 나타난다. 티베트와 같이 수행 문화와 전통이 이어진 환경에서 존경하는 스승의 따뜻하고 체계적인 교육을 받는다면 가능하다.

파툴 린포체의 제자 뇨슐 눙톡은 18년 동안 스승 곁에서 머물며 수행했다. 어느 고요한 밤, 파툴 린포체는 그를 데리고 사원 뒤 높은 은둔지로 같이 올라가 물었다.

"그대는 마음의 본질을 알지 못한다고 했지?"

제자가 그렇다고 하자 스승은 말했다.

"하늘에서 별이 반짝이는 것이 보이느냐?"

"예."

"저 아래 사원에서 개 짖는 소리가 들리느냐?"

"예."

"내가 말하는 소리가 들리느냐?"

"예."

"그래, 족첸의 가르침이란 바로 그런 거야. 단지 그뿐이지."

뇨슐 늉톡은 그때 일어났던 것을 이렇게 말했다.

"그 순간, 나는 어떤 깨달음에 도달했다. 나는 '있음'과 '없음'의 울타리로부터 해방되었다. 나는 근원적인 지혜, 공空과 본래 갖춰진 깨달음의 온전한 결합을 깨달았다."

- 소걀 린포체, 『티베트의 지혜』 269쪽

위의 이야기에서도 아름답고 따뜻한 느낌이 전해진다. 이러한 자각에 이른 사람은 심리가 매우 정돈되어 있고, 자신이 가는 길에 있어 혼란이 없다. 아쉽게도 한국이나 다른 문화권에서는 이런 경우가 드물다. 특히 선禪의 전통이 남아 있는 동북아시아권에서는 더욱 찾기 어렵다. 제자를 극한까지 밀어붙이거나 무문관 같은 곳에서 스스로 도달하도록 맡겨두는 경우가 대부분이다. 그래서 격한 자각이 주를 이룬다.

忽聞人語無鼻孔
홀문인어무비공

頓覺三千是我家
돈각삼천시아가

六月 巖山下路
유월연암산하로

野人無事太平歌
야인무사태평가

홀연히 콧구멍 없다는 말을 듣고,
비로소 삼천대천세계가 내 집임을 깨달았네.
유월 연암산 아랫길에,
나 일없이 태평가를 부르는구나.

- 경허 선사 -

七日關中亦有言
칠일관중역유언

威音雷若震乾坤
위음뢰약진건곤

欲聆無說傳千古
욕영무설전천고

秋夜寒鐘掛寺門
추야한종괘사문

7일 동안 관중에서 부처님의 법음 소리 들었네,
위엄 있는 천둥소리 천지를 진동했다.
말없이 말한 천고의 진리를 알고 싶었는데,
가을밤 찬 종소리 절 문에 걸렸구나.

- 영파 선사 -

9. 문화와 예술을 통해서 본 의식의 층차

5·6·7·8식을 계속 강조하는 것은 의식을 층차로 이해하는 것이 중요하기 때문이다. 전체인 숲을 보고 나서 부분인 나무를 보는 것과 의미가 같다. 의식 또는 마음은 숲과 같다. 그 크기가 너무나 넓고 깊어 미지의 세계처럼 탐구해도 끝이 없다. 그래서 몇 가지 범주로 나누어 살피고자 하는 것이다. 지구의 바다를 오대양으로 나눈 것도 좀 더 쉽게 접근하기 위해서이다. 바다는 바다다. 바다에 경계는 없으나 임의로 경계를 설정한 것처럼, 마음에 경계는 없으나 임의로 5·6·7·8이라는 경계를 설정했을 뿐이다.

문화예술 작품에 표현된 의식의 층차가 5·6·7·8식에 정확히 맞아떨어지지는 않지만, 현실에서 쉽게 알 수 있는 방법 중 하나다. 그냥 마음의 내면을 보고 의식의 층차를 알고자 하면 어렵지만 표현된 인문학 책이나 예술 작품을 보면 친숙하고 이해하기 쉽다.

1) 도서

① 6식
6식과 관련하여 권하는 책은 자기계발 도서와 심리학 대중서다.

『네 안에 잠든 거인을 깨워라』 앤서니 라빈스(2002)
마음공부의 입장에서 보면 타인의 욕망을 욕망하는 아쉬움은 있지만, 성공을 위한 동기 부여와 전략 분석 등은 배울 만하다. 제목이 훌륭하다.

『뱀의 뇌에게 말을 걸지 마라』, 마크 고울스톤(2010)

인간관계와 사회생활을 할 때 참조할 만하다. 삼중뇌 이론을 실용적으로 설명하고 있다.

『미움받을 용기』, 기시미 이치로, 고가 후미타케(2013)

제목이 가치가 있다. 타인에게 미움을 받아도(맞추지 않아도) 괜찮다. 타인에게 맞추는 것보다 자기대로 사는 게 더 낫다.

『치유 – 있는 그대로의 나를 사랑하라』, 루이스 L. 헤이(2007)

미움받아도 괜찮다. 자기가 자기를 사랑하면 된다. 자신부터 사랑하면 이후 상대를 사랑할 수 있게 된다.

② 7식 - 진심

『호오포노포노의 비밀』, 조 비테일, 이하레아카라 휴 렌(2011)

미안합니다. 용서하세요. 고맙습니다. 사랑합니다. '20세기 최고의 만트라'라는 말도 있다. 자신을 사랑하는 가장 확실한 방법이다.

『비폭력 대화』, 마셜 B. 로젠버그(2004)

6식과 7식을 아우를 수 있는 기술이지만 정말 쉽지 않다. 하지만 한 번은 읽어 보고 넘어가야 한다.

『죽음의 수용소에서』, 빅터 E. 프랭클(2000)

이 책은 심리학 도서지만 존재를 다루고 있다. 존재에 대한 사랑이 없으면 죽음을 받아들일 수 없다. 존재를 온전히 받아들인 자만이 온전한 생명으로 재탄생할 수 있음을 보여주는 책이다.

③ 8식

『무경계』(개정판), 켄 윌버 (2012)

8식에 들어가는 문으로 훌륭하다. '무경계', 경계 없음에 대한 이해. 경계 없음이 공성이며, 공성을 서양인의 관점에서 가장 체계적으로 정리한 책이다. 의식의 스펙트럼에 대해 잘 설명하고 있다.

『나는 누구인가?』, 라마나 마하리쉬 (2005)

8식 자체이며, 제목이 중요하다. 수행, 영성 수련을 한다면 한 번은 읽어 봐야 할 책이다.

『선(禪)의 나침반』, 숭산 대선사 (2010)

선禪의 종합판. 선禪과 각 경전의 요약본이라고 할 수 있다. 연기법과 삼법인, 사성제와 팔정도, 육바라밀행 등 불교 교리와 금강경, 반야심경, 법화경, 화엄경 등 경전의 핵심을 집약하고 있다.

『선가귀감』, 서산대사 ; 『심신명』, 승찬대사

불교의 선禪에 대해 이해할 수 있는 책이며, 짧아서 좋다. 불교의 경전은 8식을 기반으로 한다. 간단하지만 읽고 되새겨야 할 내용이 너무나 많다.

『금강경』, 『반야심경』

말이 필요없는 대승 경전의 핵심.

④ 7식과 8식의 기반 닦기

『티베트의 즐거운 지혜』, 욘게이 밍규르 린포체(2009)

『삶과 죽음을 바라보는 티베트의 지혜』, 소갈 린포체(1999)

이 두 책은 마음공부의 교과서와 같다.

2) 인물

한 사람의 수행 정도를 판단할 때, 그 사람의 사고체계(언어, 글)와 내적 기운의 흐름(에너지) 두 가지를 보고 판단한다. 다만 기운의 흐름(영기장)은 객관화하기 어렵다. 그래서 그 사람의 언어와 글에서 묻어나는 사고체계를 기준으로 의식의 깊이를 파악한다. 이를 구분하는 데 쓰이는 것이 '중론中論'이다.

중론은 인간의 사고체계를 명확하게 파악하고 있다. 6식은 이분법적(맞다, 틀리다)이고 단답형 사고방식이며 타인의 욕망을 욕망하는 사회적 신념 체계를 가지고 있다. 7식의 사고체계는 '맞기도 하고 틀리기도 하다'는 유동적이면서도 범주적인 사고방식이다. 범주적 사고를 한다면 단답에 머물지 않는다. 8식은 무상無相·무아無我를 이야기할 수 있는데, 무상·무아의 사고체계는 따로 없다. 다만 '맞는 것도 아니고 틀린 것도 아니다'라고 표현할 수 있다.

칸트는 "본질은 인간의 사고체계로는 도달할 수 없다"고 했는데, 왜냐하면 인간의 인지는 한계가 있기 때문이다. 인간의 의식은 7식

안에서 작용한다. 8식은 앎이 아니다. 그래서 '모름'을 기반으로 한다고 한다. '앎'을 기반으로 하는 사람은 7식권이다. '모름'을 기반으로 하는 사람은 8식을 쓰는 사람이다. 또 하나, 표정 또한 언어이기 때문에 질문을 던졌을 때 표정과 몸짓의 미세함으로 알 수 있다. 한순간에 그 사람이 어떤 언어, 표현 그리고 표정을 하는지를 보면서 판단하는 것이다.

① 영화로 본 6식의 실존 인물

대다수의 평범한 사람들은 6식으로 살아간다. 7식과 8식도 가지고 있지만, 6식을 주로 쓴다. 한편 6식만 있고 7식이 없는 사람이 있는데, 대표적인 예가 '사이코패스'다. 사이코패스를 다룬 영화는 많다 (〈텍사스 전기톱 연쇄살인사건〉(1974), 〈썸머 오브 샘〉(1999), 〈아메리칸 크라임〉(2007) 등). 이들은 의식(6식)은 선명하나, 진심과 양심이 없다. 오직 육체와 자아라고 불리는 의식만 있을 뿐이다.

② 영화로 본 7식의 실존 인물

7식에 있는 사람들도 모두 평범한 사람들이다. 여기에 예를 든 인물들이 도덕성을 상징하지는 않는다. 단 한 순간 자신의 삶에서 진심을 마주한 인물들이다.

- 〈쉰들러 리스트〉(1993) : '에밀리 쉰들러'. 나치 독일에서 유대인 1,200명을 구했다. 진심과 양심의 전형을 보여주는 인물.
- 〈127시간〉(2010) : '아론 랠스턴'. 등산 중 사고 탓에 죽음에 직면

하였지만 삶을 선택했다. 평범한 사람이 '진심'을 드러내는 순간을 명확히 보여준다.

- 〈와일드〉(2014) : '셰릴 스트레이드'. 자신을 찾기 위해 8,000km를 걸었다. 자신을 찾기 위해 이 정도 거리를 걷는다면, 자신을 만날 수밖에 없다. 많은 사람이 '산티아고 순례길'을 걷는 이유도 이와 같다.
- 〈언브로큰〉(2014) : '루이스 잠페리니'. 2차 대전 폭격수로 참전. 비행기가 격추되어 태평양 바다에서 49일간 표류 후 일본군의 포로가 된다. 지옥 같은 시간 속에서도 마지막까지 삶의 의지를 놓지 않았다.

7식의 모습을 보여주는 영화는 수없이 많다. 감동은 7식에서 나온다. 감동 있는 영화를 본다면 누구나 7식을 경험할 수 있다.

③ 8식을 다룬 영화

근본에 이른 인물 중 가장 대표적 인물이라면 예수님이나 부처님일 것이다. 예수의 삶, 부처의 삶을 다룬 영화는 있지만 그 근본을 다루는 것이 가능할지 모르겠다. 아직은 영화로 표현하는 데 한계가 있는 것이 아닐까! 아니면 영화의 역사가 짧기 때문일 수도 있다. 언젠가는 근본 그 자체를 다룬 영화도 나오지 않을까. 〈리틀 부다〉(1993), 〈패션 오브 크라이스트〉(2004).

3) 미술 작품

① 6식

예술에는 생각, 감정, 욕구, 신념, 기술이 담긴다. 시대를 대표하는 많은 작품이 여기에 포함된다.

② 7식

진심이 담긴다. 7식의 기준이 되는 서양 화가는 '고흐'이며, 한국 화가는 '이중섭'이다. 고흐의 작품과 이중섭의 작품은 기술적 접근은 다르지만 비슷한 느낌을 준다. 그림을 사랑한 한 인간의 진심이 작품에 고스란히 녹아 있다. 미술 작품에 문외한이라도 이들의 작품 앞에 서 있는 것만으로도 뭔지 모를 느낌이 가슴을 울린다.

조선백자 '달항아리'에서도 7식 진심을 느낄 수 있다. 기술을 논하는 것이 아니다. 작품을 보고 있으면 가슴이 울린다. 형태가 같아도 어떤 것은 가슴을 울리고 어떤 것은 울리지 않는다. 국립중앙박물관에 가면 확인할 수 있다.

③ 8식

진심을 넘은 뜻 자체가 담긴다. 본성은 대상이 아니다. 본성을 담을 수는 없지만, '진심을 넘은 뜻 자체'는 담을 수 있다. 예술 작품에 본성의 가장 순도 있는 표현을 담을 수 있다.

8식 또는 공성 그 자체를 표현할 수 없으므로, 불교에서는 ○(원)이라는 일차적인 형태로 표현한다. 옛 작품으로는 추사 김정희의 〈세한도歲寒圖〉와 〈불이선란도不二禪蘭圖〉'에 느낌 없는 느낌이 들어가 있다. 현대의 화가로는 이우환 작가의 작품이 그 너머를 잘 드러내고 있다. 이우환 작가의 작품들에 대해 "선禪을 표현했다"고 하는데 매우 적절한 해석으로 보인다. 부산시립미술관의 '이우환 공간'에서 직접 체험할 수 있다.

김환기 작가의 작품은 7식과 8식을 오가는데 8식뿐 아니라 '세계'를 담았다고 본다. 김환기 작가는 작품 속에 있는 점 하나하나에 자신과 타인의 세계를 담아놓았다. 살아 숨쉬는 세계를…. 8식을 표현했다기보다 이 세계의 모습을 그림에 압축해 놓은 듯하다. 진심을 담으면 고흐의 작품처럼 복제품에도 기운이 담길 수 있지만, 김환기 작가 작품의 경우는 세계의 에너지를 복사할 수 없으므로 원작이 아니면 느낌과 의미가 담기지 않는다. 세계를 복사한다는 것은 불가능해서 원작이 중요하다.

서양 미술품이나 중국 작품의 경우, 심心이 아니라 기술이 뛰어나다. 마음보다는 기술적 표현이 많다. 기술과 마음이 동시에 결합되어 있는 작품은 고려 시대의 〈수월관음도水月觀音圖〉가 대표적이다. 〈수월관음도〉에는 6식부터 8식까지 모두 담겨 있다. 서양의 경우, 신神을 표현한 어떠한 작품에도 마음心이 담겨 있지 않고 형태만 있는 추상화에 가깝다. 신은 구체화할 수 없고 인간은 신의 종으로 기능할 뿐, 인간이 신을 담는다는 인식이 없기 때문으로 생각된다. 인간의 상상이나 꿈을 담은 추상화 같은 느낌을 준다. 같은 추상적인 그림이지만 〈수월관음도〉에 마음이 담긴 것은 동양의 문화 때문일 것이다. 인간의 마음속에 부처나 보살이 될 수 있는 씨앗이 있다고 보고, 마음이 곧 부처, 보살이기에 작품에 마음을 담는 법이 발달한 것이 아닐까!

4) 시(詩)

① 7식을 담고 있는 대표적인 시

INVICTUS

William Ernest Henry, 1875

Out of the night that covers me,
Black as the pit from pole to pole,
I thank whatever gods may be
For my unconquerable soul.

In the fell clutch of circumstance,
I have not winced nor cried aloud.
Under the bludgeonings of chance
My head is bloody, but unbowed.

Beyond this place of wrath and tears
Looms but the Horror of the shade,
And yet the menace of the years
Finds, and shall find me, unafraid.

It matters not how strait the gate,
How charged with punishments the scroll,
I am the master of my fate:
I am the captain of my soul.

2부 __ 견성과 깨달음 이후

굴하지 않으리

윌리엄 어니스트 헨리, 1875

나를 감싸고 있는 밤은
온통 칠흑 같은 암흑
억누를 수 없는 내 영혼에
신들이 무엇을 하든 감사를 표한다.

어쩔 수 없는 환경의 손아귀에 걸려들어도
나는 굴하거나 소리 내어 울지 않았다.
내리치는 위험 속에서도
머리는 피투성이였지만 고개를 숙이지는 않았다.

분노와 눈물의 이 땅 너머엔
어둠의 공포만이 어렴풋이 떠오른다.
세월의 오랜 위협에도
나는 두려워하지 않을 것이다.

문이 얼마나 좁은지
얼마나 많은 형벌을 감내해야 하는지는 중요하지 않다.
나는 내 운명의 주인이고,
나는 내 영혼의 선장이다.

- 『결국 당신은 이길 것이다』 나폴레온 힐(2013)

② 8식을 보여주는 대표적인 시

… To see a World in a Grain of Sand
And a Heaven in a Wild Flower
Hold Infinity in the palm of your hand
And Eternity in an hour …

… 한 알의 모래 속에 세계를 보고
한 송이 들꽃 속에 천국을 본다
네 손바닥 안에 무한을 거머잡고
순간 속에서 영원을 붙잡는다 …

- 윌리엄 블레이크, 〈순수의 전조Auguries of innocence〉 [18]

③ 김춘수 시인의 '꽃'을 통한 6·7·8식 해석

꽃

내가 그의 이름을 불러주기 전에는
그는 다만
하나의 몸짓에 지나지 않았다.

내가 그의 이름을 불러주었을 때,
그는 나에게로 와서

---

18 장영희의 영미시 산책 〈39〉 한 알의 모래에서 우주를 보라. 2020.08.19.자 조선일보 웹사이트.
https://www.chosun.com/site/data/html_dir/2004/08/15/2004081570193.html.
2022.12.9.에서 얻음.

꽃이 되었다.

내가 그의 이름을 불러준 것처럼
나의 이 빛깔과 향기에 알맞는
누가 나의 이름을 불러다오.
그에게로 가서 나도
그의 꽃이 되고 싶다.

우리들은 모두
무엇이 되고 싶다.
너는 나에게 나는 너에게
잊혀지지 않는 하나의 눈짓이 되고 싶다.

　　이것은 시인의 의도와는 상관없는 자의적 해석이다. 이 시는 이름
이라는 상징성과 인식이라는 인간의 기능적 측면을 잘 보여준다. '나'
는 '인식 주체'를 상징하고, '꽃'은 '인식 대상'을 말하며, '이름'은 주체
와 대상의 '관계 맺음'을 말한다. 이름을 부르고, 이름으로 불리는 것
은 서로 간에 의미와 가치를 이해·존중·인정받고자 하는 것이다. '눈
짓'은 의미 있고 가치 있는 존재로 남고자 하는 표현이다.
　　이름이 부여됨으로써 인식 주체(나)와 대상(꽃)이 드러난다. 이는 주
체와 대상이 이름으로 연결되었다고 볼 수도 있고, 주체와 대상이 분
리되었다고 말할 수도 있다. '내'가 이름을 부르는 순간 나도, 꽃도 존
재하며 서로 간의 의미와 가치가 형성된다. 6식 상태에서는 '의미와
가치가 있는 존재'로 남고자 하므로 호불호가 형성되고, 의미가 있으
면 취하고 의미가 없으면 버린다.

내가 그의 이름을 불러주기 전에는

그는 다만

하나의 몸짓에 지나지 않았다

이 구절은 8식을 상징한다. 유식학의 관점에서 8식으로 보면 인식 주체와 인식 대상은 하나다(유식무경; 唯識無境). 이름이 붙지 않은 상태, 어떠한 경계도 없이 단지 '그것'만이 존재한다. 대상이지만, 대상 간의 경계가 없어서(무경계; 無經界), 이름이 아닌 '몸짓'이라 표현하였다. 단지 그러하다. 주시 상태로 볼 수 있기에, 어떠한 의미와 가치도 존재하지 않는다. 혹자는 '몸짓도 이름'이라고 볼 수 있다. 하지만 이름이라 할 것도 없다. 할喝!

내가 그의 이름을 불러주었을 때,

그는 나에게로 와서

꽃이 되었다

이 구절은 7식을 상징한다. 누가 이름을 부르는가? '나'. 누구에게 이름을 부여하는가? '꽃'. 나도 있고, 너도 있고 '오고 감'으로써 관계가 형성되었다. '관계'에는 의미와 가치가 따라온다.

'이름을 부른다'는 것 자체가 존재적 의미와 가치를 부여하는 행위가 된다. '꽃'이라는 이름이 부여되었다. '나와 너'라는 경계가 만들어지고, 그 경계에는 의미와 가치가 따라오고, 의미와 가치는 하나의 '형形과 상像'이 된다.

내가 그의 이름을 불러준 것처럼
나의 이 빛깔과 향기에 알맞은 누가 나의 이름을 불러다오
그에게로 가서 나도 그의 꽃이 되고 싶다

이 구절은 7식의 연장선 위에 있다. 내가 나로 존재한다면 누군가가 부여한 의미와 가치가 필요하지 않다. 자신이 스스로 이름 짓고 스스로 의미를 부여할 수 있다. 하지만 누군가에게 의미와 가치 있는 존재가 되고 싶은 것도 존재의 본능이다. 내가 나로 존재하지만 내가 나로만 존재할 수 없는….

우리들은 모두
무엇이 되고 싶다.
너는 나에게 나는 너에게
잊혀지지 않는 하나의 눈짓이 되고 싶다.

이 구절은 글자 그대로 보면 6식(의식)을 표현하고 있지만, 전체 시의 흐름 속에서 본다면 견성 후 다시 삶으로 돌아온 것을 담고 있다. 공성을 기반으로 6·7·8식을 경계 없이 아우르는 것으로 볼 수 있다.
6식을 쓰는 우리는 '누군가에게 의미 있는 무엇이 되고 싶어' 한다. 견성 후에 다시 6식으로 돌아와서 본다면 이 구절은 무엇이 되고 싶어 하는, 무엇이 되어 있는 '존재 그 자체의 표현'이다. 경계 없이, 경계를 아우르는 '눈짓' 그 자체, 곧 사랑이다.

3장

의문탐구법

6식과 7식에 대한 이해와 체험이 있다면 '존재에 관한 진실과 실체'를 탐구하는 영역으로 넘어갈 수 있다. '존재의 진실'을 달리 표현하자면 '나는 누구인가에 관한 해답'이다. 이를 얻기 위한 수많은 방편이 있지만 여기서는 '의문탐구법'으로 다가간다.

'의문탐구법'은 라마나 마하리쉬의 '자아탐구법'을 변형한 것이다. 자아탐구법의 원리와 유사하지만, 진정한 자아를 탐구하기 위해서는 끝없는 '의문'이 필요하다. 자기 존재에 대한 것이든 세상에 대한 것이든 의문이 있어야 해답도 나올 수 있어서 '의문'을 강조하기 위해서 '의문탐구법'이라 칭한다. 또한 의문탐구법은 간화선 수행의 방법인 '의정疑情'과도 이어진다. 의정이란 의심이 깊어진 것을 말한다.

1. 전제 조건

1) 의식의 최소한의 조건

'나는 나다'라는 심리적 주체성이 먼저 확립되어야 한다. 심리적 주체성이 확립되어 있지 않다면 무의미(허무) 또는 심리적 혼란에 빠지기 쉽다. 존재를 들여다보는 것은 자기를 무너뜨리는 것과 같다. 세우기도 전에 무너뜨릴 수는 없다. 그리고 자신을 세워 본 사람은 무너뜨려도 언제든지 다시 일어날 수 있다.

2) 이완

몸과 마음이 이완되어야 내적 집중이 이루어진다. 이완과 집중은 둘이 아니다. 몸과 마음이 이완(편안함, 안정)될 때 현재 의식은 무의식 깊이 스며들며 온전한 집중이 이루어진다. 산책하면서 탐구하는 것이 유리한 것도 몸과 마음의 자연스러운 이완 때문이다. 앞에서 이완하는 방법을 다룬 것도, 미소법에서 이완을 중요하게 여긴 것도 모두 의문탐구법을 하기 위한 준비 과정이라 해도 과언이 아니다. 의식이 이완되지 않으면 의문은 존재성 차원으로 깊게 내려가지 못할뿐더러 내려간다 해도 또 다른 사로잡힘(집착)이 발생한다. 그리고 존재성의 문제는 심리적 문제와 결부되어 유사 자각 또는 공망이라 부르는 수많은 문제를 발생시킨다.

3) 7식에 대한 이해

진심에 대한 이해와 느낌이 있으면 의문탐구 방법은 매우 쉽다. 7식에서 그냥 편안한 마음으로 의문만 던지면 된다. 내면에 의문이라는 돌을 가볍게 던지면 어느 날 해답이라는 돌이 불쑥 올라온다.

2. 의문탐구 방법

　의문에 관한 해답은 찾는 것이 아니다. 의문이 깊어질수록 해답은 자연스럽게 수면으로 떠오른다.

본다
듣는다
말한다

　이를 해석하면 나는 본다(나=봄), 나는 듣는다(나=들음), 나는 말한다(나=말함)이다. 즉 나와 보는 행위, 듣는 행위, 말하는 행위가 동일시同一視된다. 이를 달리 말하면 다음과 같다.

보는 나는 누구인가?
듣는 나는 누구인가?
말하는 나는 누구인가?

　자신에 대한 진정한 의문이 들 때까지, 의문탐구법을 일상생활에서 하루 24시간 계속한다.

눈뜬 나는 누구지?
이를 닦는 나는 누구지?
밥을 먹는 나는 누구지?
출근하는 나는 누구지?

　　　　　　　　　　2부 __ 견성과 깨달음 이후

화내는 나는 누구지?

슬퍼하는 나는 누구지?

힘들어하는 나는 누구지?

골치 아파 하는 나는 누구지?

짜증 내는 나는 누구지?

의미 없어 하는 나는 누구지?

1) 구체적인 질문 방법

① 대상이 선명한 단답형 질문

- 몸을 보고 느껴 본다.
  - 내가 몸을 가지고 있지만, 몸이 나 자체는 아니다. 나는 누구인가?
  - 피부, 근육, 오장육부, 뼈를 가지고 있지만, 그것들이 나 자체는 아니다. 나는 누구인가?
- 생각을 해본다.
  - 내가 생각하지만, 생각 자체가 나는 아니다. 나는 누구인가?
- 감정을 느껴 본다.
  - 내가 감정을 가지고 있지만, 감정 자체가 나는 아니다. 나는 누구인가?
  - 분노, 슬픔, 두려움, 자책 등을 느끼지만, 이것은 내가 아니다. 나는 누구인가?
  - 마음이 나라고 하지만, 마음이 나 자체는 아니다. 나는 누구인가?

- 영혼을 나라고 믿지만, 믿음 자체는 내가 아니다. 나는 누구인가?

② 범주를 가지고 질문하기

* '어제의 나'와 '지금의 나'는 같은가, 다른가?
* '잠든 나'와 '깨어 있는 나'는 같은가, 다른가?
* 같다고도 다르다고도 할 수 없는 나는 누구인가?
* 무엇이 진정한 나인가?

③ 범주를 벗어난 질문

* 먹어도 먹은 바가 없다 – 먹었으면서, 왜 먹은 바가 없다고 할까?
* 보아도 본 바가 없다 – 보았으면서, 왜 본 바가 없다고 할까?
* 말해도 말한 바가 없다 – 말했으면서, 왜 말한 바가 없다고 할까?
* 왜 저런 말을 하는 것일까? 이러한 말의 진정한 의미는 무엇일까?

2) 의문탐구법의 주의점

① 생각으로 의문을 품게 되면 머리가 굳어진다. 머리로 궁금해하기보다는 가슴이 궁금해야 한다. 산책을 통해 의문을 탐구하는 것이 가장 자연스럽다.

② 의문을 품되 인위적으로 정의를 내리거나 답을 내서는 안 된다. 예를 들어 '나는 나야!'라고 하면, 이것은 해답을 내린 것이다. '이런 행위는 무의미해'라는 생각이 든다면, '무의미라고 결론

내린 나는 누구인가?'로 돌아가야 한다. '의미 있다, 의미 없다'라는 것을 찾기 위해서가 아니라 정말 자신의 존재를 궁금해하는 것이 중요하기 때문이다. '내가 없다고 생각하는 나는 누구지?', '무의미하다고 결론 내린 나는 누구지?'

③ 심리적 장애물이 많은 사람은 의문탐구법 이전에 반드시 자기치유와 정화를 해야 한다. 의문탐구법을 통해 의식이 깊어지면 현재 의식, 무의식, 집단무의식, 영혼의 카르마를 만나게 되는데, 심리적 장애가 많은 상태에서 의문탐구법을 하게 되면 심리적 충돌이 심해질 수 있다. 자각했다고 해도 심리적 치유나 정화가 선행되지 않으면 문제가 될 수 있다. '깨달아도 문제다.'

④ 어떤 상태의 체험(우주와의 합일, 내가 없어짐, 고요함, 몸이 빛으로 변함, 사랑 충만)이 온다면 '재미있는 경험이구나' 하고는 일상으로 돌아가 탐구를 계속한다. 체험은 좋지만, 별로 중요하지는 않다. 빛을 보는 나는 누구인가? 고요함을 느끼는 나는 누구인가? 우주와 합일된 나는 누구인가?

3) 의문탐구의 원리

① 고요한 상태에서 의문을 품게 되면, 의문과 함께 회전력이 발생하여 그 흐름을 타고 의식이 머리에서 가슴으로 내려가게 된다. 그 상태에서 의문을 계속해서 던지면, 가슴으로 내려간 의식은 내면 깊이 더 파고든다.

② 의문은 내면 깊은, 존재의 근원으로 돌아가려는 회귀 현상을 일으킨다. 존재 자체(근원)로 회귀하는 흐름이 만들어지는 것이다.

'나는 누구인가'라는 의문을 갖게 되면 머리에 있는 의식이 가슴의 내면 의식으로 내려오게 된다. 이때 일반적으로 개인의 무의식과 집단 무의식을 만나게 되는데, 여기서는 여러 가지 체험을 하기 쉽다. 이 영역을 벗어나면 다시 절벽에 서 있는 느낌(백척간두) 또는 철벽을 만난 느낌(은산철벽)이 든다. 이러한 느낌의 벽을 뚫거나 넘어가기는 쉽지 않다. 절벽을 건너가는 다리가 만들어지거나 철벽을 뚫을 힘이 생길 때까지 의문을 지속해야 한다.

이 다리를 건너거나 벽을 뚫게 되면 '너와 내가 없음'을, '너와 내가 다르지 않음'을 체득하게 된다. 그리고 자연스럽게 불교에서 말하는 제행무상諸行無常, 제법무아諸法無我에 대한 이해도 따라온다. 이를 '견성見性' 또는 '자각自覺'이라 부른다(不二). 이제 비로소 자유의 첫걸음이 시작되는 것이다.

한 가지 우려되는 점은 의식이 무의식과 집단무의식을 만나기 때문에 이 부분이 정화되어 있지 않으면 생각보다 문제가 많이 발생한다는 것이다. 무의미 또는 허무, 무언가를 보았다는 특별함에 빠지거나, 의식이 불분명한 상태로 오랜 세월을 보내게 되는 경우도 많이 생긴다. 따라서 몸과 마음의 정화가 반드시 수반되어야 한다. 주시명상, 이름명상, 미소법 같은 다양한 방법을 통한 심리 정화와 치유가 선행되어야 한다는 것을 다시 한 번 강조한다.

4) 의식이 깊어진 것을 확인하는 방법

① 스스로 확인하는 방법

의식이 얼마나 깊어졌는지 확인하는 방법은 의외로 간단하다. 손뼉

을 쳐 보고 그 소리가 어디에서 들리는지 느껴 보면 된다. 귀에서 들
린다면 아직 의식이 깊어지지 않은 상태로 볼 수 있다(6식 상태). 감동
을 주는 노래는 가슴을 울린다. 또한 고흐·이중섭 작가의 작품이나
국립중앙박물관에 전시된 백자·청자 등 다양한 유물을 보면서 마
음을 깊이 느껴 본다.

또 다른 방법은, 스스로 '나는 누구인가'를 말한 다음 그 반응을 살
피는 것이다. 의식이 머리에 있으면 반응이 귀에서 들리는 느낌이
들고, 의식이 깊어져 있으면 가슴에서 반응이 느껴진다. 공망空亡에
빠져 있으면 반응하는 느낌이 선명하지 않고 희석되어 퍼지거나 머
리 위에서 느껴진다. 의식의 깊이에 따라 명징함과 선명도가 달라
지는데, 의식이 깊을수록 존재의 중심으로 다가간다. 의식이 존재의
중심에 도달하게 되면 안과 밖의 구분이 모호해진다.

② 타인에게 확인하는 방법

자신이 누구인지 말해 보라고 한다. 또는 '당신은 누구입니까?'라는
질문을 3회나 5회, 길게는 10회까지 반복해서 묻고 답변을 들어 본
다. 그 사람의 얘기를 가만히 들어 보면 어디선가 듣거나 읽고 하는
말인지, 진심에서 하는 말인지 누구나 알 수 있다. 말은 한마디 하지
않아도 온몸이 말한다. 온몸(눈빛, 태도)의 반응을 살핀다.

왜 의문탐구법을 사용하는가? 쉽기 때문이다. 일상생활에서 내
면으로 쉽게 들어갈 수 있기 때문이다(생활 탐구). 화두 참구를 하게 되
면 의식이 가슴으로 내려오지 않고 머리 표면에 머무는 경우가 많다.

반면 화두 참구를 제대로 하게 되면 의식이 뇌하수체, 송과체를 거쳐 머리 중심 한가운데로 들어간다. 이는 의식이 가슴 한가운데로 들어가는 것과 다를 바 없지만, 이 정도까지 화두 참구를 하는 경우는 매우 드물다. 대개는 화두를 참구하려고 머리로 애를 쓰기 때문에 상기병에 걸려 고생하기 십상이다. 화두 참구는 엄청난 집중력이 필요하기에 일반적으로는 쉽지 않다.

마치 어머니가 아이를 품어 돌보고 키우듯이, 정성스럽게 의문을 품고 돌보며 길러 나가면 어느 날 문득 자각이 찾아올 것이다. 이것은 사실이다. 참으로 황당한 사실이다. 깨달은 자의 눈으로 보았을 때, 더욱 황당한 것은 사람들이 '자기가 자기를 모르고 있다는 것'이다. 깨달음이 황당한 것이 아니라 깨닫지 못하는 것이 더욱 신기하다. 물고기가 물속에서 헤엄치지만 물을 모르는 것과 같고, 새가 하늘을 날지만 하늘을 모르는 것과 같다. 깨달음은 세수하다 코 만지기보다 쉽다고 하지만, 세수하다 코를 안 만지기만큼 어렵기도 하다.

4장

견성(공성 자각)

어느 분이 수행을 하다가 꿈을 꾸고 나서 말했다. "각양각색의 나비가 날아올랐어요." 그 이야기를 듣고 있던 도반이 그 사람을 빤히 쳐다보며 "한 경계 하셨네요!"라고 말했다. 그 사람은 그때는 그 말이 무슨 뜻인지 몰랐는데 1년이 지난 후에야 자신이 깨달았음을 알게 되었다.

깨달음의 순간은 사람마다 다 다르다. 개인의 상황, 조건, 체험 모두 다르다. 누구는 크게 소리 지르고, 누구는 크게 울고, 누구는 픽 웃을 뿐이다. 깨달음을 어렵게 느끼기 때문에 깨달음을 얻은 사람이 희귀하다고 생각하겠지만, 깨달은 사람은 생각보다 많다. 깨달았다 하더라도 자신이 깨달았음을 모르거나 그냥 지나가는 일상으로 생각해 버리기도 한다. 중요한 것은 자신이 깨달았음을 '아는 것'이다.

깨달음에는 경계가 없다. 수행을 통한 노력으로도 찾아오지만, 어느 날 문득 찾아오기도 한다. 라마나 마하리쉬는 열일곱 살 때 자신의 본질을 알게 되어 아루나 찰라 산으로 들어갔고, 에크하르트 톨레와 바이런 케이티는 극심한 우울증을 겪던 중 어느 날 갑자기 자아에서 벗어났다. 이들은 무대에 올라 세상에 알려진 분들이다.

하지만 깨달았으나 알려지지 않은 분들도 부지기수다. 여기에서 의문이 제기된다. 깨달았다는 것을 어떻게 알게 되는 것일까? 깨달음을 확인할 방법은 없는 것일까?

1. 견성 확인의 의미 : 자비의 기틀

이것은 개인적 견해다. 객관은 없다, 주관만 있을 뿐. 자각은 사실의 측면에서 논하는 것이 아니라 가능성의 측면에서 논한다. 이는 '자각했다, 아니다'라고 표현하는 것이 어렵기 때문이다. 깨달음이 무엇인가에 대한 정의도 사람마다 제각각이며, 누구에게는 정확한 사실이나 누구에게는 그렇지 않기 때문에 '가능성'이라고 표현할 뿐이다. 아는 사람에게는 쉽고, 모르는 사람에게는 어렵다. 누군가는 신통을 깨달음이라고 하지만, 신통과는 전혀 다르다. 깨달음을 객관적으로 제시해서 증명할 방법은 없다. 깨달음은 인간의 인지 범위를 넘어서는 영역이므로, 깨달음을 증명한다는 것 자체가 언어도단, 언어로써 설명할 수 없는 것이다. 언어 너머에 있는 것이므로 가능성이라고는 하지만, 사실 '가능성'이라는 표현도 맞지 않는다.

자각에 '의미가 있다, 없다' 할 것은 없다. 물이 물임을 알고, 하늘이 하늘임을 아는데, 무슨 의미를 붙일 수 있을까! 그래도 의미를 생각한다면 앞서간 선현과 성인이 바라본 뜻을 되새길 뿐이다. 견성(공성자각)의 확인은 일종의 마디 맺음의 관점으로 본다. 부처님에 비할 바가 아니고, 성인과도 비교할 수 없으나 깨달음은 깨달음이다. 반딧불은 태양과 비교할 수 없고, 이슬은 바다와 비교할 수 없다. 하지만 같은 빛이요 같은 물이기도 하다.

작은 반딧불을 모아 전등이 되고, 전등을 모아서 태양 빛으로 다가설 수 있다. 또 작은 이슬이 모이면 강물이 되고, 강물이 모이면 바다가 되듯이 견성(공성자각)을 성인과 부처로 나아가는 가능성의 시작점으로 볼 뿐이다. 많은 이들이 견성을 공부의 끝으로 보지만, 견성은 에고 ego의 마디 맺음이자 공부의 진정한 출발점이다.

이제 비로소 진심으로 내 생각을, 내 감정을, 내 욕망을 하나씩 내려놓을 수 있는 기틀이 만들어졌다는 것으로 받아들인다면 공부(수행)를 더욱 열어 갈 수 있는 발판이 되겠지만, 특별함이나 어떤 성취의 경계經界로 받아들인다면 말 그대로 경계境界가 되어 버린다. 나와 네가 다르지 않음을 진정 이해했다면 그것으로 충분하다. 이 바탕에서 상대(생명)를 진심으로 이해하고 존중하고 인정할 수 있는, 경계 없는 바탕이 생겼음에 감사하는 것이다. 티베트의 기도문에 그 의미가 분명하게 나와 있다.

모든 살아 있는 존재가
행복과 행복의 원인을 갖게 되기를

모든 살아 있는 존재가
고통과 고통의 원인에서 해방되기를

모든 살아 있는 존재가
즐거움과 즐거움의 원인을 갖게 되기를

모든 살아 있는 존재가
좋아함과 싫어함에서 벗어나 대평안에 이르기를

- 티베트 사무량심四無量心 기도 -

이 기도문이 진심에서 우러나올 수 있는 바탕, '나'와 '너'가 없는 한마음으로 나아가는 디딤돌이며 주춧돌이 되면 충분하다. "10년 수행하면 20년 봉사할 수 있다"는 달라이 라마의 말씀처럼 비움을 바탕으로 한 진정한 봉사의 길로 한 발 나아감이다. 대행스님이 말씀하신 "공생共生, 공심共心, 공용共用, 공체共體, 공식共食"하는 한마음에 좀 더 진심 어린 마음으로 고개 숙여 절할 뿐이다.

2. 견성 확인 방법

기운으로 보면 공성 자각한 사람의 가슴이나 머리의 중심부가 마치 태풍의 눈처럼 뚫려 있다. 명쾌하게 열렸으면 확실히 알 수 있지만, 미약하게 열려 있으면 섬세하게 다가가야 한다. 아니면 더 크고 명쾌하게 열릴 때까지 기다린다.

견성을 하면 중심이 만들어진다. 중심 그 자체가 중심이 되어서 에너지적으로 텅 비어 있는 '태풍의 눈(에고체가 떨어짐)'이 만들어지고, 그곳으로 에너지가 빨려들어간다. 처음 견성했을 때는 선명하지 않지만, 자각이 깊어지거나 확립되면 태풍의 눈이 점점 커지면서 송과체 에너지와 하단 에너지가 심장으로 흘러간다. 이를 티베트 밀교 수행에서 적보리와 백보리가 심장에서 융합되어 정광명淨光明이 발현된다고 표현하는데, 일반인이라도 자각하면 이와 유사한 현상이 나타난다.

위에서 스스로 견성을 확인하는 방법을 제시하고 있지만, 100% 확신하기란 어렵다. 다만 깨달음을 확인한다고 해도 스스로 '많이 도달했구나' 생각하고, 이후 계속 확인해 나가야 한다. 이는 확인하는 과정일 뿐, 깨달았다 하더라도 깨달았다고 확신해 버리면 확신에 매이는 결과를 낳는다. 또 누군가 스승이나 권위자가 인가해 주어도, 그 사람의 인가를 믿는 게 아니고 스스로 확인하는 바탕으로 삼아야 한다. 많은 이들이 인가를 목말라하고 찾아다니는 풍토가 오류를 만든다.

깨달으면 끝이라 생각하는 것만큼 '어리석고 멍청한 짓'은 없다. 깨달았든 깨닫지 못했든 삶은 계속된다. 더욱이 당신이 공부하는 사람이라면 깨달았든 깨닫지 못했든 공부는 계속해야 한다.

깨달음의 순간은 오도송悟道頌으로 표현된다.

我是訪吾物物頭　아시방오물물두
目前卽見主人樓　목전즉견주인누

呵呵逢着無疑惑　가가봉착무의혹
優鉢花光法界流　우발화광법계류

내가 나를 온갖 것에서 찾았는데
눈앞에 바로 주인공이 나타났네
허허 이제 만나 의혹 없으니
우담바라 꽃빛이 온누리에 흐르네

- 경봉 선사(1892~1982) 오도송 -

스스로 깨달음을 확인하는 방법은 다음과 같다.

1) 편안한 가운데 시를 쓴다

그냥 느낀 바를 글로 쓴다. 시, 산문 무엇이라도 상관없다. 글 쓰는 것이 힘들다면 그림을 그려도 된다. 진심 어린 글, 그림이면 충분하다. 그 글과 그림에 담겨 있는 분위기를 보면 된다. 이것은 자료로 남기에 다음에 다시 확인해 볼 수 있다.

불교에서는 게송偈頌(불교에서 붓다의 공덕이나 가르침을 찬탄하는 한시 형식의 노래) 을 읊는다. 선禪 공부를 했다면 몰라도 불교를 모르는 일반인이 게송 을 알기는 어렵다. 스님은 한시漢詩 개념이 포함된 오도송을 짓지만, 일반인은 본인의 자각 순간, 또는 그 순간이 아니라도 공부하면서 일 어나는 느낌을 산문이나 시로 써서 3개월, 6개월, 1년 뒤에 다시 읽 어 본다. 읽어 봤을 때 자연스럽게 웃음이 나온다면 글을 썼을 때나 지금이나 내가 변함이 없다는 것이고, '이 글을 왜 썼지?'라는 생각 이 든다면 그냥 순간의 느낌만 들어 있는 것이므로 자신의 공부를 다 시 생각해 볼 필요가 있다. 글이 부끄럽더라도 잘못된 글이 아니라고 느껴지면 괜찮다. 즉 느끼는 바를 글이나 시로 써두고 3개월, 6개월, 1년 뒤에 다시 읽어 보면 머리로 쓴 것인지 체험, 경험이 우러난 것인 지 알 수 있다.

2) 시선과 소리로 확인하는 방법

깊고 고요한, 편안한 상태여야 한다. 차 한 잔을 하고 고요해진 상 태면 좋다. 또는 샴페인이나 와인 같은 술을, 취하지는 않도록 가볍게 한 잔 해도 괜찮다. 본인이 있는 그곳에서 무심히 사물을 바라보거나, 주변의 소리를 들어 본다. 꼭 집이 아니라 카페 같은 곳도 상관없고, 산책길도 괜찮다. 다만, 고요하고 편안한 가운데 가만히 한 존재로 앉아 있음을 알고 있어야 한다. 그러한 상태라면 의식이 최소한 7식권에 있는 것이다. 그 가운데서 대상을 보거나 소리를 듣는다. 소리를 듣는다면, 아마도 소리는 소리 자체로 있을 것이다. 듣는 나도 없고, 소리도 없다. 하지만 듣는 나도 있고, 들리는 소리도 있다. 내가 소리임을, 소리가 나임을 알게 된다. '안다'라고는 하지만 아는 것이 아니라, 그런 느낌이 다가올 뿐이다. 그래서 빙긋 웃음만 나온다. 소리를 듣지만, 듣는 것이 아니라는 것을 알게 된다. 소리가 내 존재의 한가운데, 내 심장의 한가운데, 내 영혼의 한가운데 있음을 느낀다면 자각의 영역에 있다고 할 수 있다.

대상을 볼 때도 '봄'과 '보임'은 같은 것이므로 '보는 나'도, '보이는 대상'도 없다. 생각하면 한순간 이상하게 여겨질 수도 있다. 생각으로는 있을 수 없는 현상이지만, '그러하다'고 느껴진다. 그러므로 미소가 지어질 뿐이다. 당신의 일상에서 이러한 경험이 자연스럽게 일어난다면 깨달음에 가까운, 그 상태에 들어가 봤기 때문이다.

3. '견성(見性)'이라는 이름에 대한 경계

본질에 대한 이해가 전혀 없어도 견성하는 사람들이 있다. 수행이나 마음공부와는 거리가 먼 삶을 살아온 사람이 갑작스럽게 견성을 한 경우, 그것을 특별히 여기지 않아서 오히려 일상을 잘 살아가기도 한다. 한편 자아가 확립되지 않은 10대나 20대의 어린 나이에 본질을 보면 자아를 형성하는 힘이 약하기 때문에, 자각했다 해도 허무에 빠지기 쉽다. 즉 자신의 존재감, 존재의 실체를 잃어버린 듯한 느낌 때문에 채워지지 않는 무의미·허무·허탈·공허에 빠져 무언가를 끊임없이 갈구하기도 하고, 더한 경우에는 정신질환, 특히 조현병이 발생할 수도 있다.

견성을 하면 송과체(뱀의 뇌)가 발달해 본능이 극대화되면서 에고가 극단으로 치닫는다. 일반적으로 송과체가 발달하면 직관과 통찰이 발달한다고 생각하지만, 그와 동시에 식욕·성욕 같은 본능도 강렬해진다. 그래서 자신이 편한 상태, 자신이 원하는 쪽만 지향하려고 한다. 즉 에고의 가장 편한 상태를 지향하는 것이다.

그러므로 자신의 본능을 다스릴 수 있을 만큼 자아가 단단하지 않은 상태에서 견성을 하는 것은 기뻐할 일만은 아니다. 본질을 본 후, 설령 의식이 해체된다 해도 재편성하는 힘이 필요하다.

본질이라는 것은 사실 접근할 수 있는 경로나 도구가 없어서 이런 상황에서 의식의 경계가 없음을 체험하고 나면 의식의 해체가 일어난다. 엄밀히 말하면 자각 이후에 의식이 해체되어도 자연스럽게 두면 재편성되는데 억지로 무언가를 하려고 해서 어려움이 생긴다. 이

때 의식을 재조립하지 못할 경우 정신질환이 발병할 수 있다. 존 내쉬John Nash, 게오르크 칸토어Georg Cantor, 임마누엘 칸트Immanuel Kant, 루트비히 비트겐슈타인Ludwig Wittgenstein, 아르투어 쇼펜하우어Arthur Schopenhauer와 같이 철학적 본질을 다뤘거나 무한無限, 0을 다룬 학자 [19] 들의 경우가 그러하다. 서양은 무한(경계 없음)에 대한 이해가 없는 데 반해 동양의 사고체계에서는 신神을 무한으로 보기도 하며 오래전부터 무한, 한계없음, 경계 없음에 대한 이해가 있었기 때문에 의식 붕괴가 별로 일어나지 않는다. 반면 서양에서는 무한이 상대적으로 최근에 언급되기 시작했다. 한편 서양 인물 중에서 안정되게 자각한 인물로는 톨스토이가 있다.

자각해도 문제가 생기고, 자신이 자각한 줄 몰라도 문제가 생긴다. 가슴으로 견성했을 때 종종 나타난다. 평소에 깨달음이나 영성에 대해 생각해 본 적이 없는 경우, 본질에 대한 이해에 접근하려 하지 않았던 경우, 이와 관련된 최소한의 지식이 없는 경우에 그럴 수 있다. 견성했음을 모르기 때문에 본인이 무엇을 공부하고, 무엇을 해야 할지, 어떻게 살아야 할지 모른다. 견성을 알지 못하기 때문에 견성을 굴리지 못한다. 손에 보석을 쥐고 보석을 찾아다니는 꼴이다. 공부하는 사람의 경우 표지판을 보고도 엉뚱한 곳으로 가는 것과 같다. 그러므로 자기가 깨달았음을 알아야 한다.

한편 자각한지를 몰라도 문제지만 알아도 문제가 될 수 있다. 자각은 문제가 없는데, 자각한 체험 자체에 특별함을 부여하거나, 자신이 자각한 특별한 사람이라는 상像을 붙잡는 것을 경계해야 한다.

---

19 아놀드 루드비히 저, 김정휘 역, 『천재인가, 광인인가』, 서울 : 이화여자대학교출판문화원, 2007.

4. 유사 자각(공망; 空亡)

1) 개념으로 만들어진 자각

유사 자각은 머리가 뛰어나면서 힘(권위)을 추구하는 사람에게 나타난다. 견성에 관한 수많은 지식을 습득하여 자신이 마치 그 상태에 있는 것처럼 느끼는 것이다. 불교 관련 다양한 서적(경전)에 대한 이해와 독파를 바탕으로 자신도 자각했다고 생각하는 것이다.

예를 들어, 선불교에서 견성을 증명하는 방법의 하나인 '오도송'을 많이 읽어 익숙하다 보니 오도송과 유사한 시를 지어 흉내내는 경우도 있다. 여기에 권위(큰스님, 수행 단체의 장)가 붙게 되면 이 힘은 더욱 공고해진다. 권위를 가진 사람이 각성했다고 하는데, 누가 무슨 말을 할 것인가?

또한 역대 깨달았다고 인정받은 사람을 흉내내기도 한다. 경전에 나오는 성인들, 깨달은 사람의 말과 행동을 수없이 읽고 취해 와 따라 하면서 스스로 깨달았다고 착각하는 것이다. "깨달음이란 무엇입니까?"라고 물으면 구지 선사처럼 손가락을 세우거나, 임제 선사처럼 '할!'을 외친다. 이를 '개념으로서의 깨달음' 또는 '공망'이라고 부른다. 견성은 권위도 힘도 능력도 아니다. 그러한 것은 그러할 뿐, 다만 여기에 힘과 의미를 부여해 '깨달은 자라는 권위'를 만드는 것이다.

2) 공망 현상

견성에 관한 환상(몽상, 망상)이 집단무의식 속에 있다가 이를 갈구하는 사람을 통해 생생한 체험을 동반하며 드러나게 된다. 견성의 순간은 있어도 견성 체험이란 없다. 물을 물이라 하고 불을 불이라 하는데 어떠한 체험이 따라붙을 것인가? 견성의 순간을 하나의 체험이라 표현할 수는 있어도 체험 자체가 견성은 아니다.

하지만 공망은 어떤 상태나 체험을 부여잡는 것이라 할 수 있다. 공망에 빠지면 5감이 떨어져 그저 몽롱하게만 느껴지기 때문에 자기든 타인이든 사물이든 감각적으로 인지하기 어렵다. 한마디로 현실감이 없다. 공망은 의식이 몸을 벗어나 있을 때 체험하기 쉽다. 공망에 빠진 사람의 눈빛을 보면 초점이 흐릿하게 퍼져 보인다. 그들과 마주하고 있으면 나를 대상으로 보는 느낌이 없다. 그들은 오직 깨달음만 추구한다. 마치 깨달음이 삶의 마스터키인 것처럼 외치지만, 깨달음의 체험만 붙잡으려 할 뿐 삶을 붙잡지는 못한다.

3) 기준선(경계선) 상실

'기준선 상실'이란 무경계를 체험하고 있는 것을 말한다. 경계 없음을 체험한 채로 머물러 있으므로 공망의 일종으로 본다. 이들은 '나'와 '너'가 없다고 말하지만, 자세히 살펴보면 나와 너를 잘 구분하지 못하는 상태에 가깝다. 우리는 본질적으로는[體] '나'와 '너'가 없지만, 현상적으로는[用] 나와 너라는 경계를 가지고 살아간다(경계 아닌 경계).

기준선을 상실한 것은 이 현상[用]계의 경계가 모호해진 순간이라고도 볼 수 있다. 시간이 지나면 경계를 다시 인식하게 되면서 현실에 적응해 가지만 짧게는 몇 주, 길게는 몇 년을 그 상태에서 헤매기도 한다. 어떤 곳에서는 이러한 것을 깨달음의 현상으로 말하기도 하지만, 견성에 어떤 현상이 따라붙는다는 것은 다시 살펴볼 필요가 있다. 실상 유사 자각이라고 이름 붙였지만, 견성 자체는 아무런 문제가 없다. 눈 뜨고 밥 먹는 삶 자체가 경계 없는 가운데 경계 있게 살아가는 것이다.

또 하나, 눈빛은 투명한데 거울로만 존재하는 경우도 있다. 대상을 부여잡지 않고 모든 것에 초연하게 있으려고 한다. 견성을 했으나, 견성에 머무르는 상태이므로 공망이라고 칭하기는 어렵다. 없는 것을 알았는데, 없는 상태에만 머물면 눈빛을 거울처럼 투명하게 비출 뿐 대상에 초점을 맞춰서 바라보지는 않는다. 없는 것을 아는 상태에서 벗어나 다시 한 존재인 인간으로 돌아오면 눈빛이 대상에 머무를 수 있고, 대상을 비출 수 있다. 달라이 라마는 한 사람, 한 사람에게 눈빛을 맞추고, 듣고, 논하며, 색과 공을 넘나든다. 대승의 깨달음은 한 사람, 한 사람에게 순간순간 정확하게 맞추나 집착하지 않는 것이다. '없음'도 쓰고 '있음'도 쓴다. 그것을 이름하여 반야般若라고 한다.

다시 한 번 정리하자면, 존재의 본질 영역에 들어갔을 때 발생하는 문제가 있다. 의식의 해체, 에고의 해체로 인해 존재적 박탈감을 느끼는 경우다. 수행을 체계적으로 하면서 내면을 정돈하여 견성에 들어가지 않고 욕심을 부리거나, 우연한 상황에서 급작스럽게 자각하면 자기 해체 현상이 발생할 수 있다. 즉 경계 없음을 알면(견성) 마치 내 존재의 실체가 없어진다고 느껴서 신체, 심리, 의식의 해체 현상이 나타나는 것이다. 이에 따라 존재적 욕구(본능)가 강렬해진다. 이런 상태에서는 자신의 존재성을 확인받기 위해 이른바 3S(Sex, Speed, Sports)에 빠지기 쉽다.

준비 없는 자각을 하게 되면 마치 내가 없어진 것 같은 느낌을 받기 때문에 허무에 빠질 수도 있다. 이는 존재감을 상실한 것처럼 착각하는 데서 오는 문제다. 견성에 대한 이해가 부족하여 '견성' 자체만을 붙잡고 견성을 통해 자신의 존재감을 드러내려고 할 때 자신의 기질과 성질대로만 살려는 부작용이 나타난다. 즉, 자신의 주관대로 자신의 신념을 부여잡고 살아간다.

깨달음 이후

앎이 깊어지면 '모름'으로 가야 한다.

공부를 시작할 때는 자신이 누군지 모른다. 그러다가 자기 존재의 실체를 아는 것을 '견성見性'이라고 한다. 그다음에는 깨닫고 깨닫고 깨달아서 '모름'으로 넘어가야 한다. 앎에서 다시 모름으로 넘어가는 것이다. 이것이 견성 이후의 공부다. 앎이 깊어져서 '모름'에 이르렀을 때, 비로소 '모름'을 쓸 수 있게 되므로 "공空에 비추고, 공空을 굴린다"는 말이 나온다. 공空의 본질은 '모름'이다.

'모름'을 알아야 한다. 한 번의 깨달음에 멈추지 않고, 깨닫고 깨닫고 깨달으면 깨달음의 깊이가 깊어지고 공성空性에 대한 이해도 깊어진다. 공성이라는 것은 같지만, 처음 깨달은 후에 다시 깨닫고 깨닫고 깨달으면 공성의 넓이와 깊이, 즉 범주가 달라진다.

『대승백복장엄상경大乘百福莊嚴相經』에서 이르기를, 우리 몸에는 구천구억 개의 털구멍이 있고 그 털구멍 하나하나마다 한량없는 복덕이 있기에 그 복덕을 억 배 천 배 쌓아 성취해 나가라고 한다. 한 번 깨달은 것은 그 한량없는 복덕 중 단 하나를 성취한 것에 불과하며, 우리가 제도해야 할 내 몸의 수많은 세포 중 하나가 떨어져 나간 것에 불과하다. 그러므로 한 번의 견성에 기세등등 만족하여 머무르지 말고 깨닫고 깨닫고 깨달아 나아가야 한다.

我身中有八萬毫　　아신중유팔만호
一一各有九億蟲　　일일각유구억충

濟彼身命受信施　　제피신명수신시
我必成道先度汝　　아필성도선도여

이 내 몸 가운데 터럭이 팔만 개
털 하나하나마다 구억의 생명 있네
저들을 제도코자 보시를 받았으니
기필코 성불하여 저들 먼저 제도하리

　　커피 한 잔을 마셨다고 커피를 다 알 수는 없다. 몇 잔이나 마셔야 커피를 안다고 할 수 있을까. 전문가는 커피 맛을 모른다고 한다. 하지만 한두 번 커피를 마신 사람은 커피 맛을 안다고 생각한다. 전문가는 '모름'을 갖고 있기 때문에 어떤 커피를 마셔도 맛보고 평가하되, 평가에 매이지 않을 수 있다. 이것이 모름의 본질이다. 이처럼 깨닫고 깨닫고 깨달은 다음에 자신의 사유 체계를 공에 비춰 살펴봐야 한다. 공에 비춰 공을 굴리고 굴릴수록 '모름'도 깊어진다.

　　그 이후에는 사유 체계의 기반, 뿌리 자체를 통째로 8식 공성으로 옮겨가야 한다. 그리하면 일상의 삶에서 공空을 굴릴 수 있다. 이 단계의 커피 전문가는 커피에만 매이지 않고 상황에 따라 적절히 어떤 차든 쓸 수 있을 것이다.

공성을 기반으로 사고체계를 완전히 재편성하는 것이 '사고체계의 만다라 구현'이다. 만다라 한가운데 공성(부처)이 있다. 곧 부분이 전체고 전체가 부분이다(일미진중함시방; 一微塵中含十方 - 법성게 제9구).

처음 깨달은 사람은 공을 이해한다고 해도, 공에 대한 하나의 관점을 갖게 될 뿐이지 사고체계가 변하지는 않는다. 공을 안 것이지 공과 자신의 사고체계를 연결하지 못한다. 이렇게 되면 공과 삶이 따로 움직인다. 처음 견성한 사람은 이 말을 이해하기 쉽지 않을 것이다. 이때는 견성한 다른 사람을 살피거나, 자신의 사고체계를 정밀하게 들여다보고 공과 자신의 사고체계 간의 괴리를 발견해야 한다. 주시와 관찰을 통해 자신의 삶과 공空을 점진적으로 연결해야 할 필요가 있다.

남南으로
창窓을 내겠소.

밭이 한참갈이
괭이로 파고
호미론 김을 매지요.

구름이 꼬인다
갈 리 있소.

새 노래는 공으로 들으랴오.

강냉이가 익걸랑
함께 와 자셔도 좋소.

왜 사냐건
웃지요.

- 김상용, 「남(南)으로 창(窓)을 내겠소」(1934)

모름이 무엇이냐고 묻는다면… 웃지요.

1. 처음으로 돌아오기

견성見性은 성性을 본 것이다. 본질(본성)을 보았으나, 보았을 뿐 '당신' 그 자체가 넘어간 것은 아니다. 본성을 보았다면 이제 진짜 공부할 준비가 된 것이다. 본성에 대해 알았다면 다음은 본성을 쓰는 영역으로 가야 한다. 5감과 6식의 심리적 현상들과 7식의 내적 현상에서 일어나는 다양한 영적 체험, 그 체험을 바라보는 나, 나에 대해 알았을 때 일어나는 심리 패턴, 개념의 '앎과 모름'의 양극에서 펼쳐지는 다양한 사고체계를 다시 살펴야 한다. 개념에 대한 이해, 자신의 사고체계를 이해하지 않고는 깨달아도 자신의 깨달음 범주를 벗어나지 못한다. 깨달았다고 하나, 머물지 말고 계속 공부를 해야 한다. 이제 사유 기반을 공성으로 옮겨서 자신의 모든 생각과 행위 하나하나를 공空에 비춰 행해야 한다. 그래야 다생습기多生習氣, 업業(카르마)을 제도할 수 있다. 견성은 공부의 끝이지만, 공부의 시작이기도 하다.

본성으로 보면 닦을 것도, 굴릴 것도, 행해야 할 것도 없다. 나로부터 자유로우므로 다양한 표현들이 나온다. "나는 이 순간 모든 습習을 제도했다"라고 표현할 수 있는데, 이는 시간 개념에서 자유롭다는 뜻이다. "내 존재가 우주다"라는 말은 공간 개념에서의 자유다. 시공 개념에서 자유롭기 때문에 당연히 이 말들이 맞다.

나는 영원한 존재다
나는 영원한 순간을 살아간다
나는 무한한 존재다
나는 범우주적 존재다
나는 신이다
내가 곧 우주다
나는 무한하게 존재한다
내가 천지를 창조했다

시공간의 개념에서 자유로우므로 이런 말들이 나올 수 있는 것이다. 그러나 개념이 자유로운 것이지 당신이 자유로운 것은 아니다. 왜냐하면 당신은 여전히 누군가의 자녀, 부모, 사회인이자 인류의 일원이기 때문이며, 한 개체로서 한 인간으로서 여전히 누군가와 관계 맺고 웃고 울며 삶을 살아가는 존재이기 때문이다. 한 사람, 한 인간으로 다시 돌아와야 한다.

'나라 할 바가 없다'라는 것을 알았지만, 여전히 나는 나로 살아가고 '나라 할 바'가 없을지라도 나의 몸을 존중하고 나의 개성을 존중하고 내 삶을 존중한다. 내 육신, 내 의식, 내 진심과 존재를 존중하므로 다른 사람을 존중할 수 있다. 우리를 존중하고, 그들을 존중하기 때문에 아우름으로 넘어온다. 또다시 수신제가치국평천하修身齊家治國

平天下로 바라보는 것이다. '나'에서 출발하여 다시 '나'로 돌아오고, 삶에서 출발하여 삶으로 돌아온다. '파랑새'를 찾아 집을 나섰던 치르치르와 미치르도 결국 집으로 돌아와 파랑새를 만난 것처럼.

깨달음은 개념의 자각이지 존재 그 자체가 넘어간 것은 아니다. 의식이 곧 개념이기 때문에 이런 표현이 가능하다. '나'라는 것은 개념으로서 존재하기 때문에, '나'의 한계를 벗어났다는 것은 '개념에서 자유롭다'는 것이지 물리적 자유를 말할 수는 없다. '해탈解脫'이 완전하고 온전한 자유에 해당하지는 않을까? 개념에서는 자유로우나 현실에서는 자유롭지 못하기 때문에, 다시 '하고 싶은 공부'와 '해야 할 공부'를 살펴야 한다. 자기가 하고 싶은 공부만 하면 자기를 벗어나지 못하며, 깨닫는다고 해도 자기 수준만큼 깨닫고 자기 수준에 머물게 된다.

'만법귀일 일귀하처萬法歸——歸何處'와 부모미생전 본래면목父母未生前本來面目'은 불교에서 8식을 논하는 기본 화두라 할 수 있다. '만법귀일 일귀하처'를 풀어 보면 만 가지의 조건·관점·영역·범주는 결국 '나'로 귀결될 수밖에 없는데, 그 하나는 어디로 가는가, 그 하나의 실체는 무엇인가를 묻는 것이다. 처음에는 이 만 가지의 법이 아닌 '나'에 주목하게 된다. 만 가지 법보다는 결국 나의 문제이기에 '나'를 주목하여 탐구하고 '나'의 실체를 발견하는 길을 가는 것이다.

그러면 '나'라는 것의 실체를 안 이후, 다시 '나'로 돌아왔을 때 어떻게 할 것인가? 나의 실체를 알았다고 해도 만법에 대한 이해가 없으면 조건 지어진 '나'에서 벗어날 수 없고, 돌아와도 별수 없다.

'부모미생전 본래면목'이라는 화두도 비슷하다. '부모로부터 태어나기 이전의 나는 누구인가'라고 했을 때, 내가 누구인지 알았다고 해서 부모가 없어지는 것은 아니다. 부모는 나의 몸과 마음의 뿌리다. 그런데 깨달았다고 하는 많은 사람이 자신의 뿌리가 되는 부모의 존재를 주목하지 않는다. '나도 없는데 부모가 어디 있는가?'라는 개념에 자신을 끼워 넣기 쉽기 때문이다. 그래서 깨달으면 뿌리에서 파생된 모든 문제도 해결될 것으로 생각해 버린다. 깨달음 이후에 존엄성이 중요한 이유다. 깨달았지만 뿌리에 대한 존엄이 없다면 '깨달은 목석'이 된다. 깨달았다고 부모가 없어지는 것이 아닌데, '근본에는 부모가 없다', '부질없다'라고 한다면, 이 '없음'에 다시 매이게 된다. 만법으로, 부모로 다시 돌아와야 한다.

대부분 단 한 번의 깨달음을 끝이라고 생각한다. 그것은 한 번의 체험에 그친 채로 확대해석을 하는 것이다. 사회 통념상 확신에 찬 말에는 힘과 권위가 따라온다. 그러므로 어떤 이들은 '깨달음을 알았다'라고 단정 지어 확신하면서 힘과 권위를 취하며 깨달음을 대상화해 간다. 그래서 '깨달음은 없다', '실체가 없다', '내가 우주다'와 같은 표현들은 단답형 사고체계에서 나오는 것이지, 공성을 바탕으로 한 사고체계가 아니다. 인간이, 인생이 단답으로 표현될 수 있는 존재인가.

삶에서 다양한 체험과 경험이 쌓이면 다름과 차이에 대한 이해도 넓어진다. 자신의 범주를 한정 짓지 않게 된다. '맞다, 틀리다'라는 단답을 벗어나 '맞기도 하고 틀리기도 하다'는 범주적 인식을 갖게 되고, '맞는 것도 아니고 틀린 것도 아니다'라는 범주를 넘어선 인식을 할 수 있을 때 자신의 경계를 벗어날 수 있다. '깨달음은 이것이다' 또는 '깨달으면 이렇게 된다'고 말하는 것은 단답에 가까운 접근이다.

여기서는 진리일 수 있지만, 저기서는 아닐 수 있다. 이와 마찬가지로 '이것이 깨달음이다'라고 단정적으로 말하는 사람이 있다면 일단 그 말은 '맞다'. 하지만 '깨달으면 다 된다', '이것만 알면 된다'고 단정 짓는 사람은 깨달음 자체를 하나의 관점에 묶어 버리기 때문에 깨달 았다고 하나 깨달은 것이 아니다. 이렇게 주장하는 사람들은 자신의 존재성을, 존재감을 세우고 확장하려는 의도가 있다. 이는 심리에 매여 있는 것이다.

다시 말하면 '맞는 것도 아니고 틀린 것도 아니다', '옳은 것도 아니고 그른 것도 아니다'는 관점과 기준이 없어진다는 뜻이 아니라, 그 순간 그에 맞는 관점과 기준을 쓴다는 뜻이다. 그때 맞는 그것을 하는 것, 즉 숭산스님이 말씀하신 '즉여즉행卽如卽行'이다. 하나를 고집하지 않고 다양한 방편을 쓰는 것을 '지혜智慧'라고 한다.

깨달음 이후에도 삶은 계속된다. 자각 이후에는 다시 한 존재(나)로 돌아오고, 가정을 돌보고 사회를 돌아보고, 인간이라는 넓은 흐름을 다시 보아야 한다. 그것을 이름하여 '보림'이라고 한다. 보림은 '보호 임지保護任持'의 줄임말로, 깨달은 후에도 수행을 계속 갈고 닦는 것을 말한다. 보림은 깨달음 이후 그것을 일상의 삶에서 매 순간 지속해서 열어 가는 것으로, 끝이 아닌 시작이다. 공부하는 사람이라면 언제나 순례자와 같은 마음으로 공부를 잊지 않고 나아가야 한다. 이를 『화 엄경華嚴經』에서도 "초발심시변정각初發心時便正覺"이라 하여 그 처음의 마음을 중시하였다.

이에 덧붙여 '자신이 공부하는 사람임을 잊지 않는 것'을 보림이라 한다. 보림의 구체적인 방법으로는 개념적인 보림과 실질적인 보림이 있다. 개념적인 보림은 사유(사고)의 기반을 옮기는 것이고, 실질적인 보림은 에너지를 통합하는 것이다.

깨달음 이후 공부를 잊지 않고 나아가기 위해서는 첫째, 사유 기반을 옮겨가야 한다. 우리는 생각·사고체계로 살아가는데, 그것이 몸과 마음을 이끌기 때문에 자신의 '사고 기반의 뿌리'를 본성에 비춰서 행해야 한다. 본성에 비춰 행하는 게 무엇인가? 자신이 가진 생각(사유)의 '기반'을 본성에 비춰야지 '생각'을 비추는 게 아니다. 아무리 견성을 했다고 해도 생각의 뿌리를 본성에 비춰 바꿔 나가지 못하면 습習을 바꿀 수 없다. 지금까지 살아온 틀 안에서 그대로 살아갈 수밖에 없는 이유다. 반면 사유(사고)의 기반을 옮기면 그것 자체가 공空을 쓰는 것이므로 사고 기반을 옮기는 것이 전부라고도 할 수 있다.

우리가 살아가면서 경험하는 모든 경계를 공空에 비춰 보면 점차 사고 기반을 옮기게 된다. 사회, 집안, 부모에게 교육받은 대로, 내 습대로 하는 게 아니라 오늘 하루 깨어서 살아가는 동안 내가 부딪히는 모든 경계를 공에 비춰 보는 것이다. 한 달에 한 번, 일주일에 한 번, 하루에 한 번, 한 시간에 한 번…. 이렇게 점점 그 빈도가 잦아지면, 나중에는 매 순간 경계를 공空에 비춰 보게 된다. 하루 한 번이라도 공空에 비춰 보다가 매 순간 공空에 비춰 보게 될 때, 언제나 '지금 여기', 늘 깨어 있게 된다. 이것이 바로 진정한 자유다.

두 번째 보림의 방법은 기운으로 존재의 중심을 확립해 가는 것이다. 몸과 의식과 영혼이 중심에서 온전한 통합을 이루도록 한다. 천기와 지기, 좌(개체성)와 우(전체성) 그리고 생각(상단), 감정(중단), 행위(하단)의 에너지가 모두 중심의 심장에서 통합되는 것을 추구한다.

즉, 공성으로 사유의 기반을 옮기는 개념적인 보림과 중심에 모든 에너지를 통합시키는 실질적인 보림, 이 두 가지를 함께 추구해야 한다.

2. 자각의 확장

자기 존재의 본질을 알았다면 이제, 한 번의 견성을 바탕으로 깨닫고 깨닫고 또 깨달을 필요가 있다. 첫 견성의 경험으로 알게 된 공空에 대한 이해를 들고, 견성하지 않은 상태로 돌아가 주제를 바꿔 가며 다시 출발한다. 6식 의식에서 출발해 7식 진심을 거쳐, 8식 공성으로 왔다가, 일상에서 다시 6식으로 돌아와서 다른 주제를 가지고 8식으로 출발한다. 처음에는 견성을 하고 나서 다시 반복하는 것이기 때문에 어색하지만 두 번, 세 번 반복하다 보면 점차 쉬워진다. 서너 가지 다른 주제를 가지고 반복해 보면, 어떤 주제로 접근하면 쉽게 다가갈지도 알게 된다. 첫 견성 후 어떤 주제로 다시 출발할지가 중요한데, 본질에 대한 주제여야 하므로 신체 에너지 지점을 기준으로 7개 주제를 제시하고자 한다. 목표는 모든 세포 속에 있는 '나'라는 의식을 제도하는 것이지만, 그 길로 가는 디딤돌이라 할 수 있다.

처음 견성을 할 때는 대체로 '나는 누구인가?'라는 존재에 대한 궁금증에서 출발한다. 물론 머리의 '개념으로서의 나'가 먼저 떨어지는 경우도 있지만, 가슴의 '에고-나'가 떨어져 견성하는 경우가 더 많다. 어디서 출발했건 간에 공성을 확장하는 데 발판이 된다. 가슴의 '에고-나'가 떨어지면 충분히 안정될 때까지 시간이 필요하다. '태풍의 눈'이

완전히 형성될 때까지 기다려야 한다. 시간이 어느 정도 지나면 가슴의 기운이 머리(송과체)나 하단전으로 움직인다. 물이 넘치면 흐르듯 순수한 기운이 머리나 하단으로 흘러가는 것이다. 이때 머리나 하단전의 '나'를 다시 탐구해 나간다. 머리는 '개념이란 무엇인가?' 또는 '분별심이란 무엇인가?'를 되묻고, 하단전은 '소유란 무엇인가?'에 대해서 다시 탐구하는 것이다. 사람들은 이미 알고 있다고 생각해서 습관적으로 예전의 경험, '원래 그래', '참나', '무아', '불성' 같은 처음 붙인 이름을 가져와서 결론을 내리는데, 결론을 내리지 않고 그냥 탐구를 계속해 나가야 한다. 그러면 어느 날 갑자기 처음 각성할 때처럼 '아하!'(웃음 또는 울음)가 터져 나온다.

한마디로 '공성을 내려놓고 다시 공성을 본다'는 것인데, 이것이 무엇인지 감을 잡기는 쉽지 않다. 처음 산 정상까지 오를 때는 힘들지만, 두 번 세 번 가보면 쉽게 오를 수 있다. 예를 들어 '사랑이란 무엇인가?'라고 질문을 바꿔 본다. 남녀의 사랑인가? 자녀에 대한 부모의 사랑인가? 6식, 감각적 사랑에서 시작해 사유하다 보면, 남녀 간의 사랑도 있고 부모자식 간의 사랑도 있고, 정에 대한 사랑도 있으며, 존재를 들여다보는 그 자체도 사랑임을 알게 된다.

이렇게 자기 안의 사랑을 발견하게 되고, 더 나아가 사랑의 실체가 무엇인가를 다시 사유하면, 사랑의 실체란 '있는 그대로 그것이었구나!' 깨닫게 될 것이다. 이렇게 또 자각으로 넘어간다. "사랑이란 당신이 나를 보고 내가 당신을 바라보는 것입니다"라는 숭산스님의 말씀처럼….

그의 달마톡이 다 끝나갈 즈음,
옆에 있던 금발의 여자가 스님에게 물었다.
내 기억으로 그 여자는
하버드대학교 박사과정에 재학 중인 서른 전후의 학생이었다.

"What is love(사랑이 무엇입니까)?"
숭산은 내쳐 그 여학생에게
다음과 같이 묻는 것이었다.
"I ask you, what is love?
(내가 당신에게 묻습니다. 사랑이 무엇입니까?)"

그러니까 그 학생은 대답을 잊어버리고
가만히 앉아 있는 것이었다.
그러니까 숭산은 말하는 것이었다.
"This is love(이것이 사랑입니다)."

그래도 그 여학생은
뭐라 할말을 찾지 못하고 멍하니 앉아 있었다.
그 학생을 뚫어지게 쳐다보던 동안의 숭산은
다음과 같이 말을 잇는 것이었다.

"You ask me, I ask you.
This is love.
당신이 내게 묻고, 내가 당신에게 묻습니다.
이것이 사랑입니다." [20]

---

20 〈"홧 이스 러브(What is love)?"에 빠진 도올〉, 현대불교신문 웹사이트 기사. 2004.12.08.자.
http://www.hyunbulnews.com/news/articleView.html?idxno=203904 2022.11.21.에서 얻음.

한편 가장 중요한 각성 포인트는 하단전의 소유에 대한 집착을 내려놓는 것이다. 소유에 대한 집착을 내려놓는 것이 중요한 이유는 소유에 대한 집착이 곧 함정이기 때문이다. 머리와 가슴으로 각성해도 '소유에 대한 집착'을 놓지 못하면 점차 '견성한 나'를, 또 '개념'을 소유하고자 하는 습習으로 이어진다. 그러한 습이 남아 있으면 견성한 자신을 특별하게 여기려는 쪽으로 흘러간다. 지도자나 스승의 위치에 있는 사람은 하단의 소유를 넘어서 자리까지 소유하려 한다. 수행하는 사람에게는 소유가 아니라 '베풂(무주상보시; 無住相布施)'이 중요한데, 소유에 대한 집착을 버리지 못하면 '자기'는 내려놓았다고 말하면서도 '자리'를 소유해서 스스로 높은 존재가 되어 사회적 존재감을 붙잡게 된다. 그렇게 되면 애써 이룬 수행, 견성이 퇴색해 버린다. 그중에서도 가장 경계하는 것은 공부나 법을 소유하는 것이다. 수행하면서 공부가 쌓여 가면 공부나 법을 소유하다 못해 궁극에는 자기가 법이 되려고 한다. 그러므로 첫째도 둘째도 소유에 대한 집착을 내려놓아야 한다.

각성자라 해도 재각성이 얕거나 수행 의지가 없으면 살아온 습習대로 오욕에 끌려다니면서 살아가게 된다. 그러한 경계境界는 계속 다가온다. 자각은 아무런 경계도 없지만 이를 인지하고 느끼고 행하는 자(업; 業, 카르마)는 남아 있기 때문이다. 따라서 끊임없는 자기 수행이 필요하다. 머리, 가슴, 배(하단)의 '나'가 떨어지면 그다음으로 개체성과 전체성을 살펴야 한다. '개체란 무엇인가?', '전체란 무엇인가?'를 살피며 탐구하면 이에 대한 이해도 넓어지고, 더욱 자유로워지며, 공성에 대한 이해도 깊어진다. 이때부터가 '또 다른 공부(사랑과 자비)'의 출발이다.

3. 자각 이후의 사고체계 검토

자각 이후에 해야 할 일 중 하나가 사고체계를 검토하는 것이다. 사고체계를 검토한다는 것은 불교적으로 말하면 색수상행식色受想行識에서 상想을 검토하는 것과 같다. 상想은 언어를 통해서 이루어진다.

우리가 쓰는 언어는 세상을 이해하고 행동하는 방법과 관련이 있다. 언어학에서 인간의 사고체계란 그 사람이 사용하는 언어를 말하고, 언어라는 체계를 통하여 세계를 인식하고 구성한다고 한다. 영화 〈컨택트〉의 "한 언어를 배우면 그 언어에 맞는 사고체계를 가지게 된다"는 대사도 이러한 내용을 담고 있다. 언어는 상想이고, 상이 곧 사고체계다. 그러므로 사고체계를 이해하고 검토하면 자신이 어떤 방식으로 생각하고, 느끼고, 대응하는지도 구체적으로 알 수 있다.

색수상행식의 5온은 다양하게 해석할 수 있다. 1부 3장 '심리 이해하기'에서는 상想을 '생각'으로 해석했지만, 여기서는 '사고체계'로 해석한다. '6식-생각', '7식-사고체계', '8식-식識 또는 나라는 존재 그 자체'로 볼 수 있다. 상想은 어떤 측면에서 바라보느냐에 따라 해석이 달라진다.

그림 14 _ 각성의 포인트

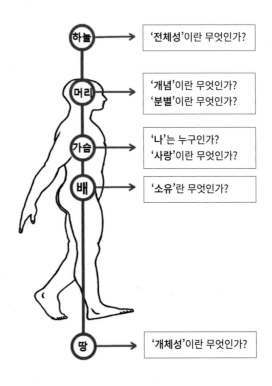

하늘 → '전체성'이란 무엇인가?

머리 → '개념'이란 무엇인가?
'분별'이란 무엇인가?

가슴 → '나'는 누구인가?
'사랑'이란 무엇인가?

배 → '소유'란 무엇인가?

땅 → '개체성'이란 무엇인가?

1) 사전을 통한 사고체계 검토

공성空性에 들어가면 자신이 사용하고 있는 언어가 매우 부적절함을 느끼게 된다. 현재 쓰고 있는 언어가 자신의 느낌을 정확하게 표현하지 못한다는 것을 알게 되는 것이다. 관계에서 언어를 통한 소통의 한계를 느끼고, 이 때문에 언어를 다시 생각하게 되어 언어의 정확한 활용을 위해 사전을 계속 찾아보게 된다.

언어는 하나의 그릇이다. 그 그릇이 자신의 생각과 느낌을 담아 상대에게 전달하는 도구임을 알게 되면, 기존에 사용해 왔던 낱말의 뜻을 확인해 보거나 자신이 전달하고자 하는 생각과 느낌을 온전히 담을 수 있는 단어를 찾아보게 된다. 이러한 과정을 통해 자신이 사용하는 언어를 재구성한다. 자신이 쓰는 단어나 문장의 의미가 다른 사람들이 생각하고 받아들이는 의미와 다름에서 오는 묘한 이질감은 언어 자체에 대한 의문으로 다가오고, 이 의문이 사전을 찾아보는 행위로 이어지며, 사전을 찾아보는 행위를 통해 자신의 사고체계를 이해하고 검토해 나가는 것이다. 그리고 관계에서의 소통은 언어가 아니라 그 너머 진심 또는 존재 그 자체에 있음이 자연스럽게 다가온다.

2) 사고의 구조 – 점·선·면·체

'맞다, 틀리다'와 같은 단편적 사고는 '점 또는 선'과 같다. '그럴 수도 있고 아닐 수도 있다'라는 사고는 '면'에 해당하며, '맞는 것도 아니고 틀린 것도 아니다'라는 사고는 전방위적인 '입체적 사고'다. 이는 또 달리 다양하게 해석할 수 있다. 관점·기준·자리·영역으로도 표현

사고의 구조

관점	중점, 시점	점	관점	시작과 출발
기준	의미, 가치	선	기준	원칙과 척도
범주	특성, 범위	면	자리	위치와 역할
		체	영역	입장과 상황

할 수 있다. '관점'이라는 '점'들이 만나면 '기준'에 해당하는 '선'이 된다. 또 선들이 만나서 '면'이 되면 '자리'가 만들어지며, 자리에서 '영역'이 구현된다. 즉 인간이 가진 사고체계를 점·선·면·체로도 표현할 수 있으며, 관점은 점으로, 기준은 선으로, 범주는 면과 체로 이해할 수도 있다.

인간의 사고체계는 네 가지 형식을 갖는다. 맞다/ 틀리다/ 맞기도하고 틀리기도 하다/ 맞는 것도 아니고 틀린 것도 아니다. 이와 함께 관점·기준·범주를 인식하면, 그 사람의 사고체계가 점점 드러나게 된다. 그러므로 어떤 질문에 대한 답을 할 때, 그 답에서 이미 관점이 나오고, 거기에는 기준이 있고, 그 기준 속에는 그 사람이 전하고자 하는 의미와 가치의 범주가 담겨 있다. 이를 들여다보면 한 사람의 사고체계를 알 수 있게 된다. 즉 사고 구조를 들여다보고, 꿰뚫어볼 수 있게 된다.

언어는 이러한 관점으로 이뤄져 있다. 언어가 대상인 '나'라는 관점, '너'라는 관점을 고려하면서 대상을 프레임으로 만들기 때문에 기준선이 만들어진다. 즉 점과 점이 모이면 기준선이 된다. 그 기준에 따라서 우리는 의미와 가치를 부여해서 작동해 나간다. 이것이 범주, 또는 면과 체의 개념이다.

모든 출발점은 '나'다. 그러므로 '나'는 이미 '점'으로 존재한다. 이것이 관점(내가 나로 보는 점)이다. 주시의 출발도 나로부터 일어나므로 시점(보는 점, 보는 자)이라고 할 수 있다. '나'라는 것 자체가 하나의 관점이자 시점이다. '관점'을 가지고 있어서 '나'라는 기준을 중시하며 살아가고, 그러면서 자신만의 범주를 설정하여 그 틀 안에서 살아간다. 그렇게 살아가면서도 우리는 자신의 기준도, 범주도 알지 못한다.

그러므로 먼저 6식(의식)의 수준에서 자신의 범주를 인식해야 한다. 자신의 생각·감정·욕구를 이해하는 것이다. 다음에는 '기준'이 되는 7식 진심을 봐야 한다. 진심을 본다는 것은 내 기준을 명확히 안다는 것이다. 그 기준을 가진 존재는 '나'이기 때문에 '한 점', 곧 관점이 된다. 관점의 실체를 들여다보면, 그 실체가 없음을 알게 된다. 이것이 견성이다. '나'라는 관점, 기준, 범주의 고정된 실체는 없으므로 '나'라는 관점, 기준, 범주를 다시 설정할 수 있다. '고정불변한 나'는 없기에 '나'로부터 자유롭다.

4. 깨달음 이후에 사유 기반 옮기기

사유 기반을 옮긴다는 것은 공성의 확장이자, 공성의 굴림이다. 깨닫고 깨닫고 깨닫다 보면 공성이 넓어지며 자기 사고체계의 실체가 드러난다. 그때부터 사유 체계를 공성으로 옮겨간다.

6식은 '우리'의 사고체계를 뿌리로 삼는다. 즉 부모와 사회에서 교육받은 사고체계를 뿌리로 삼았기 때문에 6식에서는 타인(우리)의 욕망을 욕망하며 살아간다. 이것은 '나의' 진짜 사고체계라고는 할 수 없다. 처음에는 '우리'의 사고체계로 살아가다가, 자신의 진심과 양심을 발견하면 '우리'의 사고체계는 소화되면서 나를 중심으로 한 사고체계(7식, 진심과 양심)로 흡수 통합된다.

견성 이후에는 6식과 7식의 모든 사고체계를 8식 공성에 비춰 봐야 한다. '우리'를 기반으로 한 6식의 사고체계도 8식 공성에 비춰 보고, '진심과 양심'을 기반으로 한 7식의 사고체계도 8식 공성에 비춰 보는 것이다. 6식은 6식대로, 7식은 7식대로 8식 공성에 비춰야 한다.

여기서 티베트의 족첸Dzogchen; 대원만, 大圓滿을 언급할 수 있다. 대원만, 즉 족첸은 8식을 기반으로 자기를 보고, 세상을 보는 수행법이다. 마하무드라Mahamudra, 대수인수행; 大手印修行도 8식을 기반으로 6·7식을 바라보고자 한다. 족첸 수행은 티베트에서도 최고의 수행법이라 할 정도로 어렵다. 족첸의 핵심은 8식 본성에 머물러서 자신을 살피는 것이다. 풀어서 설명하면, 공성을 사유의 기반으로 해서 모든 나의 삶, 매 순간에 공성이 배어나게 하는 것이다. 대행스님은 모든 것이 "한마음 주인공"에서 나온다고 표현하셨다. 펼쳐진 모든 대상은 본성의 발현이다. 이 세상 자체가 본성이다. 대행스님이 말씀하셨듯 "한마음 주인공에게 믿고 맡기고 내려놓는 것"이 바로 사유의 기반을 공성空性에 두는 것이다.

5. 불교에서의 깨달음 이후

1) 돈오점수의 길

깨달음 이후의 길은 하나뿐이다. 반야(지혜)의 길을 가는 것이다. 이 모든 것은 반야의 길을 가기 위한 지팡이에 해당할 뿐이다. 불교에서 깨달음 이후에 대해서는 오래된 논쟁이 있다. 돈오돈수頓悟頓修와 돈오점수頓悟漸修, 즉 '깨달으면 닦을 것도 없다'는 것과 '깨달은 이후 더욱

닦아야 한다'는 주장이다. 속인의 입장에서는 말이 너무 복잡하고 누구 말을 들어도 다 옳은 것 같다. 다만 깨달음보다 좀 더 온전한 인간이 되고자 하고, 부처가 되기 전에 인간이 되고 싶다면 돈오점수에 무게를 두어야 한다.

견성했다고 하는 분들을 상담가의 관점에서 보면 심리적 문제가 많이 보인다. 깨달음을 떠나서 치우친 생각과 감정을 가지고 살아가는 것은 보기 좋지 않다. 견성을 했는데, 왜 치우친 의식을 가지고 있을까? 이 의문에 대한 간단한 해답은 삼중뇌 이론에서 찾을 수 있다. 깨달으면 의식의 일정한 부분이 뇌의 중심으로 들어가고, 뇌 중심에서 의식이 재활성화된다. 뇌의 중심에 송과체가 있다. 뇌과학에서 송과체를 파충류의 뇌라고 한다. 뱀의 뇌는 욕망과 충동성을 상징하는데, 깨달으면 이 욕망과 충동성이 점차 커진다. 깨달음의 영역에 있으면 뱀의 뇌가 활성화된다. 즉 깨달아서 뱀의 뇌가 활성화된 사람이 인격적으로 정돈되어 있지 못하면, 욕망과 충동성을 제어하지 못해 막행막식莫行莫食을 일삼게 될 수도 있다. 보통은 깨달으면 오욕칠정에서 벗어나는 줄로 알지만, 오히려 욕망과 충동성이 강렬해지는 것이 인간의 뇌라니 이 얼마나 아이러니한가!

평소 심리적으로 균형 잡힌 사람과 그렇지 못한 사람이 깨달았을 때, 두 사람의 깨달음 이후를 보면 분명한 차이가 있다. 이 두 유형의 깨달음 이후를 보면, 공부의 두 가지 방향이 드러난다. 첫 번째는 깨닫기 전에 충동성 조절, 사고의 유연성을 확보하고 심리적 트라우마를 치유하거나, 아니면 깨달음 이후 공성에 비춰서 뱀의 뇌를 잘 다스려 가는 방법이다.

2) 유식학에서 말하는 깨달음 이후 : 4지(四智)

유식학에서는 식識이 전변轉變하여 4지(四智 : 대원경지, 평등성지, 묘관찰지, 성소작지), 즉 네 가지 지혜가 된다고 한다. 8식 아뢰야식이 전변하면 대원경지大圓鏡智, 7식 말나식이 전변하면 평등성지平等性智, 6식 의식이 전변하면 묘관찰지妙觀察智, 5감이 전변하면 성소작지成所作智이다. 식識의 실체를 아는 것을 견성見性이라 하는데, 식의 실체는 곧 공성空性이다. 공성은 지혜의 기반이 되므로, 식識은 지혜가 된다.

유식학에서는 4지를 수행의 완성으로 본다. 공부해 나가면서 완성만을 바라보면 엄두가 나지 않는다. 그러나 4지를 완성이 아닌 공부의 방향으로 보면 이야기가 달라진다. 이는 견성에 머물지 말라는 강력한 경고임과 동시에 견성 이후에 나아갈 방향을 제시한 것이다.

공성에 비춰 大圓境智
분별없고 차별 없는 마음으로 平等姓智
잘 관찰하여 妙觀察智
해야 할 바를 해 나아가라 成所作智

이로 나아가는 데 있어 첫 번째 조건이 8식의 실체를 보는 '견성'이다. 견성을 바탕삼아 5·6·7·8식을 잘 굴려 가면 온전한 수행의 길을 갈 수 있다. 견성은 수행의 완성이 아니다. 오히려 수행의 출발점에 가깝다. 견성을 했으니 이젠 식識(카르마, 업장)을 잘 굴려 지혜로 승화시켜 나가야 한다. 이것이 식識을 굴려 지혜를 얻는다는 전식득지轉識得智의 핵심이다.

① 8식을 되돌려 지혜의 길로 – 대원경지(大圓鏡智)

대원경지는 인간의 언어를 벗어난 영역이다. 대원경지를 티베트 밀교에서는 마하무드라, '우주의 거대한 춤사위'라고 표현한다. 대원경지로 가는 길은 상상을 초월한다. 그 길은 보살의 완성이자 부처의 길이다. 대승의 가장 큰 영역이며, 견성을 넘어 색과 공의 통합이라고도 할 수 있지만 색과 공의 통합마저도 벗어나 있다. 우주를 그대로 공성이라고 표현하며, 인간의 인지로는 담을 수 없으므로 이를 고려하고 접근해야 한다.

8식은 공성空性이다. 견성을 하면 곧바로 지혜가 얻어진다고 생각하기 쉽지만, 견성도 견성 나름이다. 견성이 계속 깊어지고 확장되어야 지혜를 얻을 수 있다. 공성이 무엇인지를 알아가는 것이 필요하다. 견성은 본성을 본 것이며, 공성은 본성을 굴리는 것이다. 견성을 했다고 해도 공성에 대한 이해와 통찰이 풍부해야 지혜도 커진다. 공성에 대한 자료를 가장 많이 쌓아온 데가 불교다. 종교적 접근, 즉 믿음의 문제가 아닌 진리에 다가가기 위한 현실적 필요의 문제다. 인류가 쌓아온 공성에 관한 지식이 팔만대장경이라는 이름으로 풍성하게 저장되어 있다.

처음 견성을 하면 경전이 쉬워 보인다. 하지만 곱씹을수록 쉽게 읽혔던 것이 점점 더 어렵게 느껴진다. 말 한마디, 문장 하나하나에 상상을 초월한 의미가 담겨 있기 때문이다. 그러므로 견성을 했다고 다 안다, 다 이해한다고 결코 말할 수가 없다. 경전은 원래 그러하다. 『반야심경』과 『금강경』은 팔만사천 경전 중에서도 공성에 관한 내용을 명확하고 간결하게 설하고 있다. 『반야심경』은 공성에 대해 함축적으로 잘 설명하고 있고, 『금강경』은 삶을 공에 비춰서 어떻게 살아가야 하는지를 가장 잘 제시해 놓은 삶의 지침서라 할 수 있다. 『반야심경』과 『금강경』, 이 두 경이면 평생을 읽어도 모자람이 없을 것이다.

② 7식을 되돌려 지혜의 길로 – 평등성지(平等性智)

7식의 핵심은 아견, 아애, 아만, 아치다. 이 네 가지는 8식으로 가는 길에서는 건너야 할 대상, 또는 반드시 버려야 할 대상이다. 하지만 8식의 측면에서 보면 훌륭한 다리가 되어, 존재를 표현할 수 있는 온전한 지혜로 승화된다.

• 아견(我見) : 아견은 주관적 견해를 말한다. 자신만의 관점과 기준으로 자기 견해를 고집하는 것이다. 그러나 주시의 눈으로 주관과 객관을 넘어 그 자체로 바라보면 이분법적으로 보는 게 아니라 있는 그대로 바라보게 된다. 공에 비춰 본다, 공을 기반으로 생각하고 사유한다는 것은 이미 자신의 견해를 고집하지 않는 것이며, 이는 지혜와 통찰로 이어지는 교량이다. 자신의 견해가 자기만의 견해가 아닌 자신의 올바른 견해로 승화되는 것이다. 주관에만 있으면 평등을 이야기할 수 없다. 객관에만 있어도 평등을 이야기할 수 없다. 주관, 객관에서 벗어나야 평등이 이루어질 수 있다.

- 아애(我愛) : 아애는 자기를 사랑하는 마음이다. 동시에 자기에게 집착하는 마음이다. 6식에서 보면, 자기를 존중하는 마음이므로 이 또한 필요하다. 하지만 7식에서 보면 내 존재를 지키기 위한 마음이며, 그 끝은 자기 집착으로 이어지기 때문에 자기를 벗어날 수가 없다. 그래서 아애는 존중이자 집착이다. 마치 자식에 대한 사랑이나 집착처럼. 아애가 가진 집착의 소를 온전한 사랑으로 피워내는 것이 공성이자 전식득지의 핵심이다. 아애를 공성으로 되돌리면 나에 대한 사랑으로 천지만물을 사랑할 수 있게 된다. 공성에 나라는 것은 없다. 나라고 할 것은 어디에도 없으므로 사랑만 남는다. 이 사랑 때문에 자비와 보리심을 가지고 나와 너, 우리와 그들 그리고 세상을 따뜻하게 바라볼 수 있다. 수행 체험으로 보면 7식에서 자기가 자기를 사랑하고 있음을 알게된다. 사랑이 깊어지면 깊고 고요한 환희가 흘러나오고, 이를 넘어설 때 사랑과 환희가 실재하는 것이 아님을 알게 된다. 하지만 실재하지 않는다고 하여 사랑과 환희를 부정할 수는 없다. 그 또한 존재의 온전한 표현이기 때문이다. 그래서 다시 사랑과 환희는 나를 넘어서 나를 떠난 사랑과 환희로 돌아올 수 있게 된다. 문득 걸음을 멈추고 바람을 느낄 때, 바깥에서 노는 아이들의 웃음소리가 들릴 때, 차 한 잔을 마실 때 눈물이 흐른다. 내가 사랑임을, 사랑이 나임을 알기에 흐르는 눈물. 그리고 그 눈물은 세상을 위한 자비와 보리심으로 깊어져 간다. 이것은 아애가 있어서 가능한 일이다.

- 아만(我慢) : 아만은 자신을 높게 보는 마음이다. 아만이 강해지면 자기를 특별히 여기고 상대를 얕잡아 보는 자만과 오만이 되기 쉽다. 나만을 위한 무엇, 특히 자신의 가치를 높일 수 있는 대상을 소유하려는 마음으로 이어진다. 명품에 집착하거나 남보다 우위에 설 수 있는 능력, 기술, 부와 명예를 소유하려 한다. 하지만 공성으로 되돌리면 내가 남의 우위에 서기 위해 움직이지 않는다. 자기 자신을 증명하려 하지 않는다. 왜냐하면 자기는 자기이기 때문에 남에게 보이기 위한 길은 별 의미가 없다. 그냥 자신의 길을 간다. 자신의 길을 가면서 성공과 부가 따라온다 해도 자만심이나 오만은 따라오지 않는다. 한 존재로 살아갈 뿐. 이 몸을, 이 마음을 가지고 살아가는 나는 있어도 나만의 무엇은 없기 때문이다. 그리고 나, 너, 우리, 그들에게 이로운 길을 가게 된다. 나를 위함이 너를 위함이며, 우리를 위함이며, 그들을 위함이니 나와 너의 경계가 없는 이타행이 되며 보살의 길이 된다. 어떻게 보면 기독교의 예수와 불교의 보살은 지극히 이기적인 존재다. 세상의 모든 존재를 구하고자 하는 욕심 중의 욕심을 가진 존재다. 그런 진정한 욕심은 아만에서 나온다.

- 아치(我癡) : 아치는 어리석음이다. 어리석음에는 두 가지가 있다. 모름과 앎. 몰라도 어리석음이요, 알아도 어리석음이다. 무지하면 답이 없다. 무지를 면하기 위해서는 배우면 된다. 배우고자 하면 무지에서 탈출할 수 있다. 재미있는 것은 무지한 사람 대부분이 자신이 알고 있다고 생각한다는 사실이다. 자신이 모른다는

2부 __ 견성과 깨달음 이후

것을 잘 모른다. 실상 자신이 안다고 생각하는 사람이 무지한 사람인 것이다. 모르면 배우면 되지만, 모른다는 것을 모르면 배울 수조차 없다. 그래서 자신이 알고 있다고 생각하는 사람이 더욱 더 무섭다. 자신이 모른다는 것을 아는 것, 이것이 아치가 지혜로 변환되는 핵심이다. 배움이 깊어지면 모르는 것도 깊어진다. 진정으로 아는 자는 '모른다는 것을 아는 자'다. 지혜는 모름을 인정하고 모름에서 출발한다. 이것이 모름을 쓰는 방법이다.

③ 6식을 되돌려 지혜의 길로 – 묘관찰지(妙觀察智)

주시와 관찰은 헷갈릴 수밖에 없다. 8식으로 들어갈 때는 주시가, 8식에서 나올 때는 관찰이 중요하다. 8식은 분별없는 자리라 하고, 7식은 판단 분별 없이 투명한 주시를 이야기하지만, 판단 분별 없는 6식은 있을 수 없다. 6식이 판단 분별이기 때문이다. 이제 이 판단 분별을 어떻게 잘 쓸 것인가? 그래서 '묘관찰'이 필요하다. 공성을 기반으로 한 관찰이 있어야 지혜가 나온다. 지혜의 의도를 담은 따뜻한 관찰이 필요하다. 한편 지식을 소화하기 위해서도 관찰이 필요하다. 왜냐하면 듣고 아는 게 아니라, 내가 알고 있는 지식을 직접 보고 확인하여 실증하기 위해서다. 기존의 지식을 판단 분별 없이 사실적 확인을 하며 다시 재정립해 나가야 한다. 지식을 재발견하여 소화하는 과정 자체가 재탄생의 과정이다. 자신과 세상을 공에 비춰 올바르게 '관찰'해서 지혜로 만들어 가야 한다. 올바른 판단 분별을 이끌어내기 위해 공성에 비춰서 관찰한다.

④ 5감을 되돌려 지혜의 길로 – 성소작지(成所作智)

5감은 버려야 할 대상이 아니라 축복의 대상이다. 개체성의 온전한 발현이 5감을 통해 이뤄지기 때문에 지혜를 바탕으로 해야 할 바를 해 나가고, 이루어야 할 바를 이뤄 나가야 한다. 성소작지는 행위에 관해 이야기하고 있다. 어떤 행위가 이뤄질 것인가를 다루므로 가장 구체적이고 실질적인 영역이다. 5감을 통해 행위가 일어나므로 바르게 쓰려면 8식, 7식, 6식에 대한 깊고 폭넓은 이해가 있어야 온전한 행위가 나온다. 봐야 할 바를 보고, 들어야 할 바를 듣고, 말해야 할 바를 말하고, 행해야 할 바를 행한다. 그러므로 가장 어렵고 가장 필요한 단계다. 성소작지를 이룬 사람을 보살이라 할 수 있다. 성소작지는 모든 지혜를 망라하므로, 매 순간 일어나는 행동을 지혜로 행한다는 것은 엄두가 나지 않는다. 가장 현실적인 접근 방법은 한 호흡 쉬면서 보고, 듣고, 말하고, 행하는 것이다. 하고 싶은 공부를 하는 것이 아니라 해야 하는 공부를 하는 것 역시 성소작지에 해당한다.

공성에 비춰 大圓境智
분별없고 차별 없는 마음으로 平等姓智
잘 관찰하여 妙觀察智
해야 할 바를 해 나아가라 成所作智

대원경지, 평등성지, 묘관찰지, 성소작지는 6바라밀처럼 두고두고 사유해야 할 영역이며, 같은 뜻 다른 표현이다. 단 한마디로 한다면 이게 바로 '공성空性'이다.

2부 __ 견성과 깨달음 이후

3) 6바라밀

대승불교에서는 깨달음 이후를 보림이라 하고, 6바라밀을 보림의 방법으로 제시한다. 6바라밀은 보시布施, 지계持戒, 인욕忍辱, 정진精進, 선정禪定, 반야바라밀般若波羅蜜이다. 깨달음 이후 생길 수 있는 문제를 해결하는 길도 6바라밀에 있을 것이다. 최고의 길은 지혜(반야)의 길을 가는 것이고, 이 지혜의 길을 가기 위해서 열심히 공부(정진)하고, 고요한 마음(선정력; 禪定力)을 기르는 것이 필요하다. 그리고 공부의 기초를 쌓을 때 중요한 것은 사람들에게 많이 베풀고(보시), 자신의 욕구를 조절하고 타인과의 관계에서 도리를 지키며(지계), 삶에서 어려움이 생기면 잘 참고 지켜보는 것(인욕)이다.

6바라밀은 공부의 방법론을 제시하고 있다. 누구나 알기 쉽게 공부의 기본을 알려주고 있지만, 6바라밀이 내포하고 있는 내용은 너무나 방대하고 어려워서 실제로 실천하기란 쉽지 않다. 일상의 언어로 풀이하자면 자신의 내면과 삶을 돌아보라는 말과 같다. 자신과 타인에게 따뜻한 마음을 쓰는 것(보시), 자기를 잘 다스리고(지계), 삶의 어려움을 묵묵히 견디고(인욕), 공부의 마음을 잊지 않고(정진), 때로는 차 한 잔 마시며 고요해지면(선정), 자신의 삶과 세상을 지혜(반야)로 되돌릴 수 있다.

6바라밀을 일상에서 접근할 수 있도록 그 방법에 대한 인식이 있어야 한다. 그렇지 않으면 물고기 잡겠다고 맨몸으로 바다로 뛰어드는 것과 다를 바 없다. 서울에서 김서방을 찾으려고 하면, 어디서부터 어떻게 찾을지를 생각해 봐야 하지 않겠는가. 무엇이든 무작정 덤비기만 하면 이러지도 저러지도 못한다.

아무리 좋은 공부를 한다고 해도 자신의 공부가 얼마나 진행됐는지에 대한 이해나 점검이 없다면 가다가 지치거나, 아니면 막연한 상태로 갈 수밖에 없다. 공부할 때는 되도록 쉽고 구체적인 방법을 찾아 익혀서 다음으로 가는 발판을 하나 만들어야 한다.

어디로 갈 것인가?
지혜의 길을 가라

- 지혜 바라밀 -

무엇을 준비해야 하는가?
기초를 튼튼히 하라

- 보시·지계·인욕 바라밀 -

어떻게 갈 것인가?
묵묵히 나아가라

- 정진·선정 바라밀 -

지혜의 바다를 건너기 위해 먼저 방향을 정한 후, 크고 튼튼한 배를 준비하고, 열정적이며 고요한 마음으로 나아가라. 쉽게 가야 한다. 왜냐하면 정말 어렵기 때문이다. 어차피 어려운 길이기 때문에 쉬운 마음으로 가야 한다.

6. 사랑과 자비와 보리심

나는
세상의 은혜로
존재하며,
살아가고
공부해 왔다.

나는
세상의 부분이며,
세상 전체이기도 하다

이 세상에서 나 혼자 존재할 방법은 없다. '나'라는 개체가 존재하기 위해 세상의 아주 작은 미물에서부터 식물, 동물에 이르는 모든 존재의 도움과 사랑이 있었다. 우리는 부모, 형제, 친구, 스승, 도반 그리고 수많은 인연과 연결되어 있으며 서로 돕고 함께하고 있다. 세상의 도움으로 여기까지 공부해 왔다면, 이제는 나를 벗어나 세상으로부터 받은 자비와 보리심을 온전히 되돌려서 그대로 나누는 것이 당연하다. 공성은 이 너무나 당연하고 자연스러운 나눔의 근원적 발판이 된다. 이는 억지로 하는 것이 아니라, 공부를 하면 저절로 흘러나오는 것이다. 숨을 쉬듯 자연스럽게….

자비를 행함에 있어 대가를 바라는 마음이 있다면 공부를 다시 살피고 되돌아봐야 한다. 자각하지 않아도 사랑과 자비를 베푸는 삶과 자각은 했으나 자비심 없는 삶, 어떤 삶을 살 것인가?

다시 처음으로 돌아온다.

공부란 무엇인가?
왜 공부를 하는가?

나는 어디에 있으며 어디로 가는가?

2부 __ 견성과 깨달음 이후

참고문헌

권석만, 『현대 심리치료와 상담 이론』, 서울: 학지사, 2012.

김경민, 「핵심감정과 정신역동치료」, 한국재활심리학회 연수회, 2006, 220~233쪽.

김도희, 「Maslow의 욕구위계이론에 근거한 한국판 5욕구 만족도 척도 타당화 연구」, 『재활심리연구』, 26(4), 2019, 77-97쪽.

김성철, 『중론, 논리로부터의 해탈 논리에 의한 해탈』, 불교시대사, 2004.

김수중, 「개념, 존재, 삶 – 동양사상과 '개념'의 문제」, 『개념과 소통』 3, 2009, 5~31쪽.

김용구·김희정, 「유아의 정서지능이 영성지능에 미치는 영향」, 『홀리스틱 융합교육 연구』, 25(3), 2021, 23~48쪽.

박선진, 「신경과학의 성공과 복수 실현의 문제」, 서울대학교 일반대학원 석사학위 청구논문, 2004.

박정현, 「자아실현의 메타프락시스적 의미」, 서울교육대학교 교육전문대학원 석사학위 청구논문, 2014.

손영식, 「공자의 正名論과 노자의 無名論의 비교」, 『철학』 31, 1989, 181~198쪽.

이수진, C. Robert Cloninger, Kevin M. Cloninger, 채한, 「기질 및 성격검사의 통합 의학적 활용」, 『동의정신건강학회지』 25(3), 2014, 213~224쪽.

임지룡, 「오행설과 관습적 언어 표현에서 감정과 신체 기관의 상관성」, 『언어과학 연구』 35, 2005, 191~214쪽.

장 익, 『불교 유식학 강의』, 정우서적, 2012.

장혜진, 「정서 단어에 내재된 차원의 분화를 통해서 본 정서 발달」, 인제대학교 일반대 학원 박사학위청구논문, 2019.

조기성, 「오행(五行) 중의 상승(相乘), 상모(相侮) 이론에 대한 고찰과 약국에서의 응용」, 『대한약국학회지』 3(1), 2017, 43~51쪽.

채윤병, 「경락 연구에서 다른 듯 닮은 삶을 살아온 두 거성 : 김홍경과 소광섭」, *Korean Journal of Acupuncture*, 39(1), 2022, 1-2.
최주혜, 「청소년들의 자기조절 능력 발달을 위한 제안 : 뇌 발달을 중심으로」, 『신학과 실천』 61, 2018, 331~356쪽.
켄 윌버, 『무경계』, 무우수, 2005.